W0194922

CHRISTINE BREIER

DER
GENUSS-
GARTEN

*Zier- und Nutzpflanzen
gekonnt kombinieren*

CHRISTINE BREIER

DER GENUSS-GARTEN

*Zier- und Nutzpflanzen
gekonnt kombinieren*

ERKLÄRUNG DER SYMBOLE

☼ sonnig

☽ halbschattig

● schattig

⏝ Schwachzehrer

⏝ Mittelzehrer

⏝ Starkzehrer

H Hauptkultur

V Vorkultur

Z Zwischenkultur

N Nachkultur

! Pflanze giftig, ungenießbar oder reizend

HINWEIS ZU DEN BEETBEISPIELEN

Mit der grauen Schrift sind Arten gekennzeichnet, die in der Illustration zum Darstellungszeitpunk nicht zu sehen sind.

AUGENSCHMAUS UND GAUMENFREUDE

Alles, was das Herz begehrt – so lautet das Leit-
motiv bei der Gestaltung von Genussgärten und
-beeten. Nichts soll fehlen, erlaubt ist, was gefällt –
von üppiger Blütenpracht über aromatische Kräu-
ter bis hin zu köstlichen Gemüsen und
leckeren Früchten.

WAS SIND GENUSSGÄRTEN?

*Gärten dienten seit jeher nicht nur der Versorgung mit Obst und Gemüse.
Sie waren schon immer auch ein Ort, an dem Menschen sich einfach an der
Schönheit der Pflanzen erfreuten und neue Kraft schöpften.*

Ob Herrscher, Privilegierte oder einfaches Volk – seit Urzeiten ist es Menschen ein Bedürfnis, zum eigenen Nutzen und für den sinnlichen Genuss einen Garten zu bestellen, sei es, um sich an der Schönheit einer einzelnen Blüte, an einem malerisch zusammengestellten Blumenstrauß oder an süßen schmackhaften Früchten und knackig frischem Gemüse zu erfreuen. Egal, welcher dieser Aspekte im Vordergrund steht: Immer geht es dabei darum, die Natur auf bestimmte Weise zu nutzen, sie zu gestalten oder sogar künstlerisch zu erhöhen, um sich ein eigenes kleines Paradies auf Erden einzurichten und es auf individuelle Weise zu genießen. Natur will mit allen Sinnen erlebt werden und schenkt uns so Momente des inneren Friedens und Glücks. Zwar geht es heute dabei längst nicht mehr in erster Linie darum, die komplette Versorgung mit Nahrungsmitteln sicherzustellen, sondern eher um die generelle Freude am Gärtnern, das gute Gefühl dabei und um den Wunsch, sich zumindest zu einem kleinen Teil selbst zu versorgen und zu wissen, was man isst.

NUTZEN UND SCHÖNHEIT IN EINEM

Ich finde, dass Gemüsepflanzen ein ganz besonderer Zauber innewohnt, weil sich in ihnen das Notwendige mit der Ästhetik auf wunderbare Weise verbindet. Es ist sowohl die optische als auch emotionale Schönheit, denn schon beim Anschauen spielen die zu erwartenden verheißungsvollen Augen- und Gaumenfreuden – bei manchen vielleicht auch unvergessene Erinnerungen an die Gärten der Kindheit – mit in die Wahrnehmung hinein. Da ist es verständlich, dass ein eigener kleiner Garten, in dem sich Gemüse und Zierpflanzen zum vielfältigen Genuss für Augen, Leib und Seele in Schönheit zusammenfinden, von vielen Menschen als ein Garten Eden angesehen wird.

Die Intentionen, Wünsche und Vorstellungen für die Gestaltung und Nutzung solcher dekorativer Gärten – ich nenne sie Genussgärten – sind überaus vielfältig und individuell. Genauso zahlreich sind auch die Erscheinungsformen: Ein eigenes Stückchen Land, das sich als malerischer Cottage-Garten mit vielen Blumen und einzelnen Gemüsebeeten um das Haus schmiegt, der traditionelle, in sich durch einen Staketenzaun abgegrenzte Bauerngarten, der als »Gärtchen im Garten« an der sonnigen Südseite der Terrasse liegt und uns schon beim Blick aus dem Fenster erfreut, ein einzelnes kleines Beet im schmalen Reihenhausgarten, auf dem Stauden und Gemüse aufs Schönste zusammen gedeihen, ein kleiner Innenhof in der Stadt, der mit Hochbeeten für Blumen, Gemüse und Kräuter spannungsvoll strukturiert ist oder auch ein kleiner Kübelgarten mit verschiedenen Obstgehölzen und Sommerblumen auf der Terrasse oder dem Balkon. Selbst in modern reduzierten Garten-

Oben: Die Zucchini ist verblüht, und schon erkennt man winzige Früchte.
Links: Mit seinen strukturstarken Blättern ist Rosenkohl ein attraktiver Partner für den Scheinsonnenhut.

konzepten lassen sich repräsentativ und gleich-zeitig praktisch und schön Blumen und Nutz-pflanzen einbinden.

SALONFÄHIGES GEMÜSE

Da die Gärten heutzutage oft recht klein sind, fehlt leider manchmal der Platz, um Beete für Gemüse oder sogar einen abgetrennten eigenen Gemüse- oder Bauerngarten unterzubringen. Die Idee, das Nützliche mit dem Schönen auf ein und demselben Beet platzsparend zu verbinden, ist deshalb sehr willkommen. Nutzpflanzen sind inzwischen auf dem Weg, salonfähig zu werden, und prachtvolle, überaus dekorativ nur mit Ge-müse bepflanzte Beete erobern sich zurzeit als neuer Gartentrend repräsentative Plätze vor Ter-rassen und in Vorgärten. Schließlich möchte man diese köstlichen Beete mit allen Sinnen so oft wie möglich genießen.

Obst- und Gemüsepflanzen sind nicht nur ge-sund und köstlich, sondern viele überzeugen

Ein gelungenes Beispiel für schlichte Eleganz im Gemüsebeet: Grünkohl mit violettem und grü-nem Laub setzt einen schönen Kontrast zu den üppigen Weißkohlköpfen.

auch mit teils erstaunlichen dekorativen Quali-täten. Leider sind diese vielfältigen Erschei-nungsformen und Farbvarianten von Gemüse und Obst den meisten Menschen gar nicht be-kannt, denn im Supermarkt oder auf dem Markt gibt es sie meist nicht zu kaufen. Man kann sie nur selber aus Samen heranziehen und im eige-nen Garten kultivieren. Wussten Sie beispiels-weise, dass es violette, sehr schmackhafte Pap-rika gibt, oder kennen Sie die historische Kapuzinererbse 'Blauwschokkers', eine sehr hüb-sche alte Sorte mit violetten Blüten und dunkel-lila Hülsen, in denen schmackhafte hellgrüne Erbsen sitzen? Aber auch neue Züchtungen be-reichern den Genussgarten. Für Rosenkohllieb-haber ist beispielsweise die neue Sorte 'Red Ball' mit attraktiven weinroten Röschen interessant. Sie sieht nicht nur im Beet toll aus, sondern sorgt auch für Abwechslung auf dem Teller. Neuerdings werden einige Gemüsearten mit der modernen Wortschöpfung »Superfood« be-zeichnet, weil sie extrem reich an bestimmten Vitaminen und Mineralstoffen sind. Viele von

ihnen sind auch sehr hübsch anzusehen und tragen aufgrund ihrer langen Kulturdauer bis in den Winter zur Optik des Gartens bei. Beispiele sind der Toskanische Palmkohl 'Cavolo Nero di Toscana', der einen sehr hohen Gehalt an gesunden Antioxidantien aufweist. Die Samenkörner des aus Südamerika stammenden Gänsefußgewächses Quinoa sind aufgrund ihres hohen Eiweißgehaltes und Mineralienreichtums bei Veganern sehr beliebt. Auch optisch hat diese Pflanze mit ihren eindrucksvollen straff aufrechten Blütenständen in leuchtenden Farbvariationen zwischen Rot, Orange und Violett einiges zu bieten.

Schon manche Küchengärtnerin und mancher Küchengärtner ist dem perfekten Anblick einzelner Gemüsepflanzen oder der Schönheit einer stimmungsvollen Beetkomposition aus Gemüsepflanzen so verfallen, dass die Ernte schwerfiel. Wenn Sie sich gar nicht von dem Augenschmaus trennen mögen, spricht auch nichts dagegen, das Gemüse – oder einen Teil davon – einfach zur Zierde stehen zu lassen. Was zählt, ist die Lust, jedes Jahr aufs Neue aus dem riesigen Angebot von Samen und vorgezogenen Pflänzchen nach dem eigenen individuellen Geschmack dekorative und warum nicht auch ausgefallene Kombinationen aus Zier- und Nutzpflanzen zu kreieren.

Öffnet man die violettbraunen Erbsenschoten, kommt eine köstlich knackige Überraschung in hellem Grün hervor.

Dieses Gartenbuch nimmt Sie an die Hand und führt Sie sicher durch das spannende und vielfältige Thema rund um den Genussgarten. Es hilft Ihnen dabei, auch als Anfänger selber einen ganz persönlichen Genussgarten anlegen zu können und Beete für den sinnlichen Genuss mit Blumen und Gemüse nach erprobten und funktionierenden Regeln der Pflanzenkomposition selber zu planen. Denn nichts geht über die eigene Erfahrung und individuelles Gartenwissen, das man sich durch Erfolg oder Misserfolg, geduldiges Beobachten und mutiges Experimentieren im Laufe vieler Jahre im eigenen Garten

ABENTEUER GENUSS-GARTEN

Lassen Sie sich auf das kreative Abenteuer ein und schöpfen Sie aus dem Zaubergarten der Natur! Vielleicht träumen Sie schon lange davon, einen Bauern- oder Küchengarten anzulegen oder in einem blumenreichen Cottage-Garten mit alten Gemüsesorten zu experimentieren, die eine leckere, gesunde und gleichzeitig hübsche Ergänzung für Rittersporn, Dahlien und Schafgarbe bilden? Oder möchten Sie zunächst mit einem kleinen Bereich im Staudenbeet vor der Terrasse beginnen und dort bunten Mangold oder lila Grünkohl anpflanzen, um zu sehen, ob Sie Spaß daran haben und Ihnen das Gärtnern mit Gemüse überhaupt gefällt?

SAATGUT VOM EIGENEN GEMÜSE

Viele Gemüse wie Salate, Paprika oder Erbsen, aber auch Exoten wie Quinoa und Amaranth blühen hübsch oder bilden dekorative Samenstände. Wenn Sie einige Blüten oder Samen nicht essen oder für hübsche Sträuße verwenden, können Sie eigenen Samen ernten. Aus Samen selbstbefruchtender Sorten entstehen Pflanzen mit gleichen Eigenschaften, fremdbefruchtende Hybrid-Sorten fallen dagegen sehr unterschiedlich aus. Ein spannendes Experiment für ambitionierte Gemüsegärtnerinnen und -gärtner mit Überraschungspotenzial!

Im Juni schenkt uns die Felsenbirne leckere vitaminreiche schwarzblaue Früchte. Ihr süß aromatischer Geschmack erinnert an den von Heidelbeeren.

Grundstücksgröße und die räumlichen Gegebenheiten wie Klima, Lage oder Ausrichtung bestimmen ihre oft sehr unterschiedlichen Erscheinungsformen und die Nutzungsmöglichkeiten. Im Laufe der Zeit lassen sich die Gärten durch entsprechende Umgestaltungen auch wunderbar an die sich ändernden Lebensumstände anpassen. Familien mit Kindern benötigen zunächst viel Freiraum, große Rasenflächen und einen Sandkasten, aber ein Obstbaum und ein Kinderbeet wären natürlich auch noch schön, mit Gemüse und Blumen, vielleicht als Hochbeet angelegt. Im Ruhestand hat man vermutlich wieder mehr Zeit und kann seine Gartengelüste frei ausleben. Im Alter sollte der Garten dann wieder pflegeleichter werden, vielleicht wächst nun das frische Gemüse auf Hochbeeten, die um die Terrasse platziert sind und bequem im Stehen oder Sitzen bearbeitet werden können. Schließlich möchte man vielleicht gerade jetzt nicht aufs Gärtnern verzichten!

Der Leitfaden bei der Planung und Umsetzung eines Genussgartens oder -beets sind – neben den Vorlieben und Wünschen – ganz praktische Aspekte. Es gibt begeisterte Hobbygärtner, die jede freie Minute im Garten verbringen und es genießen, sich in die Beete zu stürzen, um Unkraut zu jäten oder mit Liebe selbst herangezogene neue Pflanzen in die Erde zu setzen – seien es nun Kohlrabi, Salatpflänzchen oder Zinnien. Sie haben ausreichend Zeit und Lust, lieben es zu experimentieren und sind mutig genug, Pflanzen auch einmal in gewagten Konstellationen zu kombinieren, um zu schauen, was funktioniert. Für sie ist der ganze Garten ein sinnlicher und gleichzeitig schöner Küchen- und Genussgarten.

Andere haben sehr wenig Freizeit, möchten aber dennoch nicht auf das herrliche Gefühl verzichten, selber im eigenen Garten Gemüse oder Obst zu ernten – sei es auch nur für die kleine Nascherei nebenbei. Durch eine gezielte Planung und entsprechende Auswahl geeigneter Pflanzen lässt sich auch ein pflegeleichter Genussgarten anlegen. Beerensträucher und Wildfruchtgehölze werden in einem solchen essbaren Garten überwiegen. Obstbäume oder ein Walnussbaum fungieren als Hausbaum. Gemüse,

zulegt – bekanntlich lernt man in der Praxis am besten! Doch sollten Sie sich gerade beim spannenden und oft recht anspruchsvollen Thema Gemüsekultur auf bewährte Regeln verlassen, die sich aus Erfahrungen über viele Generationen entwickelt haben.

Alle Informationen, die Sie für die Anlage eines Genussgartens benötigen, sind in den folgenden Kapiteln thematisch übersichtlich und anschaulich zusammengefasst – mit vielen attraktiven Beispielen vom kleinen Gemüsebeet über das anspruchsvolle Mischbeet, auf dem Zier- und Nutzpflanzen nach einem ausgefeilten Plan kunstvoll arrangiert sind, bis hin zum spannungsvollen Konzept für einen modernen Bauerngarten oder einen »essbaren Garten«. Diese Beispiele sollen als Anregung dienen. Sie können sie, soweit sie zu Ihrem Garten passen, eins zu eins umsetzen oder nach Ihren Wünschen und Gegebenheiten abwandeln.

FÜR JEDEN DER RICHTIGE GARTEN

Gärten sind meist sehr persönliche Lebensräume im Grünen. In ihnen spiegeln sich die individuellen Wünsche und die Lebenspläne ihrer Besitzer in vielfältiger Weise wider. Auch die das eigentlich in keinem essbaren Garten fehlen sollte, wird in pflegeleichten Varianten mit möglichst langer Kulturdauer und geringem Wasserbedarf ausgewählt. So bleibt der Aufwand fürs Gießen gering, und man kann auch einmal einige Tage verreisen, ohne Verwandte oder Nachbarn zum Garteneinhüten bitten zu müssen. Dekorativ sollte der Garten natürlich auch sein. Neueinsteiger freuen sich vielleicht zunächst über fertige funktionierende und erprobte Beetrezepte mit einer entsprechenden Pflanz- und Pflegeanleitung, die schnell Erfolge bescheren und ihnen das Leben als Gärtner leicht machen, bis sie selber ausreichend Erfahrungen gesammelt haben.

Bevor Sie sich an die Planung Ihres Genussgartens machen, sollten Sie sich deshalb ausreichend Zeit nehmen und in sich gehen, um zu prüfen, was Sie tatsächlich leisten möchten und wie viel Zeit Sie aufbringen können, ohne dass die Gartenarbeit zum Stress wird. Natürlich machen Gemüse- und Staudenbeete mehr Arbeit als eine schlichte Pflanzung aus pflegeleichten Bodendeckern, doch der Genuss mit allen Sinnen rechtfertigt den Aufwand, sei er auch noch so groß. Für begeisterte Hobbygärtner und Gartenenthusiasten gilt das Motto »Der Weg ist das Ziel«. Wer das Gärtnern mit der Natur liebt, wird auch gerne die Mühe und Zeit investieren, um in den unvergleichlichen Genuss von selbst gezogenem Gemüse oder einem selbst gepflückten Blumenstrauß aus Kräutern, Sommerblumen und Gemüseblüten aus dem eigenen Garten zu kommen.

Der kleine dekorative Duft- und Kräutergarten mit Erdbeeren als Naschzugabe erhält durch den Thymianstreifen im Pflaster den besonderen Pfiff.

GENUSSVOLLER GARTENRUNDGANG

Gärtnern ist ein Prozess. Das zeigt der Bauerngarten, den ich vor Jahren für eine Freundin geplant habe und der sich seitdem unter ihren Händen Schritt für Schritt in einen Genussgarten verwandelt.

Die Rosenbögen markieren die beiden Sitzplätze im lang gestreckten Bauerngarten, der sich inzwischen in einen Genussgarten verwandelt hat.

Wenn ich meine Freundin auf ihrem einsam am Dorfrand gelegenen ländlichen Anwesen im Weserbergland besuche, führt uns unser erster Gang immer in den Bauerngarten, den ich mit ihr zusammen angelegt und bepflanzt habe. Genau genommen ist es ein lang gezogener großer Staudengarten mit zwei Sitzplätzen, der als eigenständiger Gartenraum etwas abgelegen vom

Haupthaus neben den Reitplatz platziert wurde. Es gibt dort immer etwas Neues zu entdecken. Das ursprüngliche Pflanzkonzept aus großzügigen Gruppen typischer Bauerngartenpflanzen wie Pfingstrosen, Rittersporn, Schafgarbe und Phlox befindet sich sozusagen in einem fortwährenden Reifungsprozess und ist einem stetigen Wandel unterworfen. Kletterrosen und Clematis

umranken malerisch drei Rosenbögen, die die beiden Sitzplätze markieren. In den Staudenflächen sind größere Beetbereiche für Dahlien und Gladiolen freigehalten. Diese werden jeden Herbst aus dem Boden genommen und müssen frostfrei im Keller überwintern. Im Frühjahr nach dem letzten Frost werden sie dann wieder in den Boden gebracht. Es ist ein Blumen- und Ziergarten mit modernem bäuerlichem Charakter. Die Stauden entwickeln sich in einem spannenden dynamischen Prozess, in den wir bei Bedarf lenkend eingreifen. Genau wie ich liebt meine Freundin Schmuckkörbchen und Zinnien in Pink, Magenta und Weiß über alles. Jedes Frühjahr werden sie im Frühbeet vorgezogen und, wenn es warm genug ist, in Grüppchen oder Bändern dort zwischen die Stauden gesetzt, wo genug Platz ist.

Gemüse war im ursprünglichen Plan nicht vorgesehen, dafür steht ein eigener Gartenbereich zur Verfügung. Doch nach und nach hat meine Freundin diese strikte Trennung aufgehoben. Inzwischen blitzt zum Beispiel selbst gezogener Mangold mit bunten Stielen in Rot, Orange oder Gelb zwischen den Stauden hervor. Das anspruchslose Gemüse ist eine wahre Zierde im Beet, die man zudem vielfältig in der Küche verwenden kann.

Als ich im letzten Jahr im August wieder einmal vorbeischaute, überraschte mich meine Freundin mit Grün- und Rosenkohl, den sie mutig in zwanglosem Rhythmus zwischen die Stauden an Stellen platziert hatte, wo die Scharfgarbe nicht mehr wiedergekommen war oder wo im letzten Jahr noch Dahlien standen. Ich war überrascht und zugleich sehr angetan, denn der strukturstarke Grünkohl mit seinem dunkelgrünen, gekräuselten Blättern stand in wundervollem Kontrast zur zarten Nachblüte des Rittersporns 'Gletscherwasser' in kühlem Eisblau, den leuchtend rosa Strahlenblüten des Scheinsonnenhutes und der in warmem Rotbraun blühenden Sonnenbraut. Die in Etagen angeordneten schalenförmigen Blätter des Rosenkohls harmonierten farblich perfekt mit den hellblauen Blütenrispen der aromatisch duftenden Blauraute. »On the Top« hatte sie filigranen Dill dazugesetzt, der sich mit zartem grünen Laub, leuchtend gelben

Blüten und bräunlichen Samenständen hier und da über die Pflanzen erhob.

Das Gewächshaus ist dann meist die nächste Station unseres Gartenrundgangs und für mich immer ein Sehnsuchtsort. Hier bewundere ich ausgefallene schwarze Black Cherry-Tomaten, die pflückreif in dicken Dolden an den Stöcken hängen oder die nicht minder dekorativen, aus Mexiko stammenden Chilis 'Purple Serrano'. Seltene grün gestreifte Tomaten 'Green Zebra' werden gehätschelt, um aus ihnen später leckere Marmelade zu kochen – wenn die Früchte nicht schon vorher weggenascht wurden.

Genauso viel Spaß macht es aber auch, im Frühling die zarten Pflänzchen zu begutachten, aus denen später einmal üppige Zucchini und Kürbisse werden sollen. Wenn sie groß genug sind, wandern sie nach dem Motto »Wer nichts wagt, der nichts gewinnt« auch schon mal als Unterpflanzung unter den rotlaubigen Perückenstrauch 'Grace', wo sie sich ungestört als dekorativer Bodendecker ausbreiten und sogar an diesem ungewöhnlichen Standort Früchte tragen. So ist dieser Garten ein wundervolles Beispiel dafür, wie – auch ohne einen speziellen, ausgeklügelten Plan – nach und nach aus einem klassischen Gartenkonzept ein fantasievoller Genussgarten werden kann.

Grünkohl an gelber Schafgarbe, Rosen und Gelenkblume – so lautet das Bepflanzungsrezept dieses Genussgartens.

EIN PARADIES AUF ERDEN

Die Idee, Nützliches mit Schönem zu verbinden und Zierpflanzen mit Kräutern, Gemüse und Obst zu kultivieren, reicht bis in die Anfänge der Gartenkultur. Sie spiegelt unsere Sehnsucht nach einem Stückchen Paradies wider.

Es liegt in der Natur der Sache, dass die ursprüngliche Bepflanzung historischer Gärten für uns kaum mehr erlebbar ist. Das gilt natürlich vor allem für die frühen Epochen im alten Ägypten, Mesopotamien und Persien und sehr viel später auch für die christliche Gartenkunst des Abendlandes. Oft sind es lediglich bauliche Gestaltungselemente, die der Vergänglichkeit standgehalten haben und die uns eine Vorstellung von Gärten längst vergangener Zeiten vermitteln, etwa die beeindruckenden islamischen Gärten der Alhambra und des Generalife, die unter den maurischen Herrschern des 14. Jahrhunderts in Granada entstanden sind, oder die italienischen Gartenanlagen der Renaissance. Zum Glück werden heute historische Nutz- und Ziergärten, vor allem die prächtigen Küchengärten der Renaissance und des Barocks wieder aus ihrem Dornröschenschlaf erweckt und durch Restaurierungen und Rekonstruktionen in ihren ursprünglichen Zustand versetzt, sodass Besucher in diese Paradiese aus vergangenen Zeiten eintauchen und Inspirationen für den eigenen Garten sammeln können. So wird etwa der aus dem 18. Jahrhundert stammende Veitshöchheimer Hofgarten, ein besonders schönes Beispiel für die Verbindung dekorativer Elemente des Zier- und Nutzgartens, seit 1997 rekonstruiert. Der angeschlossene große Küchengarten zeigt durch Obstspaliere und Blumenrabatten rund um die Gemüsebeete, dass auch hier der dekorative Aspekt eine Rolle spielte.

URSPRÜNGE DER GARTENKULTUR

Der Ursprung unserer Gärten liegt im Morgenland, im »Fruchtbaren Halbmond«, der sich sichelförmig vom Persischen Golf bis in den östlichen Mittelmeerraum erstreckt. Im Zweistromland Mesopotamien, zwischen den Flüssen Euphrat und Tigris, begannen die seit Urzeiten als Jäger und Sammler lebenden Menschen mit Beginn der Jungsteinzeit vor ca. 12 000 Jahren erstmals Fruchtpflanzen auf festen Plätzen anzubauen. Diese »Ur-Äcker« waren durch Zäune oder dichte Hecken vor unerwünschten Eindringlingen geschützt. Vermutlich wurden hier vor allem Getreide wie Einkorn, Gerste oder Emmer, aber auch Hülsenfrüchte kultiviert und sicherten neben der Viehzucht den sesshaft werdenden Menschen ihre Existenz.

Erst viel später entwickelte sich daraus nach und nach planvoller Gartenbau. In von schützenden Mauern umschlossenen Nutz- und Ziergärten wurden wertvolle Kulturpflanzen wie Gemüse und Obstbäume, aber auch Zierblumen auf Beeten kultiviert. Die Hochkultur des alten Ägyptens ist dabei führend, denn hier betrieb man in der Phase des sogenannten Mittleren und Neuen Reichs etwa ab 2050 v. Chr. im fruchtbaren Schwemmland des Nils bereits intensiven Bewässerungsfeldbau. Mithilfe ausgeklügelter Kanalsysteme machten sich die Bewohner des Niltals nach und nach unabhängig von den

Oben: Der Granatapfel stammt aus dem Orient und gilt als symbolträchtige Paradiesfrucht.
Links: Der Patio de la Acequia im Generalife in Granada ist mit seinem Wasserkanal ein beeindruckendes Beispiel für islamische Gartenkultur.

jahreszeitlich begrenzten Überschwemmungen des Nils, die den fruchtbaren Schlamm auf die Felder brachten. So konnten sie auch auf höher gelegenen Flächen erfolgreich Getreide, zahlreiche Gemüse und andere Nutzpflanzen wie Weinreben und Bäume mit essbaren Früchten, aber auch Kräuter, Gewürze und Zierblumen kultivieren. Die Maulbeerfeige war wohl der erste Fruchtbaum in den gegen austrocknende Winde und Eindringlinge meist durch Mauern geschützten Gärten der alten Ägypter. Sie wurde als Heiligtum verehrt, war wertvoller Schattenspender und Holzlieferant, z. B. für Sarkophage, und ihre Früchte dienten medizinischen Zwecken. Auch Feigen und Dattelpalmen, aber auch Johannisbrotbaum, Granatapfel und Olivenbäume wurden entsprechend der üblichen Grundstruktur der Gärten in Reihen oder lan-

PERSISCHE UND ISLAMISCHE GÄRTEN

»Man muss nicht erst sterben, um ins Paradies zu gelangen, solange man einen Garten hat«: Diese alte persische Weisheit sagt eigentlich alles über die Bedeutung und Wertschätzung des Gartens in der orientalischen Gartenkultur. Der antike griechische Feldherr und Schriftsteller Xenophon drückte nach seinem Feldzug durch Asien in seinen im 4. Jahrhundert v. Chr. verfassten »Oikonomikos« seine große Bewunderung für persische Gärten so aus: »In welchen Gegenden immer der Perserkönig wohnt oder zu welchen er sich wendet, da trägt er Sorge, dass dort Gärten sind, die sogenannten Parádeisoi, von allen schönen und guten Dingen voll, welche die Erde hervorbringen mag, und in ebendiesen hält er sich die meiste Zeit auf, solange die Jahreszeit es zulässt.«
Sehr viel später, ab Mitte des 6. Jahrhunderts, griff der sich immer weiter ausbreitende Islam die Gestaltungsprinzipien des persischen Paradiesgartens auf und entwickelte daraus den islamischen Garten, ein viergeteilter, streng geometrischer und durch hohe Mauern geschützter abgeschlossener Gartenraum mit zentraler Wasserachse, Brunnen und den vier Flüssen des Lebens. Für gläubige Muslime sollte er ein Ort des sinnlichen Erlebens, ein Paradies auf Erden und die Vorstufe auf dem Weg in den Himmel sein. Man verspürte eine innige Wertschätzung und Verbundenheit mit den Blumen, schätzte aber auch das Nützliche wie die schmackhaften Früchte der Obstgehölze. Platanen, Zypressen, Mandel- und Aprikosenbaum, Kirschen und Bananenstauden, Weinlauben und von Rosen berankte Pergolen oder ein Pavillon waren als Schattenspender wesentliche Gestaltungselemente. In den Beeten dazwischen wurden Kräuter wie Safran, Koriander und Kamille, aber auch Blumen mit dekorativem Wert oder religiösem Symbolgehalt gepflanzt, ebenso Gemüse wie Kohl, Sellerie und Lauch.
Mit den Eroberungszügen der Araber gelangte der islamische Gartenstil bis nach Südeuropa, wo er in den berühmten Gärten der Alhambra in Andalusien seine Vollendung fand.

Schatten spendende Bäume sind neben einer von Blumen gerahmten Wasserachse wichtige Gestaltungselemente orientalischer Gärten.

gen, Schatten spendenden Alleen angepflanzt und bildeten neben Wasserläufen und formalen Teichen oder Wasserbecken mit blühendem Lotus und einrahmenden üppig bepflanzten Blumenbeeten ein zentrales Gestaltungselement. Man schätzte auch die Schönheit der Blüten oder Blätter von Kulturpflanzen wie Sykomore, Papyrus, Granatapfel, Feige, Olive, Lilie oder Lotus und verwendete sie als Vorlage für Zierelemente in Kunsthandwerk und Architektur.

DIE GÄRTEN DER GRIECHEN UND RÖMER

Während es private Zier- und Nutzgärten an den Wohnhäusern in den dicht bebauten Städten des antiken Griechenlands so gut wie gar nicht gegeben hat, sondern nur einen meist befestigten, nicht bepflanzten Innenhof, waren die Gärten auf dem Lande vorwiegend Nutzgärten. Hier wurden Gemüse wie Kürbis, Salat und Zwiebeln, aber selbstverständlich auch vielerlei Obst wie Feigen, Birnen und Äpfel kultiviert. Neue Obstgehölze wie der Pfirsich und die Aprikose, später auch Zitronen wurden aus Arabien und Persien eingeführt.

Nach Vorbildern aus dem alten Ägypten und später auch der persischen Gartenkultur gab es im antiken Griechenland meist in der Nähe von Palästen durchaus auch prächtige eingefriedete Obst- und Weingärten, in die später wohl auch Blumen- und Gemüsebeete integriert waren. Man schätzte sowohl ihren Nutzen als auch ihre Schönheit und lustwandelte gern in ihnen.

Auch in den Gärten des antiken Roms wurden Zierpflanzen und Nutzpflanzen keineswegs nur getrennt kultiviert, sondern auch kombiniert, um sich an ihrer Schönheit zu erfreuen. Bis ins 3. Jahrhundert v. Chr. wurden landwirtschaftliche Erzeugnisse überwiegend für die Selbstversorgung auf den Äckern und auf den umschlossenen Gemüse- und Obstbaumgärten kleiner Bauernhöfe auf dem Land, dem *hortus*, produziert. Erst später mit der Ausdehnung des Römischen Reiches entstanden auch in den eroberten Provinzen größere Landgüter. Sie dienten überwiegend der wirtschaftlichen Produktion von Nahrungsmitteln und wurden häufig von Verwaltern geführt.

Die wohlhabenden Patrizier leisteten sich daneben aber auch repräsentative Landgüter als Sommerresidenzen und ausgedehnte Landsitze in den fernen Provinzen nördlich der Alpen. Die luxuriösen Villen waren von kunstvoll angelegten Gärten umgeben, in denen sowohl Nutz- als auch Zierpflanzen gediehen. Zentrales Gestaltungselement ist der sogenannte *xystus*, ein vor offenen Säulengängen (Portikus) liegender Ziergarten. Man schätzte, romantisierte und idealisierte das Landleben. Die Schönheit der landwirtschaftlich geprägten Kulturlandschaften mit Weinbergen, Olivenhainen, Wiesen und Feldern sollte daher möglichst aus dem Garten einer solchen *villa urbana* – quasi als geborgte Landschaft – erlebbar und genießbar sein.

Mit der Übernahme des offenen griechischen Peristyls als innerem Gartenhof entsteht in den Städten des Römischen Reichs eine neue Form des Lust- und Ziergartens. Das bis dahin übliche Atrium war noch weitgehend überdacht und hatte lediglich in der Mitte eine Öffnung, unter der sich ein Wasserbecken befand, in dem das Regenwasser gesammelt und in Zisternen weitergeleitet wurde. Pflanzen wurden hier, wenn überhaupt, nur in Kübeln gezogen.

Diese streng formalen und teilweise räumlich gestaffelten grünen Peristylgärten gingen immer eine innige und vielgestaltige Verbindung mit dem Haus ein und wurden als Wohnraum im Grünen angesehen. Neben Blumen, immergrünen formalen Hecken und kunstvollen Topiary-Figuren wurden hier auch Obstbäume, Kräuter und wohl auch Gemüse kultiviert. Häufig gab es hinter dem Haus jedoch einen Hortus, kleine Nutzbeete oder Küchengartenabteile, die in die dekorativen Gartenräume integriert wurden.

Ein Säulengang, das sogenannte Peristyl, rahmte als Verbindungselement zum Wohnhaus die aufwendig bepflanzten Innenhöfe der Römer.

MITTELALTERLICHE KLOSTERGÄRTEN

Der mittelalterliche lateinische Begriff *hortus conclusus* bedeutet so viel wie »verschlossener Garten« und steht für einen durch Mauern in sich geschlossenen, abgeschiedenen Gartenraum, der dem angenehmen Aufenthalt dienen sollte. Er war meist mit Wasserelementen wie Brunnen oder Becken versehen und sowohl mit Blumen auf erhöhten Beeten als auch mit Nutzpflanzen wie Obstbäumen oder Weinreben bepflanzt. Damit zeigt er auch charakteristische Elemente des abgeschlossenen Paradiesgartens orientalischer und islamischer Gartenkultur. Impulse zur Entwicklung der Gartenkultur in Deutschland gingen im frühen Mittelalter von den Klöstern des Benediktinerordens aus. Die Ordensgemeinschaften siedelten häufig in abgelegenen Gegenden und strebten ein autarkes Leben als Selbstversorger an. Die Anlage von Nutzgärten und das notwendige Wissen über den Gartenbau waren ihre Lebensgrundlage. Die gebildeten Mönche erlangten aus den Aufzeichnungen antiker Schriften Kenntnis über den Gartenbau und die Ideen orientalischer, arabisch-islamischer und römischer Gartenkultur. Zunächst waren es die Römer gewesen, die neue

Nutz- und Zierpflanzen, aber auch Arzneikräuter über die Alpen in den Norden einführten. Doch auch Reisende und Sammler brachten bald aus fernen Ländern immer neue Pflanzen mit erstaunlichen Eigenschaften mit, deren Kultur und Nutzen in den Klöstern gartenbaulich erforscht wurden.

In seiner »Capitulare de Villis«, die Kaiser Karl der Große um 810 vermutlich von einem Benediktinermönch für die Bewirtschaftung seiner Güter schreiben ließ, werden den Verwaltern genaue Richtlinien zur effektiven Dreifelderwirtschaft und zu Wein- und Obstbau sowie umfangreiche Pflanzenlisten gegeben.

In seinem Lehrgedicht über den Gartenbau »Liber de cultura hortorum« auch kurz »Hortulus« genannt, beschreibt der Dichter und Botaniker Abt Walahfrid im Jahr 827 die Kräuter seines auf der Insel Reichenau im Bodensee angelegten Klostergartens sehr ausführlich und detailliert und führt Pflanzen aus den Listen der »Capitulare de Villis« Karls des Großen sowie 18 weitere Heil-, Nutz- und Zierpflanzen auf. Aus der Beschreibung der Pflanzen spricht sowohl seine Liebe und Hochachtung, die er den Pflanzen als Gottes Schöpfung entgegenbringt, als auch praktisches gartenbauliches Wissen.

Der berühmte St. Gallener Klosterplan aus dem Jahr 816 zeigt einen Musterplan einer idealen Klosteranlage samt Gärten und entstand vermutlich im Reichenauer Benediktinerkloster, das eines der wichtigsten religiösen, kulturellen und politischen Zentren im frühen Mittelalter war. Der Plan zeigt mehrere in sich abgeschlossene Gartenräume, die der Selbstversorgung dienen sollten und die mit den darin zu kultivierenden Pflanzen genau beschriftet sind. Einen kleinen Kräutergarten mit acht reihenförmig angeordneten Beeten, einen Arzneigarten mit 16 regelmäßig angeordneten erhöhten Beeten, in dem neben Rosmarin, Salbei und Iris auch Blumen mit christlichem Symbolcharakter wie Rose und Lilie vorgesehen waren. Weiterhin sieht man einen als Baumgarten mit reihenförmig angeordneten Obstgehölzen genutzten Friedhof und einen großen Gemüsegarten mit 18 regelmäßig angeordneten Beetreihen. Der vom Kreuzgang umschlossene quadratische Innenhof

Das »Paradiesgärtlein«, ein Gemälde aus dem frühen 15. Jahrhundert, zeigt Maria mit dem Christuskind, auf einem Blumenteppich sitzend. Dieser besteht aus naturgetreu dargestellten Zier- und Nutzpflanzen.

Vielfältige Kräuter als Heil-, Würz- oder Symbol-pflanzen wurden zunächst in mittelalterlichen Klöstern kultiviert und erforscht, bevor sie später in den Bauerngärten auf dem Land Einzug hielten.

ist dagegen als ein durch Wege viergeteilter Zier-garten angelegt, in dessen Mitte vermutlich ein Wacholder eingeplant war.

Spricht man heute von Klostergärten, so sind damit die Gemüse- und Kräutergärten gemeint, die sich in den meisten Fällen etwas abseits der Klosteranlage, jedoch immer noch innerhalb der Klostermauern befanden, wobei größere Obst-gärten und Weinberge auch außerhalb lagen.

Gärten außerhalb der Klöster

Die Freude an der Gartenarbeit, bei der man be-sinnlich die Liebe zu den Pflanzen entwickeln und den Anblick blühender Beete und mit Früchten reich behangener Bäume als Paradies auf Erden genießen konnte, war außerhalb be-schützender Klostermauern in den unsicheren Zeiten des Mittelalters aber wohl eher selten. Nur privilegierte Schichten des Adels und des Klerus konnten an ihren Schlössern und Burgen hinter hohen Mauern neben den üblichen Nutz- und Kräutergärten auch geschützte Rosen- und Blumengärten als Lustgärten anlegen. Der Blu-

mengarten wurde gern als Ort für den geselligen Aufenthalt im Freien, als Wohnraum im Grünen genutzt. Die Blumenwiese, ein von Blütenpflan-zen durchzogener Rasen, ist ein wichtiges Ge-staltungselement mittelalterlicher Gärten und diente als Teppich, um darauf zu sitzen und zu liegen. Daneben waren Rasenbänke als Sitzgele-genheit sehr beliebt. Aber auch das orientalische Gartenmotiv des Baumgartens als ein mit Fruchtbäumen und anderen dekorativen Baum-arten bepflanzter Lustgarten hat im Mittelalter wieder seinen festen Platz in der Gartenkultur und wurde mit typischen Bäumen Nordeuropas wie der Linde ergänzt.

Noch im ausgehenden Mittelalter beschränkte sich die bürgerliche Gartenkultur in Deutsch-land meist auf den außerhalb der Städte liegen-den Nutzgarten, wo Gemüse und Obstgehölze zum Eigengebrauch gezogen wurden, sowie auf kleine bürgerliche Nutz- und Ziergärten in den Städten. Wohlhabenden bürgerlichen Familien diente der Garten aber auch schon zu repräsen-tativen Zwecken und als Statussymbol, doch waren diese Gärten meist noch sehr klein.

Köstliche Birnen am Spalier, umgeben von Blumen. Mittelalterliche Stadtgärten wohlhaben-der Bürger dienten der Zierde und dem Genuss.

GÄRTEN IN RENAISSANCE UND BAROCK

Die Epoche der Renaissance ist in der Gartenkunst und -kultur geprägt von einem regelrechten »Run« auf neue und oft exotische Pflanzen, die Reisende, kaiserliche Gesandte und Pflanzensammler von ihren Expeditionen aus fernen Ländern Vorder- und Mittelasiens an die europäischen Höfe brachten, wo sie von professionell ausgebildeten Gärtnern und Botanikern beschrieben und weiterkultiviert wurden. Neuartige Blumenzwiebeln wie die Kaiserkrone oder die Tulpe hielten Einzug in europäische Gärten. Das Interesse an Zier- und Nutzpflanzen und das Testen der Möglichkeiten, was gärtnerisch und gestalterisch machbar ist, steigerten sich bis fast zur Besessenheit und nahmen teils bizarre Formen an. So kam es in der zweiten Hälfte des 16. Jahrhunderts zu einer »Tulpamanie« in Holland. Die Tulpe wurde zum Spekulationsobjekt, für das mancher ein Vermögen bot und nicht wenige sich verspekulierten.

Zur gleichen Zeit fanden neuartige Gemüsearten wie Kartoffeln, Bohnen, Kürbis und Tomaten ihren Weg von Südamerika nach Europa. Die Kultur von Obstgehölzen wurde weiterentwickelt und professionalisiert. In der Folge entstanden immer neue Sorten. Die Birne etablierte sich ausgehend von Frankreich schnell mit über 750 verschiedenen Tafel- und Wirtschaftssorten in deutschen Nutz- und Ziergärten der Renaissance und wurde im Barock Ende des 18. Jahrhunderts zur beliebtesten Frucht. Der Apfel trat erst Mitte des 19. Jahrhunderts seinen Siegeszug in europäischen Gärten an, überholte die Birne dann aber in der Beliebtheitsskala.

Später hielten die neuen Pflanzen auch Einzug in die bürgerlichen Gärten reicher Handelsfamilien und einflussreicher Kirchenfürsten. In dem sich nun ausprägenden neuen Gartentypus des botanischen Gartens und in privaten Pflanzensammlungen wurden die neuen Pflanzen präsentiert und systematisch wissenschaftlich erforscht. Damit entwickelte sich auch die Kunst der realistischen naturnahen Pflanzenillustra

Immergrüne formale Hecken definieren die Kompartimente im Küchengarten von Château de Villandry. Hier präsentieren sich edle Gemüse wie Artischocken neben gewöhnlichem Kohl.

tion, die bestrebt war, das natürliche Vorbild genauestens darzustellen. Die Schönheit der Natur wurde bewusst wahrgenommen und geschätzt. Ein eindrucksvolles Beispiel hierfür sind die Pflanzenzeichnungen Albrecht Dürers, der als Naturbeobachter im Jahr 1526 das bekannte Blumenaquarell einer natürlichen Pflanzengemeinschaft aus Akelei, zarten Gräsern und Blättern eines Hahnenfußgewächses anfertigte. Dies zeigt, dass nicht nur die neuen, oft exotischen Pflanzen aus fernen Ländern, sondern auch die heimische Natur genau erforscht und mit Liebe und Bewunderung wahrgenommen wurde.
Nach und nach begann man jetzt auch die ausschließlich der Dekoration dienenden Zierpflanzen immer stärker von den Arznei- und Nutzpflanzen zu trennen. Der Arzt und Botaniker Charles de l'Écluse, auch kurz Clusius genannt, förderte mit seinem 1601 erschienenen Hauptwerk »Rariorum Plantarum Historia« die wissenschaftliche Botanik und erforschte die Kultivierung neuer Pflanzen auch ganz praxisnah in seinem Garten. Dabei unterscheidet er erstmals explizit zwischen Zier- und Nutzpflanzen.

Noble Küchengärten

Bereits in der ausgehenden Renaissance entstanden nun auch die ersten großzügigen und luxuriösen Küchengärten des Adels, in denen das Nützliche mit dem Schönen gekonnt eine innige Verbindung einging und für deren Anlage keine Mühe und kein Aufwand gescheut wurden. Am Chateau de Villandry, einem Renaissanceschloss an der Loire aus dem 16. Jahrhundert, kann man heute einen nach Vorbildern aus dem Mittelalter und der Renaissance rekonstruierten Küchengarten bewundern, dessen von Buchshecken eingefassten Kompartimente ausschließlich flächig mit verschiedenen Gemüsesorten bepflanzt sind und der rein dekorativen Charakter besitzt. Seine Hochzeit hatte der Küchengarten jedoch im Barock. Frankreichs Sonnenkönig Ludwig XIV. (1638–1715) ließ sich von dem begnadeten Gärtner Jean-Baptiste de La Quintinie (1626–1688) in Versailles einen wahrhaft herrschaftlichen *Potager du Roi,* seinen berühmten königlichen Küchengarten, anlegen und setzte damit

Ein Gemüserondell mit Rotkohl und Dahlien als Rahmen bildet das beeindruckende Zentrum des Küchengartens vor einem französischen Schloss.

neue Maßstäbe. Nach seiner Fertigstellung im Jahre 1683 begann man in ganz Europa dem großen Vorbild nachzueifern. In der Barockzeit wurden zahlreiche Küchengärten ebenso gartenkünstlerisch gestaltet wie die in dieser Zeit üblichen Schmuckparterres oder Broderien, und Gemüsebeete wurden mit schmückenden Randrabatten eingefasst.
Jean-Baptiste de La Quintinie, bis zu seinem Tod Direktor der königlichen Obst- und Gemüsegärten in Versailles, war einer der Ersten, denen es gelang, Früchte und Gemüse außerhalb der Saison zu produzieren. Er verstand es, die hohen Erwartungen seines königlichen Auftraggebers an seinen geliebten Potager trickreich zu erfül-

GARTENELEMENTE MIT TRADITION

Bestimmte Elemente historischer Küchengärten lassen sich gut in unsere heutigen Gärten übernehmen, egal, ob groß oder klein – etwa vor Mauern gezogenes oder Wege begleitendes Spalierobst, Pergolen, an denen Wein wächst, ornamentale Beete oder auf Hochbeeten kultivierte Erdbeeren, die man ohne Bücken naschen kann. Ein Glashaus für Tomaten und Auberginen kann sogar ein gestalterischer Höhepunkt sein.

Wegbegleitende niedrige Obstspaliere waren willkommene Gestaltungselemente historischer Gärten. Doch auch in modernen Gärten sind sie »en vogue«.

len, und vollbrachte durch hohen technischen Aufwand das Kunststück, zu jeder Jahreszeit die damals kostbarsten und schmackhaftesten, edelsten und seltensten Früchte und Gemüse für die königliche Familie, den Hofstaat und eine illustre Gästeschar in ausreichender Menge parat zu haben: zuckersüße Erbsen, feine Salate, Kürbis, Spargel, Artischocken, aromatische Erdbeeren, zarte Pfirsiche und köstliche reife Feigen in zahlreichen verschiedenen Sorten. Durch ein kunstvoll gestaltetes goldenes Tor betrat der Sonnenkönig standesgemäß die Bühne, sein persönliches Paradies. Und selbstverständlich wollte der König beim Lustwandeln, oft auch mit Gästen, das kostbare Obst und Gemüse aufs Dekorativste präsentiert haben – ein Augen- und Gaumenschmaus für höchste Ansprüche. Dazu waren die Obstbäume zu kunstvollen Spalieren gezogen und die Kronen von in Reih und Glied platzierten Pfirsichsorten zu wunderbar gleichförmigen Kugeln.

Das englische Gegenstück: Walled Gardens

Auch in England gehörten üppige und dekorative Küchengärten zu jedem herrschaftlichen Anwesen – bevorzugt in durch Mauern geschützten Gartenräumen, den sogenannten

Walled Gardens. Die hohen Ziegelmauern speicherten die Sonnenwärme und gaben sie, wenn es kühler wurde, wieder ab. So entstand ein günstiges Mikroklima, und die kostbaren, oft kälteempfindlichen Obst- und Gemüsepflanzen waren vor rauen Winden, Frost und plötzlichen Temperaturschwankungen, aber auch vor ungebetenen Gästen geschützt. Ein Walled Kitchen Garden gehörte in England zu jedem herrschaftlichen Country House und versorgte den Haushalt mit dem notwendigen Gemüse und Obst sowie mit frischen Blumen für die Dekoration des Hauses. An den hohen Mauern wurden Weinreben und Spalierobst jeder Art gezogen, und in fast jedem Küchengarten lehnte sich mindestens ein Gewächshaus an die Mauern. Der Schriftsteller, Gartengestalter und Lebemann Hermann Fürst von Pückler-Muskau (1785–1871) schuf, inspiriert durch die Idee des englischen Landschaftsgartens, die er während einer Englandreise im Jahre 1816 kennengelernt hatte, auf seinem Familiensitz an der Neiße den Fürst-Pückler-Park Bad Muskau, der schnell Weltruhm erlangte, als ein Juwel der Landschaftsgestaltung gilt und heute UNESCO-Weltkulturerbe ist.

Im 18. und 19. Jahrhundert waren frische exotische Früchte, besonders die Ananas, in der feinen Gesellschaft überaus begehrt und kein Aufwand war zu groß, diese erfolgreich anzubauen. Fürst Pückler-Muskau war von der köstlichen und dekorativen exotischen Frucht besonders angetan und ließ sich für ihre Kultur ein spezielles Gewächshaus bauen. Begeistert kreierte er aufwendige Rezepte. Sein berühmtes Fürst-Pückler-Eis enthielt ursprünglich eine Schicht aus frisch pürierter Ananas.

Sogar vor klösterlichen Gärten machte dieser Trend keinen Halt. So bauten in der Benediktinerabtei in Seligenstadt die Äbte bereits im 18. Jahrhundert erfolgreich tropische Früchte in Glashäusern an.

Die Versorgung mit schmackhaften Köstlichkeiten für die Küche, die Produktion von frischem und exklusivem Obst und Gemüse aber auch von Schnittblumen zur Dekoration für Haus und Tafel standen natürlich im Mittelpunkt, doch wurde immer auch Wert auf eine ästhetisch ansprechende Präsentation gelegt,

denn die kunstvoll angelegten Küchengärten der Privilegierten dienten nach wie vor nicht nur der Produktion von Nahrungsmitteln und dem Anbau von Kräutern und Heilpflanzen, sondern auch dem Vergnügen. Man wollte sich bei einem Spaziergang am Anblick erlesener Früchte, die sich an kunstvollen Obstspalieren präsentierten, und neuer, seltener Gemüsepflanzen wie Erbsen, Artischocken oder Tomaten erfreuen.

Die Obstbäume wurden häufig beschnitten, Apfelbäume als innen hohle, schalenförmige »Kesselkrone« und Birnbäume als »Kegelkrone«, um besonders große und schmackhafte Früchte zu ernten und um einen gewissen formalen Charakter zu erzeugen, der sich dem strengen rechtwinkligen Gestaltungsstil der Gärten anpasste. Natürlich durften auch Gewächshäuser und Orangerien nicht fehlen, um frostempfindliche Pflanzen wie verschiedene Zitrusfrüchte oder die Ananas zu kultivieren.

Eine Klinkermauer umgibt die liebevoll in Reih und Glied kultivierten Blumen und das Gemüse. Ein in die Mauer integriertes Zaunelement erlaubt Durchblicke.

BAUERNGÄRTEN

Im Mittelalter entwickelte sich – ebenfalls aus klösterlichen Vorbildern – der bäuerliche Nutzgarten, der einem stetigen Wandel unterlegen war und in vielfältigen Gestaltungsformen vom repräsentativen Garten wohlhabender Bauern und des ländlichen Adels bis zum bescheidenen Selbstversorgergarten der Kleinbauern erschien. Der Bauerngarten der einfachen Landbevölkerung, den es bereits vor den Römern in schlichter Form als umhegtes Nutzland in Germanien und ganz Mitteleuropa gegeben hatte, lieferte neben Getreide Gemüse wie Rüben, Hülsenfrüchte oder Sellerie für die schwer arbeitenden Menschen. Auch Wildobst sowie Heilkräuter und Gewürze trugen zur Selbstversorgung bei. Heute versteht man unter traditionellen Bauerngärten eigenständige Gartenräume, die im ländlichen Bereich ursprünglich dazu dienten, auf einem vom übrigen Hof abgegrenzten, geschützten Bereich Kräuter, Heilpflanzen und Gemüse für den Eigenbedarf anzubauen. Später kam,

Der großzügig angelegte klassische Bauerngarten mit von Hecken umrahmten Beeten wird durch einen Staketenzaun stimmig eingefriedet.

nach dem Vorbild der Kräuter- und Apothekergärten, mit bunten Bauernblumen und Einrahmungen aus Buchsbaum auch ein dekorativer Aspekt hinzu. Die typischen Bauerngartenblumen wie Stockrosen, Löwenmäulchen, Sonnenblumen oder Malven, die sich zu dem Gemüse gesellten und auch gerne mal über den Zaun schauten, wurden genutzt, um das eigene Haus, vor allem aber auch die Kirche im Dorf zu dekorieren. Sie machen noch heute den Reiz dieses romantischen »Gärtchens im Garten« aus. Bauerngärten haben meist eine quadratische oder rechteckige Grundform. Aus praktischen Gründen erfolgte die Erschließung durch ein Wegkreuz, in dessen Zentrum sich früher oft ein Brunnen oder ein Wasserbecken befand, um das notwendige Wässern zu erleichtern. Ein typisches Merkmal ist die Umfriedung mit Zäunen aus natürlichen Materialien wie Staketen oder Latten aus Holz, Haselnusszweigen oder Weidengeflecht, um Tiere fernzuhalten. Daher gelangte man auch nur über fest verschließbare Pforten in den Bauerngarten.

Margeriten, Phlox, Schafgarben und Scheinsonnenhut Ton in Ton: ein schönes Bauernblumen-Arrangement.

Was wäre ein englischer Cottage-Garten ohne bunte Blüten von Stauden und Sommerblumen, wie hier der Fingerhut in bunter Mischung?

COTTAGE-GÄRTEN

Der typische englische Cottage-Garten entwickelte sich aus dem abgegrenzten Stück Land, auf dem im Mittelalter Nutzpflanzen und wenige Heilkräuter für den Eigenbedarf angebaut wurden. Er ist jedoch – anders als der Bauerngarten – kein eigenständiger Gartenraum innerhalb eines großen Gartens, sondern ein kleiner bescheidener Garten, der sich in elisabethanischen Zeiten um die winzigen einfachen Cottages auf dem Land legte und oft nach außen durch Hecken und Natursteinmauern in sich abgeschlossen war. Er verbindet auf ungezwungene Weise das Nützliche mit dem Schönen und zeigt auch viele Gestaltungselemente unseres Bauerngartens. Viele verschiedene Blumen blühen hier spielerisch und zwanglos in buntem Durcheinander in kleinen schmalen Vorgärten, während das Gemüse im hinteren Gartenbereich angebaut wird. Oder eine überbordende Blütenfülle beugt sich aus den Rabatten über den langen Zugangsweg zum Haus, und rechts und links dahinter liegen die Gemüsebeete, denn Rasenflächen sucht man im Cottage-Garten vergeblich. Wurde früher auf einem Großteil der Flächen Gemüse und Beerenobst, in praktischen Reihen geordnet, angebaut, um die Selbstversorgung der meist armen Cottage-Bewohner auf dem Lande sicherzustellen, können die Bewohner heute nach Lust und Laune entscheiden, wie sie den Garten einteilen möchten. Die Variationsmöglichkeiten sind vielfältig und können sich den individuellen Wünschen und dem Geschmack des Besitzers anpassen, denn die Selbstversorgung ist für die meisten heute ein angenehmes Freizeitvergnügen geworden.

Vom Cottage- zum Landhausgarten

Schon mit dem ausgehenden 18. Jahrhundert entdeckte der englische Adel und die reiche Upper Class auf der Suche nach dem ursprünglichen, naturnahen Leben auf dem Lande das Cottage mit seinen zwanglosen, intimen Gärten für sich. Ausgestattet mit dem notwendigen Kapital und unabhängig von den Zwängen der Selbstversorgung wurden so neue, großzügigere Formen des Cottage-Gartens geschaffen. Im Viktorianischen Zeitalter entstand basierend auf der von William Morris ausgehenden Arts-and-Crafts-Bewegung die Idee des modernen englischen Landhauses. Die Malerin und autodidaktische Gartengestalterin Gertrude Jeckyll (1843–1932), die eng mit dem Architekten Sir Edwin Lutyens zusammenarbeitete, gestaltete in der ersten Hälfte des 20. Jahrhunderts die ersten Landhausgärten als malerisch einfühlsam mit Stauden bepflanzte Architekturgärten. Bekannte Beispiele sind Hestercombe Gardens oder The Deanery. Damit revolutionierte sie auch die Pflanzenverwendung.

Sogenannte »Victorian Cutting Gardens« oder »Victorian Flowergardens« waren in Mode und wurden häufig als eigenständiges Gartenabteil in den Küchengarten bzw. in einen Walled Garden integriert. Hier kultivierte meist der *head gardener* – aber durchaus auch die Lady des Hauses – selbst Schnittblumen für die Blumenbinderei, die in Viktorianischer Zeit in England eine Blütezeit erlebte. Das kunstvolle Arrangieren von Blumen in der Vase zu Dekorationszwecken, aber auch das Verschenken von Blumensträußen nach dem Motto »Lasst Blumen sprechen« war weit verbreitet und ein beliebtes Hobby.

Die Schriftstellerin Vita Sackville-West (1892–1962) legte in ihrem ab 1930 entstandenen berühmten Landhausgarten von Sissinghurst Castle neben einem in sich abgeschlossenen Kräutergarten vor dem kleinen South Cottage einen, wie sie es selber nannte, »typischen Cot-

Das South Cottage von Vita Sackville-West, von prächtig blühenden Pflanzen umgeben, fügt sich stimmig in den Landhausgarten von Sissinghurst Castle ein.

tage-Garten« an, in dem aber eher mit dekorativen, teils sogar exotischen Zierpflanzen experimentiert wurde, als dass man die Beete für Gemüse nutzte. Als Nutzgartenbereich stand ihr ab 1932 ein großer rechteckiger Küchengarten zur Verfügung, der heutige Rosengarten.

Die passionierte Gärtnerin und Gartenbuchautorin Magery Fish (1893–1966) könnte man als die »Mutter« des romantischen modernen Cottage-Gartens in England bezeichnen. Mit ihrem entspannten Bepflanzungsstil aus einfachen Bauerngartenpflanzen, aber vor allem auch seltenen oder damals unüblichen Blumen hat sie Gartengestalter ihrer Zeit und die Pflanzenverwendung des 20. Jahrhunderts maßgeblich beeinflusst. Der Cottage-Garten, den sie an ihrem Landhaus Lambrook Manor anlegte, wurde für viele Menschen mit eher bescheidenen Möglichkeiten zum Vorbild, dem sie begeistert nacheiferten. Der Stil des englischen Cottage-Gartens lässt sich gut in kleineren Gärten umsetzen, doch spricht auch nichts dagegen, diesen romantischen Stil nur in bestimmten Teilbereichen, zum Beispiel im Vorgarten, aufzugreifen.

DIE SCHÖNSTEN SCHNITTBLUMEN

Frühling	Narzissen *(Narcissus)*, Tulpen *(Tulipa)*
Frühsommer	Bunte Margerite (Tanacetum *coccineum* 'Robinsons Rosa'), Ranunkel *(Ranunculus)*, Schafgarbe (Achillea Millefolium-Hybride 'Petra'), Zier-Lauch *(Allium)*
Hochsommer	Anisysop *(Agastache foeniculum)*, Duftwicke *(Lathyrus odoratus)*, Gladiolen *(Gladiolus)*, Gefüllte Bertramsgarbe (Achillea ptarmica 'Schneeball'), Levkoje *(Matthiola)*
Herbst	Glatte Aster *(Aster laevis* 'Calliope'), Dahlien *(Dahlia)*

Die klare orthogonale Linienführung, fein abgestimmte Höhensprünge und schlichte Materialien verleihen diesem von Gemüsebeeten eingerahmten Sitzplatz Modernität und Eleganz.

MODERNE GENUSS-GÄRTEN

In minimalistisch und modern gestalteten Gärten sollte man konsequent den Stil fortführen und für die Integration eigenständiger Nutzgartenbereiche eine schlichte und klare Formensprache wählen. Das kann ein durch hohe Mauern oder Hecken vom übrigen Garten optisch abgegrenzter Raum sein, in dem, wer möchte, durchaus auch diskret seine romantisch verspielte Ader ausleben kann. Auch Hochbeete, entweder einzeln oder mehrere zu einem eigenständigen Gartenraum kombiniert, fügen sich gut in das Gestaltungsmuster moderner Gärten ein. Sie können auch nah am Haus, beispielsweise im Terrassenbereich, oder vor Hauswänden ein sehr wirkungsvolles Stilelement sein, quasi eine kleine bequeme Wellnessoase auf Augenhöhe.

Es spricht aber auch nichts dagegen, in großzügige Rasenflächen runde Inselbeete als Gemüsebereich zu integrieren und sie mit partiellen Heckenbögen oder niedrigen Mauern, seien sie aus Beton oder aus Naturstein, modern formal zu akzentuieren. Genussbeete, die durch unterschiedlich hohe formale Hecken gerahmt sind, bilden wiederum ruhige, eigenständige Gestaltungselemente für modern reduzierte Gartenkonzepte.

Ein Gartenraum innerhalb eines Gartens muss nicht komplett durch hohe Hecken oder Mauern optisch ausgeblendet werden, er lässt sich auch durch niedrige Hecken, Mauern oder Natursteinblöcke räumlich definieren, wenn sich die innere Gestaltung und Bepflanzung entweder harmonisch anpasst oder auch spannungsvoll abhebt. In diesem Fall ist das bunte Treiben im Gemüsegarten auch aus der Ferne erlebbar. Man kann den Gemüsegarten aber auch direkt vor der Terrasse platzieren, ohne den Blick in den Garten durch hohe Hecken zu verstellen. So lassen sich modern interpretierte barocke Parterres oder gestaffelt angeordnete Kompartimente beispielsweise nach dem Vorbild des berühmten Küchengartens von Schloss Villandry an der Loire dekorativ mit Gemüse als farbenfrohe Bodendecker füllen.

Durch den Sichtschutz aus Metall und weiße Hochbeete aus Kunststoff und Holz bekommt dieser Genussgarten ein frisches junges Gesicht.

DIE NEUE LUST AM GÄRTNERN

Kann man die Radieschen schon ernten, und keimt der Pflücksalat?
Eigenes Gemüse und Obst zu kultivieren ist eine ganz besondere
Freude, gleich, ob im Garten oder in einem Innenhof in der Stadt.

Selbst gepflückte Himbee-
ren aus dem Garten sind
köstlich und verwöhnen
alle Sinne, frisch oder als
Marmelade.

Der Wunsch nach selbst gezogenem und ökolo-gisch produziertem Obst und Gemüse aus der Region wächst bei vielen Menschen – gerade an-gesichts der Monokulturen und des Pestizid-einsatzes in der modernen Landwirtschaft. So-genannte Ökokisten, die regelmäßig ins Haus geliefert werden und den täglichen Bedarf an Obst und Gemüse liefern, gehören ja schon seit Langem dazu – warum aber nicht gleich das Ge-müse selbst anbauen und dabei das Nützliche mit dem Schönen verbinden?

Heute gibt es nicht nur in »hippen« Großstädten wie Berlin oder Leipzig Projekte und Initiativen, in denen engagierte Bürger aller Altersstufen kreativ neue Wege gehen. Das Urban Gardening ist ein Trend, der es ermöglicht, auch in der Großstadt selber biologisches Gemüse für den Eigenbedarf anzubauen, zum Beispiel auf Brach-flächen wie den Prinzessinnengärten am Moritz-platz in Berlin-Kreuzberg, wo jeder Interessierte in der Gemeinschaft sozial ökologische Land-wirtschaft betreiben kann. Auch auf stillgelegten Industrieanlagen, in Innenhöfen von Wohn-quartieren oder auf den Grünflächen zwischen großen Mietshäusern und in Vorgärten von Rei-henhaussiedlungen wächst mittlerweile Essba-res. Und junge Familien bringen immer öfter frischen Schwung in Schrebergartenanlagen. Die Parzellen der Laubenkolonien am Rande der Großstädte sind heute heiß umkämpft. Auf den Beeten stehen dann nicht mehr nur Edelro-sen und Koniferen, sondern auch Pastinaken, Erbsen, Salat und Himbeeren für den Eigenbe-darf, und über den Zaun hinweg grüßt eine bunte Mischung Bauerngartenblumen. Der neu-este Trend sind Mietbeete, die verschiedene Anbieter wie »Meine Ernte« oder »Ackerhelden« in Kooperation mit Landwirten und Gemüse-bauern regional in Stadtnähe anbieten oder die Vermittlung von Gartenpatenschaften. Auch auf einzelnen Höfen kann man inzwischen überall in Deutschland Beete als Ersatz für die eigene Scholle mieten, die man entweder selbst be-pflanzt oder vorbepflanzt auch nur für eine Saison für einen Pauschalbetrag buchen kann.

FÜR EINE GRÜNE ZUKUNFT

Immer mehr Menschen unterstützen in Deutschland die »Soli-darische Landwirtschaft«, kurz SoLaWi oder CSA (Community Supported Agriculture), eine verantwortungsbewusste und natürliche Ressourcen schonende Art des gemeinschaftlichen Wirtschaftens. Die Mitglieder gehen Partnerschaften mit regi-onalen landwirtschaftlichen Betrieben ein, die für ihren Abnehmerkreis aus den umliegenden Städten gesunde Nah-rungsmittel produzieren. Mit einem jährlichen festen Betrag finanzieren die Mitglieder die Produktion und garantieren die Abnahme. Als Gegenleistung erhält jedes Mitglied das ihm zustehende Gemüse und Obst oder auch andere landwirt-schaftliche Erzeugnisse wie Eier, Käse oder Fleisch.

Die Stachelbeere ist nicht »stachelig«, sondern ein köstliches Beerenobst – auch zum Naschen zwischendurch.

Beim Urban Gardening ist Improvisation gefragt und gewünscht. Bunte Plastikkisten werden schnell umgenutzt und zu praktischen Hochbeeten aufgestapelt, um Kräuter und Gemüse zu kultivieren – nach dem Motto: Entspanntes Gärtnern!

Das Körbchen ist fast voll. Die ersten selbst gezogenen Gurken in Bioqualität knackig frisch zu ernten ist ein ganz besonderes Erlebnis.

GENUSSGARTEN-VIELFALT

Kräuter und Gemüsepflanzen spielen heute oft eine Doppelrolle auf der Gartenbühne und sind Zier- und Nutzpflanze in einem. Essbare Stauden, Sommerblumen und Fruchtgehölze sind für Nebenrollen ebenfalls zu schade.

Sollen Nutzpflanzen die Hauptdarsteller im Garten sein und Blumen nur Statisten? Möchten Sie ausreichend Gemüse und Obst für den Eigenbedarf anbauen, ohne dass der dekorative Aspekt zu kurz kommt? Oder sollen die Blumen überwiegen und das Gemüse quasi nur Gast im Staudengarten sein? Es gibt für jeden Anspruch und jede Gartensituation eine passende Lösung.

PFLANZEN MIT DOPPELROLLE

Manchmal muss man nur mit anderen Augen hinsehen, um Wundervolles zu entdecken. Haben Sie sich schon einmal bewusst einen Wirsing, einen Eisbergsalat oder einen Kohlrabi angeschaut, der reif im Beet steht oder frisch geerntet im Korb oder auf dem Küchentisch liegt – ohne daran zu denken, ihn essen zu wollen? Oder die filigran strukturierten Blätter eines violettlaubigen Grünkohls, die nach einer frostigen Nacht mit Raureif mit Millionen kleiner Eiskristalle ummantelt sind? Ich finde, die Schönheit jeder Gemüsepflanze steht der von Stauden, Rosen oder dekorativen Blattschmuckstauden wie etwa den – übrigens essbaren – Funkien oder Taglilien mit ihren schmackhaften Blüten in nichts nach. Eine einzelne Gemüsepflanze kann im Staudenbeet ungewöhnliche Akzente setzen und sorgt auch kombiniert mit Sommerblumen für einen Blickpunkt.

Schon mit dieser leicht veränderten Perspektive lassen sich ganz neue Gestaltungsideen für den Genussgarten entwickeln. Dabei geht es nicht nur um den dekorativen Aspekt, sondern auch darum, sich an den wundervollen Geschenken, die uns die Natur darbringt, zu erfreuen. Welch eindrucksvolle Wirkung man mit nur einer Nutzpflanze in Rabatten erzeugen kann, zeigt die »Long Border« im Garten von Great Dixter in England, in die sich Riesen-Fenchel (*Ferula communis* subsp. *glauca*) eingeschlichen hat. Diese Art ist zwar nicht genießbar, doch sie bildet bereits ab dem Frühsommer gelbe Blütendolden, die sich über die Stauden erheben. Wer dekorativen und genießbaren Fenchel wünscht, sät den Gewöhnlichen Fenchel (*Foeniculum vulgare*) zwischen die Stauden. Auch hohe standfeste Dill-Sorten wirken ähnlich. Beide zaubern mit filigranen Strukturen Leichtigkeit ins Beet und machen damit zum Beispiel der Wiesenraute (*Thalictrum*) schmackhafte Konkurrenz. Für den Doppeleffekt, der in manchen Gemüsepflanzen schlummert, muss man nur ein Auge zudrücken und beispielsweise einige Lauchpflanzen über Winter stehen lassen, damit im Frühling ihre weißen Kugelblüten auf hohen Stielen emporragen. Selbst schießender Salat zwischen Sommerblumen und Stauden kann uns für den Ernteausfall voll und ganz entschädigen. Oder erlauben Sie dem Rhabarber einmal, seine imposanten Blütenstände über das ornamentale Laub zu erheben.

Oben: Jedes Gemüse hat seinen eigenen Charme. Die Lauchzwiebeln punkten mit essbaren Blüten. Links: Bis in den Herbst ergänzt Palmkohl strukturstark die Sommerblumen, dann ist er eine leckere Zutat in der Küche.

Der dekorative Gewürz-Salbei 'Tricolor' und die leuchtenden Korbblüten des Scheinsonnenhuts sind ein farblich stimmiges Arrangement.

GEMÜSE UND BLUMEN VEREINT IN EINEM BEET

Weil sich immer mehr Menschen eine gesunde und umweltverträgliche Ernährung wünschen, ist Gemüse »salonfähig« geworden, und Gemüsebeete erfahren eine spannende Neuinterpretation. Dabei geht es nicht nur um eine größtmögliche Ernte, sondern um die spannende Verbindung des Schönen mit dem Nützlichen. Neben neuen dekorativen Züchtungen feiern gerade viele alte Gemüsearten ein Comeback und werden zu neuen Stars im Gemüsebeet.

• Alles ist dabei möglich. Nach dem Motto »Gemüsebeet statt Staudenrabatte« entstehen Beete, auf denen ausschließlich leckere dekorative Gemüsearten – ob moderne oder wiederentdeckte alte Arten und Sorten – gehegt, gepflegt und nach allen Regeln der Kunst kombiniert werden.

• Aber auch Genussbeete voller Blumen und Gemüse ziehen in unsere Gärten ein und verwöhnen mit Vielfalt und Lebendigkeit.

• Manchmal verschwimmen auf diesen Genussbeeten sogar die Grenzen zwischen Gemüse und Blumen, sodass man sich fragt: Wer ist denn nun eigentlich was? Quinoa ist bei uns nicht nur ein beliebtes Superfood, das aus den Anden stammt und das man dort seit Jahrtausenden als Kulturpflanze nutzt, sondern mit seinen bis zu 2 m hohen farbenprächtigen Blütenständen eine beeindruckende Leitpflanze.

Bei der Planung lassen sich die ästhetisch wirksamen Pflanzenteile von Nutz- und Zierpflanzen wie Blattformen und -farben, Blütenstand und -form sowie die Wuchshöhe im Lauf der Vegetationsphase nach allen Regeln der Pflanzenkomposition zusammenstellen. Auch Gestaltungsthemen wie Farben und Jahreszeiten, essbare Blüten oder Blumenstraußbeete lassen sich individuell und fantasievoll realisieren, egal, ob nur mit Gemüse oder einem Zusammenspiel von Nutz- und Zierpflanzen. Wer Mut zum Experimentieren hat, kann beim Gemüse auch eigenwillige Wege gehen und beispielsweise Kohlrabi »schießen« lassen – dabei entsteht ein witziger »Kohlrabi auf Stelzen«.

Attraktive Gemüsebeete geben uns jedes Jahr die Chance, Kreativität mit neuen Erfahrungen und

Die zarten Schoten der Zuckererbse 'Shiraz' überzeugen mit kaiserlichem Purpurviolett. Sie sind nicht nur dekorativ, sondern können auch roh direkt vom Busch in den Mund wandern.

Gartenwissen zu verbinden und auszuleben. Hat die Gemüsekomposition oder die Partnerschaft mit Sommerblumen aus dem letzten Jahr nicht gefallen oder nicht funktioniert, setzt man einfach neue Ideen um. Schließlich freut man sich auch über Abwechslung in der Küche und auf dem Speiseplan. Neue Rezepte müssen entdeckt oder fantasievoll neu kreiert werden. Einige Gemüsesorten können sogar beim Gartenrundgang roh vom Beet genascht werden, wie etwa die zuckersüße Kaiserschote 'Shiraz' mit violetten Blüten und farbigen Schoten. Sie hat obendrein einen hohen Gehalt an Antioxidantien, sogenannten Bioflavonoiden, die als Zellschutz gelten. Ein Traum für Superfood-Anhänger!

Genuss auch für die Tierwelt

Ein Mix aus Sommerblumen, Gemüsepflanzen, blühenden Küchenkräutern, Obst, Stauden und Frühlingszwiebelblumen wie Tulpen sind nicht nur für Gärtnerinnen und Gärtner eine Freude, sondern bieten auch vielen Tieren Nahrung. Schlüsselblume, Mondviole oder Primeln im Frühling, Scheinsonnenhut, Phlox, Malven, Borretsch, Strauchbasilikum oder Schafgarbe im Sommer und Astern im Herbst sind zu fast jeder Jahreszeit nicht nur für uns ein dekorativer Genuss auf dem Beet oder in der Küche, sondern sie ernähren auch Bienen, Hummeln und andere Insekten. Als Gegenleistung bestäuben unsere Gäste viele Gemüsearten und sorgen so für reiche Ernte. Manche Blütenpflanzen unterstützen den Gemüseanbau, indem sie vor Krankheiten schützen und mit ihrem Duft schädliche Insekten abwehren wie Tagetes oder Ringelblumen. Andere wie Lupinen oder Wicken beugen Bodenmüdigkeit vor, indem sie die Erde mit Stickstoff anreichern.

Auch viele Gemüse selbst haben hübsche und leckere Blüten – etwa Zucchini, Kürbis, Erbsen oder Bohnen –, die frisch in den Mund oder Salat wandern, aber auch frittiert ein Leckerbissen sind. Also bitte immer an ein paar Extrapflanzen zum Naschen denken! Und natürlich dürfen auch nicht essbare Stauden und Sommerblumen in ein Genussbeet einziehen. Sie stehen Kohl oder Sellerie gut zur Seite.

Die leuchtend roten Blüten des Klatschmohns sind eine willkommene Zugabe zum Borretsch, einer beliebten Gewürz- und Heilpflanze.

Die Felsenbirne ist ein Alleskönner im Genussgarten: weiße Blüten im Frühling, leckere Beeren und die Farben des Indian Summer im Herbst.

DER GANZE GARTEN EIN GENUSS

Der Gedanke, Gemüse, Obst und Kräuter in einem eigenständigen, abgeschlossenen Gartenraum innerhalb des Ziergartens zu konzentrieren, lässt sich auf vielerlei Weise verwirklichen – sei es nun das »Gärtchen im Garten« nach den Vorbildern historischer Küchengärten und traditioneller Bauerngärten oder Gartenabteile innerhalb modern reduzierter Gestaltungskonzepte. Dabei soll es keinesfalls darum gehen, den Nutzgarten zu verstecken, ganz im Gegenteil. Genussgärten wollen präsentiert werden. Doch auch ein durch höhere Hecken oder Mauern abgeschirmter Küchengarten kann zum Highlight des Gartens werden, wenn die Beete im Inneren mit Herz und Bedacht angelegt sind und gepflegt werden. Er wird zu einem für alle Sinne genussvollen Ort, der oft eine magische Anziehungskraft besitzt und auch ruhig im hinteren Gartenbereich liegen darf. Man betritt jedes Mal eine eigene Welt, sein eigenes persönliches Gemüse- und Obstreich. Gibt es genug Platz, lässt sich eine Bank oder sogar ein Sitzplatz integrieren, sodass man doppelt genießen kann – beim Gärtnern und Ernten und beim Erholen und Entspannen. Hier kann man auch historischen Vorbildern nacheifern, Obstbäume in Form

schneiden und mit aufwendigen Pergolen oder Spalieren aus Metall und akkurat gezogenem Spalierobst ein wenig »protzen« oder einen ländlichen Staketenzaun aus Kastanienholz um sein Bauerngärtchen stellen. Gestalterisch ist alles möglich. Sie können die Gemüsebeete mit schmalen Rabatten rahmen oder sich einen kleinen »Cutting Garden« anlegen, in dem nach englischem Vorbild ihre liebsten Schnittblumen wachsen. Die Größe des Gartens spielt dabei natürlich eine Rolle, doch lassen sich auch in Reihenhausgärten Genussgärtchen integrieren.

Essbare Gärten

»Essbare Gärten« sind im Trend, und dabei geht es nicht nur um die Anlage eines Gemüsebeets oder die Gestaltung eines Bauerngartens als »Gärtchen im Garten«. Der Ansatz, der sich aus dem Urban Gardening entwickelt hat, geht viel weiter. Der ganze Garten soll essbar sein mit allem, was die Natur uns hierfür anbietet – und das ist erstaunlich viel. Viele Pflanzen sind zumindest in Teilen wie Früchten, Blüten, Wurzeln, Knollen und Knospen oder Blättern essbar und haben auch dekorativ einiges zu bieten. Wussten Sie schon, dass die hellgrünen, ballonartigen Fruchthülsen der heimischen Pimpernuss *(Staphylea pinnata)* nicht nur beim leisesten Windhauch klappern, sondern dass die

VORSICHT!

Viele Pflanzen sind leider extrem giftig. Wählen Sie deshalb die Arten für Ihren Genussgarten sehr sorgfältig aus, denn es besteht durchaus die Gefahr, essbare mit giftigen Arten zu verwechseln. Verwenden Sie nur Pflanzen, die sie sicher als essbar bestimmt haben oder die Sie im kundigen Fachhandel bezogen haben.

Samen in ihrem Inneren einen köstlichen, nach Pistazien schmeckenden Kern enthalten? Oder dass die Knospen der Taglilien in der Pfanne gedünstet eine Delikatesse sind und die Esskastanie *(Castanea sativa)* inzwischen als schwachwüchsige Sorte 'Bouche de Bétizac' erhältlich ist? Sie trägt schon als junger Baum schmackhafte Früchte und passt gut in kleinere Gärten. Bei der Anlage eines essbaren Gartens geht man nach den üblichen Prinzipien der Gartengestaltung vor (→ Seite 40ff.). Lediglich bei der Auswahl der Pflanzen beschränkt man sich auf essbare Vertreter. Die Amerikanische Apfelbeere oder Aronie *(Aronia melanocarpa)* eignet sich zum Beispiel sehr gut als naturnahe Gartenhecke. Die kleinwüchsige Sorte 'Aron' hat sehr schmackhafte Früchte, die auch direkt vom

Strauch köstlich schmecken. Eine schöne Ergänzung ist die säulenförmige Erlenblättrige Felsenbirne *Amelanchier alnifolia* 'Obelisk'. Mit zarten Blüten im Frühjahr, herrlicher Herbstfärbung und blauschwarzen Früchten ist sie ein dekoratives Zier- und Fruchtgehölz für kleinere Gärten. Wer sich seinen Garten komplett als lukullischen Genussgarten anlegen möchte, sollte jedoch zu den Gartenenthusiasten gehören, die viel Zeit haben und das »Gardening«, wie man viel treffender die Gartenarbeit in England nennt, als entspannendes Hobby betrachten. Denn ein Genussgarten mit vielerlei Gemüse, Obst, Kräutern und anderen essbaren Pflanzen ist nichts für bequeme Gärtner. Überlegen Sie deshalb rechtzeitig, wie viel Zeit Sie für die Pflege aufbringen können oder wollen.

Ein attraktiver Genussgarten, liebevoll bepflanzt mit vielerlei Gemüse und gut gepflegt. Die duftenden Blüten der Kletterrosen aromatisieren köstliches Gelee.

GENUSSGÄRTEN UND -BEETE GESTALTEN

Auch wenn man das Bild von seinem Genussgarten schon im Kopf hat, ist es nötig, sich mit einigen grundlegenden Aspekten der Gartengestaltung zu beschäftigen. Denn erst mit der Wahl des passenden Stils und der richtigen Elemente entsteht ein Garten, der auf Dauer überzeugt.

GARTENSTILE UND -ELEMENTE

Klassisch-formal, minimalistisch-modern, romantisch oder naturnah – auch Genussgärten zeigen sich in vielerlei Varianten. Am Anfang steht die Wahl des passenden Stils – er ist der Leitfaden bei der Garten- und Beetplanung.

Nehmen Sie sich für die Wahl des Gestaltungsstils Zeit – schließlich wird er Ihren Garten viele Jahre prägen. Und er sollte nicht nur Ihrem Geschmack entsprechen, sondern auch zum Haus und zur Umgebung passen.

FORMAL-ARCHITEKTONISCH

Die Vorbilder dieses Gartenstils sind historische Schlossgärten aus der Renaissance und dem Barock wie die berühmten Gärten von Versailles bei Paris. Im heutigen formal-architektonischen Garten geht es jedoch nicht mehr um Prunk und Machtdarstellung, sondern um einen Lebensraum im Grünen, der mitunter auch der Repräsentation dienen soll. Klare Strukturen und eine einfache Formensprache mit einer orthogonalen – also aus Geraden und rechten Winkeln bestehenden – Linienführung mit Quadraten, Rechtecken und Kreisen bestimmen seine Grundstruktur. Formal geschnittene Hecken, Mauern, Wegeachsen und Gehölzreihen strukturieren den Raum in unterschiedliche Gartenabteile. Hohe Hecken bilden in sich geschlossene Räume, niedrige Hecken oder formale Beetstreifen deuten Räume an, der Blick in den Garten bleibt jedoch frei. Vom Haus ausgehende Wegeachsen sind das verbindende Element zwischen den einzelnen Abteilungen. Das Parterre, ein charakteristisches Element des Barockgartens, ist ein in sich geschlossenes Gartenabteil aus einzelnen Kompartimenten. Modern interpretiert passt es auch heute in formale Gärten. Es lässt sich vielfältig mit niedrigen Hecken strukturieren und nach Geschmack schlicht, malerisch oder als dekoratives Gemüse- und Kräuterbeet gestalten. Wie der Name Parterre – »zu ebener Erde« – ausdrückt, sollte es jedoch immer so niedrig sein, dass es leicht zu überblicken ist. In sehr kleinen Gärten kann ein Parterre auch den ganzen Raum einnehmen. Wasser ist ein sehr wirkungsvolles Gestaltungselement des formalen Gartens. In den Oberflächen von Wasserbecken oder -kanälen spiegelt sich die Umgebung eindrucksvoll.

Für die meist recht kleinen Hausgärten unserer Zeit bietet der formale Stil interessante, spannungsreiche Möglichkeiten – ganz gleich, ob man Genussbeete oder in sich abgeschlossene Küchengärten modern oder nach historischem Vorbild integrieren möchte.

MODERN UND AVANTGARDISTISCH

Modern bedeutet zeitgemäß. Ein moderner Garten spiegelt also neue Strömungen und Ideen im Lebensstil seiner Besitzer wider und kann dabei auch sehr unterschiedliche Erscheinungsformen haben. Minimalistisch und reduziert gehaltene Gärten, die moderne Architektur nach außen

Oben: Das Wasserelement aus Metall ist ideal für modern-avantgardistische Gartenkonzepte. Links: Formal-architektonischer Garten mit klarer schlichter Linienführung.

fortsetzen, sind durch eine einfache Linienführung, schlichte Flächen und wenige Gestaltungselemente strukturiert. Sie vermitteln Ruhe und schlichte Eleganz. Die Bepflanzung ist eher reduziert, aber großflächig angelegt und wirkt als ruhiger Rahmen. Einzelne farbliche Akzente, vielleicht eine Gartenmauer in einem ausgefallenen Farbton, beleben das Bild. Insgesamt gilt der bekannte Grundsatz: »Weniger ist mehr.«

Der moderne Gartenstil bietet Raum für Experimente und ausgefallene Ideen. Wege, Terrassen, Sitzplätze und Mauern können durch neuartige Materialien in ungewohnter Farbgebung extravagante, gestalterische Akzente setzen. Bunte Acrylglaswände oder Stahlplatten statt herkömmlicher Sichtschutzelemente aus Holz bieten neue Anblicke und vermitteln Modernität. Lifestylegärten und Wellnessoasen sind die neuen Themen der avantgardistischen Gartengestaltung und bieten viel Raum für experimen-

telle Formen der Gestaltung, auch hinsichtlich des neuen Trends zur Selbstversorgung aus dem eigenen Gemüsebeet. In den Städten werden Terrassen, Dachgärten und Balkone zu Nutzgärtchen oder Wellnessoasen, wo Obst, Gemüse und Kräuter aus »Growbags« quellen oder sich platzsparend an Spalieren hochwinden und Salat, Kohlrabi und Mairübchen auf Tischbeeten aus Edelstahl oder in Blechcontainern wachsen.

ROMANTISCH UND VERSPIELT

Der Inbegriff des romantischen Gartens ist wohl der Cottage-Garten, ein typisch englischer Gartenstil, in dem einst die kleinen Gärten der ländlichen Cottage-Bewohner angelegt waren. Im romantischen Garten dominieren geschwungene Linien und freie Formen, der Stil ist

Der romantische Bauerngarten liegt direkt vor der Terrasse des Hauses und ist auch vom sonnigen Balkon in der oberen Etage aus gut zu sehen.

Naturnahe Gärten mit vielen Wildblumen und Kräutern bieten Bienen und anderen Insekten die so dringend benötigten Nahrungsquellen.

zwanglos und verspielt. Die Wege führen in harmonischen Kurven durch üppige Blumenpracht. Unregelmäßig geformte Beete schwingen sanft in die angrenzenden Rasenflächen oder liegen als Inselbeet im Rasen.

Romantische Gärten erhalten ihre besondere Note durch eine üppige Bepflanzung mit Blütenstauden, Sommerblumen und Rosen. Sie vermitteln ländlichen Charme und Natürlichkeit. Nutzpflanzen lassen sich vielfältig integrieren, sei es in gemischten Staudenrabatten oder auf dem Gemüsebeet. Klinker, Kies oder Natursteine aus der Region sind passende Materialien für Wege und Plätze. Zäune und Spaliere sind aus Holzlatten oder Weidengeflecht gefertigt. Gartenmauern sind aus Klinkern fest gemauert oder aus Natursteinen als Trockenmauer aufgeschichtet. Auch formale Elemente wie Eibenkugeln passen in den romantischen Garten, ebenso Accessoires mit rustikalem Charme wie Futtertröge aus Sandstein oder Brunnen.

NATURNAH – IM EIN-KLANG MIT DER NATUR

Das Vorbild für den naturnahen Gartenstil sind unsere Kulturlandschaften. Heimische Wildblumen verzaubern den Garten mit dezentem Blü-

tencharme und locken Insekten wie Schmetterlinge und Bienen an. Für Kinder sind solche Gärten ein wahrer Segen, denn durch das direkte Naturerleben entwickeln sie schon früh ein Bewusstsein für die Umwelt und Wertschätzung für all die kleinen und großen Wunder, die uns die Natur zu bieten hat.

Ein Teich, über dem Libellen kreisen und kleine Wasserläufer mit langen dürren Beinen ihrem Namen alle Ehre machen, ist ein beliebtes Gestaltungselement. Ein Sitzplatz, eine Bank, Sitzsteine oder eine Trockenmauer dicht am Ufer lassen uns das Naturschauspiel bequem aus der Nähe beobachten. Eine Wildblumenwiese oder einen naturnahen Teich anzulegen erfordert jedoch einiges Wissen und gute Vorbereitung. Ein Blumenrasen, sozusagen die Vorstufe der Wildblumenwiese, ersetzt im Naturgarten das eintönige Grün herkömmlicher Rasenflächen. Hecken aus einer bunten Mischung heimischer Gehölze wie Kornelkirsche *(Cornus mas)*, Hundsrose *(Rosa canina)* und Holunder *(Sambucus nigra)* erfreuen mit Blüten und Früchten nicht nur uns Menschen, sondern bieten Insekten, Vögeln und vielen anderen Tieren eine wichtige Nahrungsquelle und einen Unterschlupf. Dass auch im Naturgarten natürliche Materialien aus der Region verwendet werden, versteht sich fast von selbst.

Aromatisch duftender Bronze-Fenchel bildet spannungsvolle Kontraste in dieser gelungenen naturnahen Bepflanzung mit Wildblumen.

FORMEN, FARBEN, MATERIALIEN

»Die Form folgt der Funktion« lautet ein Grundsatz in der Architektur, den man auch auf die Gartengestaltung übertragen kann. Im Idealfall verbinden sich Form und Funktion zu einer Einheit. Bei der Planung stehen zunächst die Architektur des Wohnhauses und die Form des Grundstücks auf dem Papier. Dann kommen Gestaltungsthema, Gartenstil und Nutzungsansprüche hinzu und bestimmen die Formen sowie die Linienführung. Letztere sollte die Architektur der Gebäude aufgreifen und in den Garten hinein fortsetzen. Weitere Prinzipien der Gestaltung sind Harmonie, Kontrast, Rhythmus, Wiederholung, Perspektive und Raumbildung. Formen und Linien bilden die Grundstruktur des Gartens. Sie entscheiden, ob der Garten eher dynamisch oder statisch wirkt.

• Gerade Linien schaffen Ordnung und Klarheit. Sie können schräg, seitlich versetzt oder mittig verlaufen und geben eine Richtung vor.

Rosa Rosen, violetter Steppensalbei, Zierlauch, Thymian und weißer Phlox begleiten in farblicher Harmonie den sanft geschwungenen Kiesweg.

• Eine geschwungene Linienführung kann den Verlauf eines Weges vorgeben oder in Schwüngen die Grenzen eines Beetes vorzeichnen.
• Dynamik entsteht sowohl durch lange formale Achsen, die vom Haus aus in den Garten »ausstrahlen«, als auch durch geschwungene Wege oder Beete und Hecken in freien Formen.
• Eine orthogonale Linienführung und Raumbildung wirkt dagegen eher statisch.
• Sich schneidende Linien teilen den Garten in unterschiedliche geometrische Flächen. Ein aus zwei Linien entstehendes Wegekreuz ist beispielsweise ein typisches Element des Bauerngartens. Allerdings sollte man eine zu kleinteilige Einteilung vermeiden und darauf achten, dass die Proportionen der verschiedenen Flächen zueinander stimmen.

Mit der Bepflanzung kommt ein Element mit jahreszeitlicher Dynamik dazu, das sowohl im Kontrast, aber auch in Harmonie zur Formensprache des Gartens stehen kann. Eine lange Wegeachse im formalen Garten erhält durch eine malerisch mit Stauden und dekorativem Gemüse bepflanzte Beeteinfassung einen entspannten Charakter. Werden jedoch in regelmäßigem Rhythmus formale Eibenkugeln in die Rabatten integriert, ist die Wirkung strenger. Organisch geschwungene oder runde Beete erhalten mit einer schlichten Bodendeckerpflanzung unter einem schirmförmig beschnittenen Solitärgehölz einen formal reduzierten, mit einer gemischten Staudenpflanzung und einem überhängenden Blütengehölz dagegen einen romantisch-natürlichen Charakter.

Farben

Farben erzeugen unterschiedliche Stimmungen und schaffen Atmosphäre. Überwiegen warme Farben, sprüht der Garten vor Lebendigkeit, ist er von kühlen Farbnuancen geprägt, wirkt er schlicht und elegant. Dabei sind nicht nur die Farben von Blüten, Blättern, Früchten oder Rinden zu berücksichtigen, sondern auch die von Gebäuden, Gartenmauern, befestigten Flächen, Sichtschutzwänden, Hochbeeten oder Pergolen. Die im Farbkreis benachbarten warmen Farben Rot, Orange und Gelb treten stärker in den Vordergrund, lassen Entfernungen kürzer erscheinen und haben eine dominierende Wirkung. Die kalten Farbtöne Blau, Violett und Grün sind kühl, elegant und ruhig. Sie treten optisch stärker in den Hintergrund und vermitteln so den Eindruck von Weite. Die Wirkung verstärkt sich mit zunehmender Größe der Farbfläche. Kleine Gärten können dadurch größer erscheinen, als sie tatsächlich sind. Helle Pastelltöne und Weiß treten stark in den Vordergrund und sind ideal, um dunkle Gartenbereiche zu beleben.

Sowohl Kombinationen ähnlicher als auch gegensätzliche Farbtöne können harmonisch wirken. Starke Kontraste aus zwei Farben, die sich im Farbkreis gegenüberliegen wie Rot-Grün, Orange-Blau oder Gelb-Violett, empfinden wir als angenehm. Sie bringen Spannung und Leben in den Garten. Auch Farb-Dreiklänge aus Blau, Gelb und Rot oder Grün, Orange und Violett bilden sehr starke Kontraste, wirken jedoch ebenfalls harmonisch. Schwache Kontraste ergeben sich durch einen Mix von warmen oder kühlen Tönen, die im Farbkreis nebeneinanderliegen. Sie strahlen Ruhe aus.

Materialien

Die Materialwahl hat einen starken Einfluss auf die Gesamtwirkung eines Gartens. Sie sollte ebenfalls auf den Gartenstil abgestimmt sein. Seit es Gärten gibt, kommen natürliche Materialien wie Holz, Naturstein oder Weidengeflecht zum Einsatz. Form und Verarbeitung bestimmen ihre Wirkung.

• Holz strahlt Wärme und Lebendigkeit aus, ist leicht zu bearbeiten und findet vielfältige Einsatzmöglichkeiten. Holzdecks als Terrasse, Sitzplatz oder als Steg am Wasser sind beliebte Elemente, und Weidengeflecht wird längst nicht mehr nur im naturnahen Garten oder Bauerngarten verwendet.

• Zierkies oder -splitt ist ein kostengünstiger Belag für Wege und Plätze und auch im Genussgarten eine gute Wahl.

• Die edlen Oberflächen von Naturstein – beispielsweise Granit, Sandstein, Kalkstein und Porphyr – sind beständig, trittfest und abwechslungsreich gezeichnet. Sie geben jedem Garten

eine ganz besondere Note, sei es als Bodenbelag, Mauern, Hochbeete oder Treppen. Gesteinsart, Farbe, Format und Verlegemuster bestimmen die gestalterische Wirkung. Große Natursteinplatten lassen kleine Flächen großzügiger erscheinen als ein Pflaster aus winzigen Mosaiksteinen. Durch Kombination verschiedener Gesteinsarten und Formate lassen sich Wege und Plätze abwechslungsreich gestalten.

• Auch künstliche moderne Materialien finden immer mehr Beachtung. Sehr modern wirken etwa Hochbeete mit glänzenden farbigen Oberflächen aus pulverbeschichtetem Edelstahl. Sicherlich eignen sich moderne Materialien nicht für jeden Garten, und es erfordert auch etwas Mut, Sichtschutzelemente aus Glasbausteinen, Acrylglasplatten oder Edelstahl, Podeste oder Kletterhilfen aus Industrie-Metallrosten und bunte Betonwände in ausgefallenen Farben in den Garten zu holen. Um zu vermeiden, dass moderne Materialien als Fremdkörper wirken, müssen sie besonders sorgfältig an den Stil des Hauses und das Gartenkonzept angepasst sein. Natürliche Materialien lassen sich auch sehr gut mit künstlichen wie Beton, Stahl oder Glas kombinieren. Allerdings sollte man sich auf wenige verschiedene Materialien beschränken und diese in Variationen und wechselnden Kombinationen im ganzen Garten wiederholen.

Die Zucchini fühlt sich in ihrem modernen Hochbeet aus Metall sichtlich wohl. Der grau-beige melierte Kies bildet einen perfekten Untergrund.

Hohe Hecken teilen den Garten in zwei gestaffelt angeordnete, unterschiedliche formale Räume. So entsteht mehr Spannung.

RÄUME, PROPORTIONEN, BLICKACHSEN

Ein Garten kann durch eine abgestufte Raumbildung, Wege und andere Gestaltungselemente kleinteilig strukturiert sein oder – nur mit den notwendigsten Elementen ausgestattet – großräumig und offen wirken.

Für ein harmonisches Gesamtbild sollten Plätze, Wege und Rasenflächen, aber auch raumbildende Elemente wie Hecken, Bäume und Spaliere in einem ausgewogenen Größen- und Höhenverhältnis stehen. Dazu gilt es, schon bei der Planung die Erscheinungsformen von Bäumen und Sträuchern im ausgewachsenen Zustand zu berücksichtigen und sie optimal zu platzieren. Eine orthogonale Einteilung des Gartens in unterschiedliche Gartenräume durch Beete, Hecken oder Wege erzeugt eine statische Wirkung, aber gleichzeitig auch Spannung, besonders wenn bestimmte Abteile nicht auf Anhieb überschaubar oder einzusehen sind. Kleine Gärten wirken dadurch größer, als sie tatsächlich sind. Im »essbaren« Garten wählt man dafür nicht die beliebte Hainbuche, sondern eine großfruchtige Sorte des Zierapfels (*Malus*-Hybriden) wie 'John Downie' oder 'Butterball', die man auch in Form ziehen kann. Ihre Äpfelchen schmecken frisch von der Hecke, oder man kocht ein köstliches Gelee aus ihnen. Die Gartenabteile lassen sich thematisch sehr unterschiedlich als Sitzplatz, Wassergarten und natürlich als Genussgarten gestalten. Kultiviert man dort Gemüse und Obst, sollte man jedoch Schatten durch Hecken und Mauern vermeiden und genug Abstand zum Wurzelraum der Hecken einkalkulieren. Die Einteilung des Gartens oder die Beete innerhalb bestimmter Gartenräume, etwa im Küchengarten, lassen sich durch dauerhafte Strukturen betonen. So entsteht ein ruhiger Rahmen und eine attraktive Raumwirkung – auch im Winter. Solche Strukturen können Einfassungen aus niedrigen Natursteinmauern, Holzrahmen oder immergrünen formalen Hecken sein.

Sichtachsen

Die Umgebung und die unmittelbare Nachbarschaft beeinflussen die Entscheidung, ob der Garten nach außen abgeschlossen sein sollte oder sich an bestimmten Stellen öffnet. Bietet Ihr Garten einen besonders schönen Ausblick in die Landschaft oder in den Nachbargarten, sollten Sie Wege oder Sichtachsen darauf ausrichten. Unattraktive Ausblicke blendet man dagegen durch einen Sichtschutz aus. Sichtachsen können imaginäre Linien oder Gestaltungselemente wie Wege oder Rabatten sein, die den Blick durch den Garten oder darüber hinausleiten. Sie vermitteln perspektivische Weite und können vom Haus in den Garten führen oder vom hinteren Gartenbereich auf das Haus ausgerichtet sein. Sie sollten nie ins Leere führen, sondern immer auf einen Eyecatcher oder Ruhepunkt zulaufen, etwa ein Objekt vor einer Gartenmauer, ein Solitärgehölz, eine Sitzbank vor einer Eibenhecke, einen verlockenden Ausblick auf die Landschaft oder in einen angrenzenden Gartenraum. Sehr wichtig ist auch der Ausblick von häufig genutzten Räumen im Haus in den Garten, bei dem man natürlich die liebsten Elemente im Blick haben möchte. Das kann ein Inselbeet im Rasen sein, das als Genussbeet konzipiert ist, oder der Blick durch den Küchengarten in die Landschaft. Besonders reizvoll sind Blickpunkte, die durch einen Pflanzenbogen, ein Gartentor oder einen Mauerdurchbruch im Vorbeigehen »zufällig« entdeckt werden.

Perspektive

Die Perspektive täuscht häufig unsere Wahrnehmung. Gegenstände wirken umso kleiner, je weiter sie entfernt sind. Parallele Linien, wie z.B. die Kanten eines langen Gartenwegs, scheinen in der Ferne aufeinander zuzulaufen. Der Weg wird nach hinten scheinbar schmaler, was in Wirklichkeit natürlich nicht der Fall ist. Kleine Gärten wirken größer, wenn man die Tiefenwirkung verstärkt. Dazu platzieren Sie zum Beispiel im vorderen Gartenbereich größere Objekte wie Eibenkugeln und im hinteren Bereich kleinere Kugeln, oder Sie lassen die seitlichen Grenzzäune oder -hecken im hinteren Gartenbereich niedriger werden. Auch Farben können Räume tiefer oder kürzer erscheinen lassen. Eine Mauer in Rot- oder Orangetönen tritt sehr stark in den Vordergrund, sodass ein lang gezogener Garten kürzer wirkt. Kühles Blau und Violett vermitteln dagegen räumliche Tiefe.

Ein Rasenweg bildet eine wirkungsvolle Achse, die unter dem Rosenbogen hindurch auf eine Gartenbank als Blickpunkt ausgerichtet ist.

WEGE, TERRASSEN UND SITZPLÄTZE

Was wäre ein Garten ohne Wege, Sitzplätze und Terrassen? Sie sind elementare Nutzungs- und Gestaltungselemente, machen den Garten zu einem angenehmen Wohnraum im Freien und prägen außerdem seinen Stil sowie seine innere Struktur.

Terrassen und Sitzplätze

Terrassen und Sitzplätze direkt am Haus sind eng mit dem Wohnbereich verbunden und in der schönen Jahreszeit die wichtigsten Aufenthaltsbereiche im Garten. Viele Alltagsaktivitäten werden dann nach draußen verlagert, die Familie trifft sich zum gemeinsamen Essen oder um Feste zu feiern. Nach einem langen Arbeitstag entspannt man sich im Liegestuhl auf der Terrasse. Diese sollte daher großzügig bemessen sein und viel Platz und Bewegungsfreiheit bieten. Die Grundform der Terrasse muss nicht

Ein kleiner lauschiger Sitzplatz wird durch ein dekoratives Genussbeet mit bunten Wicken, Gemüse und Kräutern perfekt in den Garten eingebunden.

zwangsläufig ein Quadrat oder Rechteck sein. Sie kann auch als Halbkreis, in geschwungener, freier Form angelegt oder durch versetzt angeordnete, unterschiedlich große Flächen interessant strukturiert sein. Der Gartenstil und die räumlichen Gegebenheiten bilden den gestalterischen Rahmen. Achten Sie bei der Wahl des Bodenbelages darauf, dass er sich optimal dem Stil des Hauses und den innen verwendeten Materialien anpasst.

Eine Terrasse kann durch harmonische Übergänge optimal in das Gartenkonzept eingebunden werden oder schlicht in eine angrenzende Rasenfläche oder einen Weg übergehen. Ebenerdige Terrassen erhalten durch angrenzende Beete, auch in Kombination mit niedrigen Hecken, einen attraktiven raumbildenden Rahmen. Die Bepflanzung sollte jedoch – zumindest in Teilbereichen – so niedrig sein, dass der Blick in den Garten frei bleibt. Halbhohe Mauern, modern in passender Farbgebung oder aus Naturstein, bilden nicht nur einen schönen Übergang, sondern bieten zusätzliche Sitzgelegenheiten

und Platz zum Abstellen. Dekorative Hochbeete für Gemüse und Kräuter lassen sich als attraktive Raumbilder um die Terrasse gruppieren, sodass Gemüse und Kräuter stets in greifbarer Nähe sind.

Auch Sicht- oder Windschutzelemente lassen sich als Element gut integrieren und mit Genuss kombinieren, wenn man an ihnen köstliches Spalierobst zieht oder zum Beispiel eine Rote Johannisbeere vor eine schlichte weiße Sichtschutzwand aus Holz pflanzt.

Wasserelemente sorgen als naturnaher Teich oder formales Becken für eine besondere Atmosphäre. Liegt die Terrasse erhöht, schaffen Böschungen, Stützmauern und Stufen den passenden Übergang.

Mit zusätzlichen kleinen Lieblingsplätzen, die an anderen geeigneten Stellen in das Gartenkonzept eingebunden werden, erhöhen Sie die Erlebnis- und Aufenthaltsqualitäten Ihres Gartens. Das kann ein kleiner Frühstücksplatz in der Morgensonne oder eine Steinbank im Stauden- oder Gemüsebeet sein.

Wege und Erschließung

Erst durch ein stimmiges, auf die Bedürfnisse der Bewohner abgestimmtes Wegekonzept wird der Garten zu einem bequemen und angenehmen Lebensraum. Wege und Treppen erschließen den Garten und verbinden die verschiedenen Aufenthaltsbereiche sinnvoll miteinander. Form und Verlauf bestimmen entscheidend den Stil und die innere Struktur des Gartens mit. Hauptwege, wie der Zugangsweg zum Hauseingang oder der Weg zur Garage werden am häufigsten genutzt und bilden die wichtigsten Verbindungen im Garten. Sie sollen schnell und bequem ans Ziel führen und möglichst so breit sein, dass zwei Personen nebeneinander ausreichend Platz haben.

• Richtungswechsel im Wegeverlauf können durch Kreise oder Quadrate markiert und in Form eines Beetes oder als befestigter Platz hervorgehoben werden.

• Auch einzelne, markant in Form geschnittene Gehölze oder Gehölzgruppen betonen sehr ausdrucksvoll den Verlauf eines Weges.

• Gartenwege, die nicht mit einem Blick überschaubar sind, wecken die Neugier und machen den Gartenspaziergang zu einem spannungsreichen Erlebnis. Mit diesem Trick wirkt der Garten größer und weitläufiger.

• Nebenwege und Pfade locken zum Genießen und Entdecken in den Garten. Sie dürfen schmaler sein als ein Hauptweg und wirken besonders authentisch, wenn sie durch Beete, Gehölzgruppen oder Gartenräume – z.B. einen Küchengarten – führen und diese Räume harmonisch miteinander verbinden.

Die Art der Wegebefestigung sollte auf die beabsichtigte Nutzung, bereits verwendete Materialien und den Gartenstil abgestimmt sein. Für Hauptwege eignet sich ein trittfester, pflegeleichter Belag. So lassen sich Laub, abfallende Blüten oder Früchte von benachbarten Gehölzen leicht entfernen.

Kies- und Splittbeläge sind zwar einfach anzulegen, jedoch aufwendiger in der Pflege, da Rasenschnitt, Pflanzenteile und Erde von angrenzenden Beeten schlechter zu entfernen sind.

Beachten Sie auch, dass solche Wege beim Betreten oder Befahren deutlich knirschen, was manche Menschen als störend empfinden. Für Nebenwege sind solche Materialien deshalb besser geeignet.

Der Klinkerweg führt zu einem versteckten Ruheplätzchen. Zusammen mit den kleinen Pfaden bildet er in diesem liebevoll bepflanzten Genussgarten eine stimmige gestalterische Einheit.

BEETE IN DEN GARTEN INTEGRIEREN

Wer es wagt, Inselbeete in einer offenen Fläche zu platzieren, erzielt ungewohnte, aber traumhaft schöne Gartenbilder.

Beete sind feste integrierende Bestandteile eines Gartens und sollten sich in Stil, Form und Farbgebung harmonisch in das Gestaltungskonzept einfügen, sei es nun formal, modern, romantisch oder naturnah. Nicht nur im Hinblick auf ihre äußere Form, sondern auch auf die Funktion, die sie innerhalb des Gesamtkonzeptes eines Gartens übernehmen, bieten Beete vielfältige Gestaltungs- und Variationsmöglichkeiten. Beete sind die Leinwand, auf der mit einer vielfältigen Palette aus Zier- und Nutzpflanzen lebendige und raumbildende Pflanzenbilder in den Garten »gemalt« werden. Damit die Pflanzen gut gedeihen, integriert man die Beete entweder an Stellen, wo sie entsprechend ihrer natürlichen Standortansprüche optimal versorgt sind, oder man lässt sich zunächst von der Gestaltung leiten und wählt dann die zum Standort passenden Pflanzen aus. Gemüsebeete müssen allerdings in jedem Fall in sonnigen Bereichen platziert werden. Auch unmittelbar vor großen

Hecken ist ein ertragreicher Gemüseanbau nicht zu erwarten, da die Gemüsepflanzen in Wurzelkonkurrenz zu den Gehölzen treten. Halten Sie hier mindestens 50 cm Abstand ein. Dies ist auch nötig, um Schnittmaßnahmen an der Hecke durchführen zu können, ohne das Gemüsebeet zu betreten.

Beete übernehmen im Gartenkonzept als rahmendes oder verbindendes Element für Gebäude, Terrassen, Wege und Plätze oder als Inselbeet, frei in einer Fläche liegend, eine wichtige gestalterische Funktion. Die Formen sind vielfältig von der schmalen wegbegleitenden Rabatte über das organisch geschwungene Beet, das einen Sitzplatz umschließt, bis hin zum großen runden Inselbeet in einer Rasenfläche.

Bei den Beetformen für Genussgärten muss man sich keinesfalls auf die herkömmlichen Rechtecke oder Quadrate beschränken, sondern kann entsprechend dem Gartenkonzept und den Standortbedingungen variieren. Nichts spricht gegen ein ovales, rundes oder achteckiges Genussbeet, das durch strahlenförmig angeordnete Pfade in einzelne »Tortenstücke« unterteilt ist.

Lavendel, bunte Salate und Porree schmücken die wegbegleitenden Rabatten. Immergrüne Säulenbäumchen setzen formale Akzente dazu.

Inselbeete

Inselbeete mit geometrischen oder organischen Grundformen liegen frei wie eine Insel in der Fläche, sei es nun Rasen, Kies oder Natursteinpflaster. Sie können eine Fläche räumlich spannungsvoll strukturieren, wobei Höhe und Dichte der gewählten Bepflanzung die Intensität der Raumwirkung bestimmen, auch im Hinblick auf den jahreszeitlichen Wandel.

In streng geometrischen oder freien Formen und als lang gestreckte Bänder durch eine Rasen- oder Kiesfläche geführt, bringen Inselbeete auch in Genussgärten Schwung. Mit der entsprechenden Bepflanzung sorgen sie für Sichtschutz, wo er gewünscht ist, gliedern den Garten in unterschiedliche Räume, wodurch er spannungsvoller wirkt und größer, als er tatsächlich ist. Inselbeete haben den Vorteil, dass man von allen Seiten bequem an die Pflanzen herantreten kann. Außerdem kann man sie bei Bedarf leicht auflösen, vergrößern oder verkleinern. Größere Inseln lassen sich auch gut durch Wege teilen, was nicht nur optisch interessant ist, sondern auch die Pflege stark erleichtert.

Praktische Aspekte

Einige praktische Aspekte gilt es bei der Gestaltung und der Integration von Genussbeeten unbedingt zu berücksichtigen. Da man alle Beetbereiche regelmäßig zum Säen, Pflanzen, Pflegen und Ernten betreten muss, sollten sie bequem zu erreichen sein, sodass der Boden nicht verdichtet oder Pflanzen beschädigt werden. Besonders pflegeleicht sind kleine Abteile, die von allen Seiten zugänglich sind. Mehrere Abteile können zu einem größeren Beet zusammengesetzt werden, sie müssen aber durch gut begehbare Pflegepfade erschlossen sein.

Soll das Gemüse nach der Fruchtfolge angebaut werden, plant man drei oder vier Beetabteile ein. So können die Kulturen jedes Jahr von Beet zu Beet rotieren. Die Abteile müssen nicht nebeneinanderliegen; sie dürfen natürlich auch – unter Berücksichtigung der Standortwünsche – nach gestalterischen Gesichtspunkten in das Gartenkonzept integriert werden. Beete für die schnelle Ernte von Kräutern oder Gemüse für die Küche sollten möglichst nahe am Haus neben der Terrasse oder am Küchenausgang liegen.

GEMÜSE, OBST UND KRÄUTER ARRANGIEREN

Wie Zierpflanzen sprechen auch Gemüse, Obstgehölze und Kräuter alle Sinne an. Farbe, Form und Struktur von Blüten, Blättern, Früchten sowie Wuchsform und Höhe, aber auch der stetige Wandel im Verlauf der Jahreszeiten gehen bei der Beetkomposition im Genussgarten Hand in Hand. Während bei den Zierpflanzen die äußere Gestalt mit Blättern und Blüten im Fokus stehen, kommt bei den Nutzpflanzen noch die ästhetische Wirkung der Früchte hinzu. Man denke nur an die teils sehr dekorativen dunkelvioletten oder rot gezeichneten Schoten der Hülsenfrüchte oder an weißhäutige Zwiebeln und violette Kohlrabiknollen. Der Aspekt des Geschmacks und der genussvollen Ernte ist eine wundervolle sinnliche Zugabe. Ganz gleich, ob es um eine reduzierte moderne Bepflanzung mit nur wenigen Gemüsearten geht, ein farbenfrohes Genussbeet mit Wintergemüse und immergrünen Stauden oder um ein romantisch mit

Ein Feuerwerk aus Farb- und Formkontrasten in fein abgestimmten Rot- und Orangetönen! Im Mittelpunkt stehen die Blütenkerzen der Lupine 'Towering Inferno'.

Sommerblumen und Gemüse bepflanztes Beet in einem Cottage-Garten, Harmonie, Kontrast, Rhythmus und Wiederholung sind auch hier wichtige Gestaltungsprinzipien. Man kann für ein Beet ein festes Thema nach Jahreszeiten, bestimmten Gemüsearten oder Farben zugrunde legen, die Bepflanzung intuitiv bunt mischen und dabei mit Formen und Strukturen spielen oder fantasievoll seine Vorlieben für bestimmte Gemüse und Sommerblumen ausleben.

Formen und Strukturen

Kugelrunde Rübchen, glänzende genarbte Mangoldblätter mit roten Adern und Stielen oder das geschlitzte graue Laub der schmackhaften Spanischen Artischocke, die seit Kurzem als Geheimtipp unter Gemüsefans gehandelt wird – Formen und Strukturen von Nutzpflanzen lassen sich auf vielfältige Weise bei der Komposition von Genussbeeten einsetzen. Rot gezeichnete Radicchio-Köpfe oder Weißkohl sorgen als formale Kugeln für Ruhe und innere Struktur

Gegensätze ergänzen sich: zartgrüne Kohlrabiknollen und das gekräuselte Laub des Palmkohls.

Salate mit kontrastierenden Blattfarben und -formen bilden, in dichten Reihen kultiviert, einen dekorativen Blattteppich.

im Beet und werden zur Auflockerung mit straff aufrechten Zinnien oder dem fein strukturierten Laub der Jungfer im Grünen kombiniert. Das Laub von Lauch oder Zwiebeln mit Röhrenblättern stehen in Kontrast zu Möhren mit filigran gefiedertem Laub. Hellgrüner Romanasalat 'Forellenschluss' mit rötlichen Tupfern steht in Kontrast mit einer Reihe dunkelgrünem Schnittlauch. Bei manchen Gemüsen sind es auch die Knollen, Wurzeln oder Zwiebeln, die über dem Boden wachsen und gestalterisch wirksam sind. Straff aufrechte Gemüsepflanzen wie Zuckermais und Baumspinat oder Zierpflanzen wie Stockrose oder Rittersporn setzen Ausrufezeichen ins Beet und lenken den Blick auf sich. Sie betonen die Vertikale und geben dem Beet eine spannungsvolle Dynamik. Mit einer zeitlich abgestimmten Höhenstaffelung kommen die verschiedenen Pflanzen optimal zur Geltung.

Farbkonzepte

Für Genussbeete lassen sich ebenso wie auf reinen Staudenbeeten fein abgestimmte Farbkonzepte verwirklichen. Die Früchte der Nutzpflanzen bringen zusätzliche Farbeffekte ins

Beet, dabei spielt für die Wirkung auch die Größe der Frucht eine Rolle. Auch sie können in farblichem Kontrast oder in Harmonie zu den Blüten- oder Blattfarben stehen, vielleicht sogar in schrillen Farbkombinationen wie die blauviolette Paprika 'Mavras', begleitet von orangefarbenen Löwenmäulchen und Gladiolen in leuchtendem Pink. Neutrale grüne Salatköpfe oder eine Reihe dunkelgrüner Spinat sind farbliche Vermittler. Monochrome Farbe wie eher kühles Violett und Blaugrau von Auberginen, Rotkohl und Brokkoli oder warme Rot- und Orangetöne von roten Tomaten, gelben Balldahlien und orangenem Paprika strahlen dagegen Ruhe aus.

Die Kunst solcher Kompositionen liegt im richtigen Timing, denn die Pflanzen müssen mit ihren ästhetisch wirksamen Elementen und Eigenschaften – Blüten, Blätter, Früchte, Wuchsform oder Höhe – zeitgleich zusammenspielen. Bei den Nutzpflanzen gilt es, zusätzlich die Kulturdauer und Erntezeit mit einzuplanen. So bilden etwa die meisten Kohlarten erst sehr spät die markanten Köpfe aus, während Kohlrabi oder Mairübchen bei zeitlich gestaffeltem Anbau mehrmals im Jahr erntereif und dekorativ sind.

EXTRAS FÜR GENUSSGÄRTEN

Beeteinfassungen, Hochbeete, Frühbeete, Spaliere und mehr sind wie geschaffen für den Genussgarten. Alle sind praktisch und dekorativ, und viele von ihnen haben sich speziell beim Anbau leckerer Gemüse und Früchte bewährt.

Kunstvoll auf Beeten arrangierte Nutz- und Zierpflanzen sind im Genussgarten zweifellos die Hauptdarsteller. Um die Blumen- und Gemüseschätze auf der Gartenbühne perfekt zu präsentieren, die Früchte unserer Bemühungen auch mit den Augen genießen zu können und um das Gärtnern möglichst einfach und bequem zu machen, sind einige feste bauliche Gestaltungselemente unverzichtbar und auch aus praktischen Erwägungen sehr nützlich. Zu diesen Elementen zählen beispielsweise Hochbeete, die sich stimmig in das Gartenkonzept einfügen und uns die leckeren Erdbeeren auf Augenhöhe darreichen. Spaliere, Pergolen oder Lauben in vielfältigen Formen und Materialien von ultramodern bis traditionell komplettieren das Gartenkonzept und bieten Obst, Gurken, Kürbis, Clematis und Co. festen Halt. Bei Bedarf sind sie gleichzeitig auch ein willkommener Sichtschutz oder dekorativer Raumteiler.

Es ist erstaunlich, welch eine beeindruckende Wirkung sich mit Beeteinfassungen in unterschiedlichen Materialien erzielen lassen, und natürlich sollen sich auch praktische Elemente wie Frühbeete, Kalter Kasten oder Gewächshaus, Wasseranschluss und Brunnen geschickt und harmonisch in den Genussgarten integrieren. Form und Materialwahl dieser spezifischen Gestaltungselemente sollten natürlich auf die vorhandene Architektur, die Materialien von Wegen, Terrassen und Sitzplätzen und die anderen Gartenelemente fein abgestimmt sein, um

ein Highlight im Genussgarten zu setzen. Pergolen, Hoch- oder Frühbeete, Spaliere und Zäune, die zum Beispiel einheitlich in hellem Mai- oder Lindgrün gestrichen sind, verbinden sich dezent und harmonisch zu einer gestalterischen Einheit und fügen sich in das Grün der Umgebung wunderbar ein. Trotzdem werden sie als eigenständiges Gestaltungselement wahrgenommen.

BEETEINFASSUNGEN

Dekorative Beeteinfassungen aus niedrigen immergrünen Hecken, Stauden oder festen baulichen Materialien wie Flechtzäunen, Metallbändern oder bündigen Pflasterstreifen geben der Bepflanzung auf dem Beet einen betonenden Rahmen und können Genussbeete oder Küchen- und Bauerngärten dekorativ strukturieren. Sie unterstreichen den Stil des Gartens eindrucksvoll und bilden praktische Abgrenzungen zu Rasenflächen. Erhöhte Einfassungen halten üppigen Pflanzenwuchs in Zaum und sorgen dafür, dass sich die Erde aus den Beeten nicht auf die Wege ausbreitet oder sich mit losem Material wie Splitt, Kies, Sand oder Mulch auf den Pflegepfaden vermischt. Bei ungünstigen Bodenverhältnissen ist es sinnvoll, Gemüsebeete wie in alten Bauerngärten leicht erhöht anzulegen. In diesem Fall sorgen die Einfassungen dafür, dass der Boden seitlich fixiert ist und nicht wegrutschen kann.

Oben: Von der Pergola über dem Sitzplatz wachsen einem die Trauben sprichwörtlich in den Mund.
Links: Klein, aber fein: Das Gewächshaus im viktorianischen Stil ist das Highlight in diesem Genussgarten.

Beeteinfassungen aus Stein, Holz oder Metall

Der Stil des Gartens bestimmt auch die Wahl der Beeteinfassungen. Solche aus natürlichen, leicht verrottbaren Materialien wie Mini-Flechtzäune aus Weiden oder Haselruten passen sehr gut in naturnahe oder ländlich gestaltete Gärten. Manche Elemente lassen sich sogar leicht selber anfertigen oder installieren wie beispielsweise Holzbohlen, die durch Pflöcke im Boden fixiert werden und leicht erhöhte Beetabteile in Form halten. Dickere, auf eine Länge zugeschnittene und an einer Seite angespitzte gerade Äste, zum Beispiel von Haselnusssträuchern, können dicht an dicht als Abschlusskante in den Boden getrieben werden. Ornamentale Metalleinfassungen aus Gusseisen oder Stahl passen perfekt zum Cottage-Garten-Stil.

Die mit Edelstahl eingefassten erhöhten Beete und Hochbeete in Kombination mit schlichten Kies- und Pflasterflächen vermitteln Modernität.

Für den modernen Garten wählt man dagegen klare Linien und schlichte moderne Materialien. Mit starken Kanthölzern aus witterungsbeständigen heimischen Hölzern wie Lärche, Douglasie, Eiche oder Kastanie, die palisadenartig in unterschiedlichen Höhen nebeneinandergesetzt werden, entstehen ausdrucksstarke Beeteinfassungen in gewünschter Höhe. Sie vergrauen mit der Zeit dezent oder erhalten von vornehrein eine Farbbehandlung in stimmigen Farbtönen,

die ihnen den besonderen Pfiff verleihen. Holzbohlen, die als Rahmen um die in Reihen orthogonal angeordneten Beetabteile gesetzt werden, betonen den Charakter reduziert gehaltener Gärten. Besonders interessant wirkt ein solcher Küchengarten, wenn die Holzbohlen unterschiedlich dick gewählt werden und man sie farblich zum Beispiel in hellem Anthrazit oder gedecktem Aubergine an andere modern gehaltene Gestaltungselemente wie Sichtschutz, Bänke oder Pergolen anpasst.

Mit Kanten aus Metall wie Edelstahl, Aluminium oder den durch seine rostrote Verwitterungsschicht unverwechselbaren Cortenstahl lassen sich auch runde Beete in verschiedenen Höhen eindrucksvoll rahmen. Es gibt für alle Materialien System-Elemente in unterschiedlichen Ausprägungen, die leicht selber im Boden fixiert werden können. Grenzt die Beetkante an eine Rasenfläche, sollte möglichst ein bündiger Abstandsstreifen aus passendem Material eingeplant werden, um die Rasenpflege zu erleichtern. Für alle Materialien gilt: Eine optisch überzeugende edle Wirkung erzielt man nur durch die passende Wahl von Material in hoher Qualität sowie durch die konsequent bis ins Detail durchdachte Ausführung.

Lebende Einfassungen aus Pflanzen

Lebende Einfassungen geben den Beeten einen ordnenden Rahmen und verhindern, dass Erde vom Beet auf die Wege oder Rasenflächen wandert. Sie benötigen jedoch mehr Pflege. Gut geeignet sind niedrige, kompakt und buschig wachsende Stauden und Zwerggehölze, die sich nach Bedarf auch gut in Form schneiden lassen. Man kann ganze Beete oder Beetabteile damit markieren und hervorheben, sollte aber möglichst schon bei der Planung den zusätzlichen Platzbedarf berücksichtigen. Himbeer- oder Erdbeerbeete sehen mit einem Rahmen aus blühenden Stauden wie Sonnenhut oder formalen niedrigen Hecken gleich dekorativer aus und lassen sich so viel harmonischer in das Gartenkonzept integrieren. Erdbeeren selbst lassen sich gut als dekorative Einfassung von Gemüsebeeten mit köstlicher Doppelfunktion verwenden.

Besonders zu empfehlen sind Monatserdbeeren. Selbst Gemüse mit langer Kulturdauer wie Spitzkohl, Wirsing oder Grünkohl eignen sich als Einfassung. Die robusten Pflücksalate bilden für lange Zeit schöne Bänder um Genussbeete, denn sie werden Blatt für Blatt geerntet. Soll auch im Winter der dekorative Rahmen erhalten bleiben, wählt man immergrüne Arten oder kultiviert schon im Spätsommer Wintergemüse wie Endiviensalate, Rote Bete oder Radicchio in Form eines Beetrahmens.

Viele Einfassungspflanzen verändern sich im Verlauf des Gartenjahres und sorgen für Abwechslung und Dynamik, indem sie sich mit hübschen Blüten schmücken oder im Herbst ein buntes Farbenfeuerwerk in den Garten zaubern. Auch graulaubige Kräuter und viele essbare Pflanzen sind ein sehr guter dekorativer Rahmen. Beispiele sind Schnittknoblauch, Kapuzinerkresse oder Gewürztagetes.

Einfassung aus Pflanzen: Aromatische Gewürztagetes 'Lemon Gem' bildet einen blühenden Rahmen um das Gemüsebeet.

PFLANZEN FÜR DIE BEETEINFASSUNG

	Name	Höhe
Gemüse	Pflücksalat 'Lollo Rosso' (*Lactuca sativa*)	30 cm
	Rote Bete 'Ägyptische Plattrunde' (*Beta vulgaris* var. *vulgaris*)	40 cm
Kräuter	Thymian 'Compactus' (*Thymus vulgaris*)	15 cm
	Zwerg-Ysop (*Hyssopus officinalis* subsp. *aristatus*)	25 cm
	Schnittlauch 'Forescate' (*Allium schoenoprasum*)	30 cm
	Heiligenkraut (*Santolina chamaecyparissus*)	40 cm
	Lavendel 'Siesta' (*Lavandula angustifolia*)	45 cm
Stauden	Monatserdbeere 'Alexandria' (*Fragaria vesca* var. *semperflorens*)	15 cm
	Zierlicher Frauenmantel (*Alchemilla epipsila*)	25 cm
	Katzenminze 'Odeur Citron' (*Nepeta racemosa*)	30 cm
	Sonnenhut 'Little Goldstar' (*Rudbeckia fulgida* var. *sullivantii*)	50 cm
	Flammenblume 'Minnehaha' (*Phlox amplifolia*)	60 cm
Sommerblumen	Steinkraut (*Lobularia maritima*)	20 cm
	Kapuzinerkresse 'Diamant des Abendlandes' (*Tropaeolum majus nanum*)	25 cm
	Schleifenblume (*Iberis umbellata*)	30 cm
	Ringelblume (*Calendula*)	60 cm
Gehölze	Zwerg-Liguster 'Lodense' (*Ligustrum vulgare*)	bis 100 cm
	Ilex 'Glorie Gem' (*Ilex crenata*)	bis 80 cm

GANZ IM TREND: HOCHBEETE

Das klassische Hochbeet zur Optimierung des Gemüseanbaus ist gerade dabei, unsere Gärten neu zu erobern, und findet modern und frisch interpretiert aus Metall oder Holz nun auch bei jungen Familien und Garteneinsteigern großen Gefallen. Die Gründe dafür: Hochbeete erleichtern zum einen die Arbeit, zum anderen machen Sie sich mit einem Hochbeet grundsätzlich unabhängig von der Bodenqualität im Garten. Das Prinzip ist einfach: Mit einer abgestimmten Schichtung unterschiedlicher organischer Materialien wird ein Humusbildungsprozess in Gang gesetzt, d. h., das organische Material verrottet ähnlich wie im Kompost. Hierdurch werden die Gemüsepflanzen über mehrere Jahre optimal mit Nährstoffen versorgt. Durch die bei der Zersetzung von unten nach oben aufsteigende Wärme ist der Boden außerdem bestens für die frühzeitige Kultur von Gemüsepflanzen geeignet, und Sie erzielen bessere Erträge.

Das klassische Hochbeet ist also ideal, um ein dekoratives Gemüsebeet anzulegen. Im ersten Jahr kann das Beet mit Mittelzehrern belegt werden, erst ab dem zweiten Jahr ist der Nährstoffgehalt durch den Zersetzungsprozess so gestiegen, dass in den folgenden zwei bis drei Jahren Starkzehrer optimal gedeihen. Später, mit abnehmendem Nährstoffgehalt, folgen wieder Mittelzehrer und ganz zum Schluss schließlich Schwachzehrer.

Allerdings macht ein Hochbeet auch ein wenig Arbeit. Um den Volumenverlust durch den Verrottungsprozess auszugleichen, muss jedes Frühjahr die oberste Schicht mit Kompost aufgefüllt werden. Damit die verschiedenen Schichten Platz haben, sollte das klassische Hochbeet für den Gemüseanbau mindestens 80 cm hoch sein. Und alle paar Jahre müssen die Schichten ganz neu aufgesetzt werden.

Wenn Sie die Fruchtfolge mit der Drei- oder Vierfelderwirtschaft auf Hochbeeten anwenden möchten, sollten Sie drei oder vier einzelne Hochbeete anlegen, sodass Sie wie auf normalen Beeten mit den Kulturen entsprechend von einem Abteil zum anderen wandern können.

Das Hochbeet aus Klinkermauern ist ein dauerhaftes Gestaltungselement mit ausgeprägtem Charakter. Es ist eine angemessene Bühne für ein Genussbeet.

Auch die Mischkultur funktioniert natürlich bestens auf dem Hochbeet. Gemüsehochbeete lassen sich auch sehr schön mit einfachen niedrigeren Hochbeeten kombinieren, auf denen Blumen und Gemüse genussvoll kombiniert eine stimmige gestalterische Ergänzung darstellen. Gemischte Genussbeete mit Sommerblumen, Stauden und Gemüse sind dagegen durchaus auch gut auf Hochbeeten mit normalem, gut mit Nährstoffen versorgtem Gartenboden aufgehoben.

Hochbeete als Gestaltungselemente

Hochbeete aus Trockenmauern und Gabionen, fest gemauert aus Klinkern und Naturstein oder aus Beton, strukturieren kleine wie große Gärten spannungsvoll, fangen dabei auch Treppen, Terrassen und abschüssiges Gelände ab oder lassen sich geschickt in Hangsituationen einfügen. In unterschiedlichen Höhen gestaffelt angeordnet, sind sie wirkungsvolle und sehr attraktive Gestaltungselemente im Genussgarten, wenn sie sich durch passende Materialwahl und Bauweise

Ausführung und Details bestimmen die optisch perfekte Wirkung dieses Hochbeets aus Holz. Neben dem Obstspalier ist es einzeln und in der Reihe das Highlight in diesem Genussgarten.

harmonisch in das jeweilige Gestaltungskonzept integrieren. Die Beetbreite sollte so bemessen sein, dass man alle Bereiche bequem mit den Händen erreichen kann. Denn die Beete wollen natürlich regelmäßig gepflegt werden, und Sie sollen Gemüse und Obst möglichst komfortabel ohne waghalsige Verrenkungen ernten können. Eine bequeme Arbeitshöhe liegt zwischen 70 und 100 cm. Sie schont den Rücken und ermöglicht es auch älteren Menschen oder Rollstuhlfahrern, selber ein eigenes Genussbeet anzulegen und die Früchte ihrer Arbeit zu ernten. Für Rollstuhlfahrer sind tischähnliche Hochbeete perfekt, an die sie besonders nahe heranfahren können. Natürlich können Hochbeete auch niedriger angelegt werden, wenn es aus gestalterischen Gründen notwendig ist.

Mit der Wahl des Materials bestimmen Sie die optische Wirkung.

• Für moderne und reduzierte Gartenkonzepte eignen sich Cortenstahl und Edelstahl. Aus Letzterem gibt es mittlerweile auch moderne Hochtische mit integriertem Beet. Auch farbiger Beton – vielleicht sogar in Kombination mit buntem Plexiglas –, aber auch Gabionen machen sich im modernen Garten gut.

• Hochbeete aus Trockenmauern passen gut in naturnahe oder romantische Gärten.

• Durch das Verkleiden einfacher Holzhochbeete mit Metall oder Weiden-Flechtzäunen entstehen sehr dekorative Gestaltungselemente.

• In Kiesflächen wirken Hochbeete aus Kalksteinen – gemauert und farbig verputzt und mit einer Abdeckung aus Naturstein – sehr modern.

Eine kleine von Buchs gerahmte Kräuterspirale bildet einen auffallend schönen Mittelpunkt in diesem kreisförmigen Gemüsegarten.

DIE KRÄUTERSPIRALE

Eine besondere Form des Hochbeets ist die Kräuterspirale, die kegel- oder kuppelförmig so angelegt ist, dass in unterschiedlichen Höhenstufen verschiedene Feuchtigkeitszonen entstehen, die den unterschiedlichen Ansprüchen der Kräuter entgegenkommen. So lassen sich auf kleinstem Raum sowohl mediterrane Kräuter wie Thymian und Oregano als auch feuchtigkeitsliebende Kräuter wie etwa Borretsch kultivieren.

FRÜHBEETE UND MISTBEET

Ein Frühbeet ist ein erhöhtes, in den Boden eingelassenes Beet, das mit nährstoffreicher Komposterde aufgefüllt wird und wie ein Minigewächshaus genutzt werden kann. Eine Abdeckung aus Glas hält die Wärme und verstärkt die Kraft der wärmenden Sonnenstrahlen, während kalte Winde abgehalten werden.

Mit einem Frühbeet kann die Saison im Genussgarten je nach Witterung bereits im Februar oder März beginnen, sodass die ersten Frühgemüse wie Salat, Radieschen oder Mairübchen und Kohlrabi manchmal schon drei bis vier Wochen früher erntereif sind. Man kann auch das erste Frühgemüse bis zur Ernte im Frühbeet belassen.

Das Frühbeet wird auch Kalter Kasten genannt und ist eine ideale Kinderstube für Gemüsepflanzen und Sommerblumen, solange es draußen noch zu kühl ist, um sie direkt ins Beet zu säen. Viele Pflanzen benötigen eine bestimmte Bodentemperatur zum Keimen und wollen als Jungpflanzen geschützt stehen. Das Frühbeet ist der ideale Ort, um kontinuierlich Jungpflanzen heranzuziehen, die, wenn sie groß und kräftig genug sind, nach einem genau festgelegten Zeitplan für Vor-, Haupt-, Zwischen- und Nachkultur auf die Gemüsebeete umziehen. Als Sommerbewohner können Gemüsepflanzen mit langer Kulturdauer wie Kürbis, Auberginen oder Paprika als neue Mieter einziehen. Sie quellen dann förmlich bis zum Herbst dekorativ und malerisch aus dem geöffneten Frühbeet heraus.

Das Mistbeet

Eine besondere Variante des Frühbeets ist das Mistbeet, das mit einer biologischen »Heizung« ausgestattet ist. Der Boden wird dafür entsprechend tief ausgehoben und in die Grube eine Lage Pferdemist eingebracht. Die Schichtdicke beträgt je nach gewünschtem Wärmeeffekt 30–60 cm. In einem solchen Beet profitieren die Samen und Pflänzchen von der Wärme, die durch den verrottenden Mist entsteht und abgegeben wird. Je dicker die Schicht, desto wärmer ist es und entsprechend früher kann das Beet genutzt werden. Außerdem ist der Boden gut mit Nährstoffen versorgt.

Bereits im Herbst sollten die Vorbereitungen mit dem Aushub des Bodens beginnen. Der Mist sollte aber erst ca. zwei Wochen vor der Aussaat oder bevor die ersten Pflanzen einziehen, eingebracht und angegossen werden. Dann ist bei geschlossener Abdeckung die optimale Temperatur erreicht. Zum Schluss kommt eine Schicht Anzuchterde oder guter Mutterboden auf die Mistpackung.

Frühbeet-Praxis

Damit Frühbeete zum dekorativen Blickpunkt im Genussgarten werden, sollte man sich bei der Farb- und Materialwahl an dem bestehenden Gestaltungskonzept orientieren. Mit einem entsprechenden Aufsatz können auch Hochbeete bei Bedarf als Frühbeet genutzt werden.

• Frühbeete können durch eine rahmende Bepflanzung mit niedrigen buschigen Gemüse-

Ein hübsch durch Kräuter gerahmtes Frühbeet, in dem nach dem Auszug der Gemüsekinder wärmebedürftige Auberginen gut gedeihen.

pflanzen wie Miniaubergine, Puff- oder Buschbohnen, Kräutern wie Gewürztagetes oder
Sommerblumen wie Kapuzinerkresse umpflanzt
werden. Immergrüne Stauden wie Bergenien
oder Purpurglöckchen bilden einen dauerhaften
dekorativen Rahmen.

• Ein Frühbeet kann, wenn es massiv aus Naturstein, Drahtgabionen oder Klinker gebaut ist,
auch auf Dauer an einem bestimmten Platz im
Garten stehen. In diesem Fall sind die optimale
Standortwahl sowie eine harmonische Einbindung in das Gestaltungskonzept des Gartens
ganz besonders wichtig.

• Mobile Frühbeete aus Holz oder Metall lassen
sich dagegen schnell aufstellen und können
problemlos umziehen. Im Winter werden sie
trocken im Schuppen untergestellt. Sie bestehen
meist aus 20–30 cm hohen zusammengesetzten
Holzbrettern und einer Abdeckung aus verglas-
ten Holzrahmen, die sich bei Bedarf zur Belüftung aufstellen lassen.

• Die Rückwand des Frühbeets sollte in jedem
Fall etwa 10 cm höher sein als die Vorderwand.
So können außen über die Abdeckung Regenwasser und innen Kondenswasser optimal nach
vorne ablaufen.

• Der Standort sollte möglichst sonnig und die
schräge Abdeckung aus Glas oder Kunststoff
nach Süden ausgerichtet sein.

• Die Frühbeet-Füllung besteht aus gutem mit
Kompost angereichertem Gartenboden oder
aus Anzuchterde.

DER KOMPOSTPLATZ

Im Genussgarten fällt besonders viel Pflanzen-
material zur Kompostierung an. Gleichzeitig besteht ein hoher Bedarf an guter humus- und
nährstoffreicher Erde. Daher ist es empfehlenswert, wenn es irgendwie möglich ist, einen eigenen Kompostplatz anzulegen. Nur in sehr kleinen Gärten ist der Platz zu schade, und man
sollte den anfallenden Grünschnitt lieber in die
grüne Tonne geben, die in platzsparenden dekorativen Müllabteilen verschwindet.

Für den Verrottungsprozess sind Feuchtigkeit
und gute Belüftung wichtig. Daher sollten die

Kompostabteile zu den Seiten hin offen gebaut
werden und ein nicht zu trockener schattiger
Platz als Standort gewählt werden.

Die Anzahl und Maße der Kompostabteile sind
abhängig von der Gartengröße und der Menge
des Grünabfalls. Wichtig ist, dass die Abteile
schnell erreichbar und gut zugänglich sind, aber
rundherum noch genug Raum zum Arbeiten
und Rangieren mit einer Schubkarre ist.

Komposter gibt es in vielen Ausführungen und
Materialien zu kaufen, mit ein wenig Geschick
kann man sie aber auch selber bauen. Eine einfache Lösung sind zum Beispiel Schnellkompos-
ter aus Kunststoff. Sie sind rasch aufgestellt und
benötigen wenig Platz.

Damit die Bodenlebewesen von unten ein- oder
auswandern können und das Wasser abfließen
und versickern kann, sollten die Seitenwände
von Kompostabteilen oder Schnellkompostern
direkt auf dem offenen Boden stehen. Die Flächen drumherum kann man mit Platten befesti-
gen, sodass man den Platz bequem und trockenen Fußes erreichen kann.

Kompostplätze lassen sich auch unauffällig in
den Garten integrieren, indem man sie hinter
natürlichen Hecken oder schlanken Form-
schnitthecken oder auch hinter Holzelementen
verborgen platziert.

*Der Kürbis mag humus-
und nährstoffreiche
Böden. Ein Plätzchen auf
dem Kompost kommt da
gerade recht, und dekora-
tiv ist das Arrangement
obendrein.*

PERGOLEN, SPALIERE UND RANKGERÜSTE

Einige Gemüsearten und Zierpflanzen wollen hoch hinaus. Beispiele sind Gurken, Stangenbohnen oder Wicken. Pergolen, Spaliere oder Rankgerüste und Zäune ermöglichen ihnen den Aufstieg in die Vertikale oder stützen durch die Last der Früchte standschwach gewordene Nutzpflanzen. Sie sind daher im Genussgarten als ordnender Rahmen in der Vertikalen willkommene und sehr nützliche Gestaltungselemente. Kürbisse wachsen zwar auch liegend auf dem Boden, besonders dekorative Arten wie der Flaschenkürbis kommen aber an Gerüsten gezogen in den oberen Etagen viel besser zur Geltung, und die Früchte hängen auf Augenhöhe vor uns. Pergolen lassen uns nicht nur die Trauben sprichwörtlich in den Mund wachsen oder üppig blühende Kletterpflanzen kaskadenartig nach unten hängen. Sie sind dominierende, raumwirksame Gestaltungselemente, die das Bild eines Gartens maßgeblich bestimmen – wegbegleitend, als Rahmen, Sichtschutz oder Raumteiler an Terrassen und in Beeten.

Außer Weinreben sind auch einige andere Obst- und Gemüsesorten geeignet, um Pergolen zu beranken und sich dabei dekorativ zur Schau zu stellen. Die Herkuleskeulen gehören zu den vielgestaltigen Kalebassen, die teils spektakuläre Fruchtformen wie Keulen, Schlangen oder Schwanenhälse ausbilden. Sie sind in sehr jungem Zustand als leckeres zartes Gemüse essbar und schmecken ähnlich wie Zucchini. Die Kiwi rankt nicht nur an Spalieren die Wände empor, sie legt sich auch gerne über eine Pergola und verwandelt sie mit ihren runden festen Blättern in eine schattige Laube.

Da viele Gemüsearten nach den Regeln der Fruchtfolge im Jahresrhythmus durch die Beete wandern sollten, sind mobile oder temporäre Stützen oder Rankhilfen notwendig, die mit »ihrem« Gemüse umziehen und am neuen Platz wieder im Boden fixiert werden. Die klassischen Bohnenstangen, die meist gekreuzt in Reihen aufgestellt werden, sind den meisten wohl gut bekannt und dafür sehr geeignet. Sie lassen sich aber auch auf andere Weise, zum Beispiel zelt-

Kiwis bilden lange, dicht belaubte Triebe, die durch die Früchte recht schwer werden. Eine robuste Pergola aus Holz ist da eine ideale Rankhilfe.

artig oder einzeln in Reihen aufstellen. Warum also nicht die Bohnenstangen statt der üblichen Reihen auch mal in Form einer runden Laube aufbauen?

Erbsen benötigen Kletterhilfen aus Draht, den man am besten in einen dekorativen Rahmen eines Holz- oder Metallspaliers spannt. Dabei dürfen sich ruhig verschiedene Arten ein Rankgerüst teilen. Auch hier ergänzen sich Zier- und Nutzpflanzen wie Bohnen, Gurken, Clematis oder Trichterwinde gestalterisch auf spannungsvolle Weise.

Bei Standortwahl und Ausrichtung ist darauf zu achten, dass die Rankhilfen im Tageslauf so wenig Schatten wie möglich auf benachbarte Gemüsebeete werfen. Auch die Hauptwindrichtung gilt es zu berücksichtigen, indem man die Reihen mit dem Wind ausrichtet.

Wer mag, kann mit Farben spielen und ein Farbthema entweder harmonisch oder kontraststark ausspielen. Die Bohnenstangen werden dann beispielsweise farblich passend zur violett gesprenkelten Stangenbohne 'Weinländerin' und den violetten Blüten der 'Forellenbohne', deren

Edle Pyramiden aus Holz unterstützen Stangenbohnen beim Aufstieg in die Vertikale. Rotlaubiges Purpurglöckchen, rotlaubiger Gewürz-Salbei und Weißkohl bilden den adäquaten Beetrahmen.

grüne, schmackhafte Bohnen innen mit violett gesprenkelten Kernen überraschen, in leuchtendes Violett getaucht. Bis die Bohnen sich zu voller Größe entwickelt haben, ist locker Zeit für eine Zwischenkultur mit farblich harmonierenden violetten Kohlrabi, kontrastreichen rosa Mairübchen 'Mailänder' und knackigem frühreifem Kopfsalat 'Frisée D'Amérique' mit bronzefarbig überzogenen hellgrünen Blättern. Aus den kräftigen geraden Ästen der Haselnuss oder biegsamen Weidenruten kann man mit Fantasie und etwas Geschick selber schmückende Rankgerüste bauen. Leider sind diese Kletterhilfen recht schnell vergänglich. Doch sie können jedes Jahr an anderer Stelle im Küchengarten oder in Genussbeeten neu platziert werden als Spalier, in Zelt- oder Tunnelform, als Gitter, kleine und große Kegel oder als etagenartig aufgebaute offene Laube, um z.B. Kürbisse darin zu präsentieren.

Klassische Spaliere, an denen Obstgehölze wie Apfel oder Birnen in Form gezogen werden, können frei im Raum stehen – entweder als Raumteiler innerhalb der Beete oder ein- bzw.

beidseitig als Begleiter von Wegen. Sie werden meist aus feststehenden Pfosten in unterschiedlichen Materialien und dazwischen verspannten Drähten errichtet. Für ein Spalier an Mauern sind Latten aus Holz und Metall oder moderne Seilspannsysteme zur Fassadenbegrünung empfehlenswert. Mit ihnen lassen sich die Gehölze beispielsweise schräg als Fächerbaum, als U-Spalier oder mit zwei waagerechten Seitentrieben als waagerechte Palmette erziehen.

Ein prächtiges Birnenspalier dekoriert die Klinkerfassade. Die verlockend reifen Früchte scheinen nur darauf zu warten, rasch geerntet zu werden.

RANKHILFEN – LEICHT UND MODERN

Klassische Pergolen aus Holz oder Stein wirken oft sehr dominant. Besonders filigran wirken dagegen Rankhilfen aus feinem Metallgitterwerk, die nach dem Vorbild kunstvoller Traillagen historischer Barockgärten nur partiell mit einzelnen kletternden Gemüsearten oder Blumen überwachsen sind. Modern interpretiert bilden sie als luftige offene Laubengänge und Pavillons in kleinen Gärten attraktive Gestaltungselemente.

Weniger ist mehr: Das einfache kleine Gewächshaus aus Metallprofilen wird durch die Hecke, zwei Bäumchen und die Mauer bestens integriert.

GEWÄCHSHÄUSER

Ein eigenes Gewächshaus ist für viele Garten-enthusiasten ein lang gehegter Traum. Wer zu den Glücklichen gehört, eines zu besitzen, kann schon im Vorfrühling mit der Anzucht der Sommerblumen und Gemüsepflänzchen beginnen. Frei stehende Gewächshäuser lassen sich überall im Garten auf ebenen Flächen integrieren. Aus Glas und Metall wirken sie aufgrund der filigranen Transparenz besonders attraktiv. Auf einem gemauerten Sockel aus Naturstein oder Klinker erhält das Gewächshaus einen ganz besonderen Charme und wird optimal baulich und gestalterisch eingebunden. Am schönsten ist es, wenn die Genussbeete herumdrapiert sind.
Allerdings hat ein Gewächshaus seinen Preis. Die Kosten sollten deshalb im Vorfeld sorgfältig kalkuliert werden.
• Ein Anlehngewächshaus besteht aus drei Glasseiten und wird vor eine Hauswand oder Gartenmauer gesetzt. Es ist platzsparend und sehr gut für kleine Gärten oder Terrassen geeignet. Da es zusätzlich die Wärme nutzt, die tagsüber in der Mauer gespeichert wird, können hier auch kälteempfindliche Obstarten wie Pfirsiche als Spalierobst kultiviert werden.
• Die beabsichtigte Nutzung bildet die Grundlage für weitere Überlegungen.

• Möchten Sie für eine kleine Familie wärme- oder schutzbedürftiges Gemüse wie Auberginen, Paprika oder Tomaten anbauen und auch im Winter sicher etwas Brokkoli und Feldsalat ernten, reichen 5–10 m² Grundfläche für ein kleines Gewächshaus aus. Dann bleibt auch noch genügend Platz für einen Pflanztisch und Regale, auf denen die Saatkisten mit den vorgezogenen Gemüsen und Sommerblumen ihren Platz finden. Aus praktischen Gründen empfiehlt sich eine Mindestbreite von 2 m. Für Gemüse, das hoch hinaus möchte wie Gurkenpflanzen, und für ein günstiges Raumklima sollte die Höhe großzügig bemessen werden. Ein spitzes Satteldach ist da günstiger als ein Pultdach.
• Sollen neben dem Gemüse im Winter auch große frostempfindliche Kübelpflanzen untergestellt werden, muss das Gewächshaus mindestens 12 m² oder noch größer bemessen sein.

Lage und Einbindung

Ein Gewächshaus kann ein sehr dominierendes Element im Garten sein und muss in Material, Farbgebung und Ausführung harmonisch in die Gestaltung eingepasst werden, wobei auch Größe, Lage und Bauweise der vorhandenen Gebäude und die Gartengröße eine wichtige Rolle spielen. Ein sonniger bis halbschattiger Platz und eine günstige Ausrichtung nach Ost-West sind ideal. Außerdem sollten keine großen Bäume in unmittelbarer Nähe stehen, von denen Laub, Blüten oder Früchte auf das Glasdach fallen und es verschmutzen oder beschädigen. Ein Gewächshaus sollte vom Wohnhaus aus bequem, schnell und möglichst auf befestigten Wegen erreichbar sein. Sehr attraktiv ist es, wenn das Glashaus in einen in sich abgeschlossenen ausreichend großen Küchengarten integriert werden kann. Ein sehr kleines Gewächshaus, in dem vielleicht nur Tomaten gezogen werden, lässt sich auch auf einem Platz zwischen den Gemüsebeeten aufstellen.

Beachten Sie, dass eventuell auch nachbarschafts- und baurechtliche Aspekte zu berücksichtigen sind. Die Vorschriften zur Genehmigung können von Bundesland zu Bundesland recht unterschiedlich sein. Holen Sie rechtzeitig beim örtlichen Bauamt Erkundigungen ein.

Praktisches und Nützliches

Bestimmte Dinge sind aus praktischen Erwägungen im Gewächshaus sinnvoll.

• Sehr wichtig ist die Nähe eines Wasseranschlusses oder eines Brunnens, damit eine bequeme Bewässerung möglich ist.

• Dachfenster mit automatischer Öffnungsvorrichtung sorgen dafür, dass die Luft bei starker Sonneneinstrahlung nicht überhitzt und die Pflanzen schädigt.

• In einem unbeheizten Gewächshaus kann man problemlos schon früh im Jahr Gemüsepflanzen vorziehen, sicher Wintergemüse anbauen und auch mediterrane Kübelpflanzen und Kräuter frostgeschützt überwintern. Wer jedoch ganzjährig Gemüse ernten oder sehr frostempfindliche tropische Kübelpflanzen dort unterstellen möchte, sollte besser in ein beheizbares Gewächshaus investieren und dazu einen Stromanschluss vorsehen.

Der vorgelagerte Sitzplatz bindet das hübsche Gewächshaus aus türkisgrün gestrichenem Holz mit Klinkersockel stimmungsvoll in den Garten ein.

Links: Schlaraffenland auf der Terrasse mit Artischocke, pflückreifen Erdbeeren und Tomaten zum Naschen.

Unten: Die platzsparende Leiter präsentiert die lecker bepflanzten Töpfe auf bequemer Augenhöhe.

Scharfe Habanero-Chilis oder köstlich süße Naschpaprika im Miniformat sind ideal für die Kultur im Kübel.

»Square Foot Gardening« ist der neuste Trend für den komfortablen Gemüseanbau auf Terrasse und Balkon.

AUF KLEINSTEM RAUM

Selbst wenn Sie nur einen Balkon oder eine Terrasse besitzen, müssen Sie nicht auf einen Genussgarten verzichten. Es ist erstaunlich, welch genussvolle Paradiese sich dort anlegen lassen.

Gemüse, das platzsparend in die Vertikale wächst wie hier die violette Stangenbohne 'Blauhilde', dekoriert Spaliere und Stäbe aufs Schönste.

Für Balkon und Terrasse gibt es einen Trick: Man nutzt die Vertikale aus oder kultiviert Minigemüse und -obst in Kübeln, Kästen oder Etagenhochbeeten. Warum nicht einfach mal Hängegeranien oder Fleißiges Lieschen durch Auberginen oder Paprika im Miniformat ersetzen? Längst gibt es auch bei Gemüse und Obst eine große Pflanzenauswahl, die sicher im Kübel gedeiht und eine reiche Ernte schenkt.

Kübel und Kästen

Mit Gemüse, Kräutern und Obst bepflanzte Balkonkästen und Hängeampeln lassen sich vielfältig unterbringen – aufgehängt an einem Spalier, aufgesteckt auf die Balkonbalustrade, in Pflanzenregalen oder an der Wand befestigt. Gemüsearten, die wenig Wurzelraum benötigen wie Radieschen, Salat oder bestimmte Möhrensorten mit runden oder kurzen kegelförmigen Wurzeln wie 'Caracas' sind ideal für flache Balkonkästen. Verschieden große Kübel, bepflanzte Obstkisten, dekorative mit Erde gefüllte Plastikbeutel, Jutesäcke oder andere Behälter lassen sich zu kleinen Gemüsebeeten oder Mini-Küchengärten zusammenstellen. Auch die meisten Obstsorten gibt es mittlerweile als schlanke schwachwüchsige Säulenform für Kübel, und sogar Kartoffeln bringen – dekorativ in Plastik oder Jutesäcken angebaut – mit ein paar Kniffen gute Ernte. Viele rankende Gemüse benötigen Kletterhilfen, die ihnen Halt bieten und die Früchte tragen.

Rankgitter oder Spaliere sollten daher möglichst stabil sein. Zuckererbsen ranken sich dagegen ebenso wie Duftwicken ohne Probleme auch an aus Zweigen angefertigten Kletterhilfen empor. Vertikale Hochbeete oder frei stehende Pflanzregale nehmen entsprechend ihrer Etagenhöhe Gemüse mit entsprechenden Wuchshöhen auf. Als Grundregel gilt: Je größer der Behälter, umso besser gedeihen Nutzpflanzen und umso weniger muss gegossen werden. Das Volumen sollte mindestens 10 Liter betragen, ideal sind 20–40 Liter. Die Erde sollte locker und von guter Qualität sein. Trotzdem muss man Gemüse in Kübeln und Kästen die ganze Saison über mit organischem Flüssigdünger nachdüngen.

Balkon- und Snackgemüse

Der Platznot auf Balkonen kommen die Züchter mit neuen kompakt und niedrig wachsenden Sorten entgegen. Diese im Wachstum gezähmten Auberginen, Gurken, Peperoni und Tomaten schlängeln sich nicht ausufernd aus dem Kübel. Einige gedeihen sogar in Hängeampeln.
Da diese speziellen Sorten des Balkongemüses eher selten in Gartencentern oder Gärtnereien als Jungpflänzchen erhältlich sind, zieht man sie aus Samen vor, die man über den Versandhandel bekommt. So hat man jedes Jahr aufs Neue das Vergnügen, bereits im Januar die Schätze für den Genussbalkon auf der Fensterbank vorzuziehen – das ist Vorfreude pur!

FÜR EIN GUTES MITEINANDER

Auf Genussbeeten sind Stauden, Sommerblumen, Obst- und Ziergehölze sowie Gemüse gleichwertige Partner. Es ist ein gärtnerischer Balanceakt, ihre unterschiedlichen Ansprüche zu berücksichtigen.

Im Idealfall ergänzen sich alle Pflanzen auf einem Genussbeet optimal. Das gilt besonders für die verschiedenen Gemüsearten. Sie sollten sich gegenseitig stärken und voneinander profitieren – man spricht von guten, schlechten oder neutralen Nachbarn. Bei der Auswahl darf man sich daher nicht nur von persönlichen Wünschen leiten lassen.

Fast alle Gemüse benötigen für ein optimales Wachstum einen vollsonnigen bis maximal halbschattigen Standort. Auch Wasser, Bodenart und Nährstoffgehalt spielen eine wichtige Rolle. Doch auch Zierpflanzen haben ihre speziellen Ansprüche. Sie sollten so ausgewählt werden, dass sie mit denen der Nutzpflanzen so gut wie möglich harmonieren. Meist fällt die Wahl auf die prächtigen Bauerngarten- und Prachtstauden, die wie Gemüse viel Sonne und gehaltvolle Böden wünschen. Doch auch viele einjährige Sommerblumen fühlen sich unter diesen Bedingungen wohl. Bei den Kräutern wiederum gibt es Vertreter, die nährstoffarme Böden bevorzugen. Sie kombiniert man besser mit Wildstauden für Magerstandorte.

Zier- und Nutzpflanzen treten auf unterschiedliche Weise miteinander in Konkurrenz.

• Unter den Gemüsen gibt es Flachwurzler wie Salat oder Radieschen und Tiefwurzler wie Möhren oder Schwarzwurzeln, die sich Nährstoffe und Wasser aus unterschiedlichen Bodentiefen holen. Kombiniert man sie, treten sie nicht so stark miteinander in Konkurrenz.

• Auch Zierpflanzen bilden sehr unterschiedliche Wurzelsysteme aus. Ausbreitungsfreudige Wucherer oder ausgeprägte Vagabunden, die sich leicht versamen und zur Plage werden können, haben im Genussbeet in Kombination mit Gemüse nichts zu suchen.

• Unterschiedlich hohe Pflanzen sind oft attraktive Partner. Doch nur, wenn der eine dem anderen nicht zu viel Licht nimmt oder eventuell sogar als Schattenspender wertvolle Dienste leistet, ist es eine günstige Nachbarschaft.

• Bei der Beetplanung muss man auch den unterschiedlichen Platzbedarf im ausgewachsenen Zustand berücksichtigen und entsprechende Pflanzabstände wählen. Diese sind meist auf den Samentüten oder Etiketten angegeben. Auch im Porträtteil (→ ab Seite 135) sind sie aufgeführt.

• Auch beim Gemüse gilt es, die notwendigen Pflanzabstände einzuhalten, sonst kümmern die Pflanzen und werden anfällig für Krankheiten, weil sie sich nicht optimal entfalten können. Besonders die verschiedenen Kohlarten, aber auch Kürbisse oder Zucchini verlangen große Abstände von 50–60 cm. Damit der Raum dazwischen nicht längere Zeit kahl bleibt, nutzt man ihn für kurze Zwischenkulturen wie Radieschen, Mairübchen oder Spinat. Sie füllen den Platz, bis der Kohl herangewachsen ist.

• Salate vertragen es dagegen, wenn sie dichter mit nur 30 cm Abstand stehen. Weil sie schnell wachsen und eine kurze Kulturdauer haben, lassen sich mit ihnen Beete rasch bedecken.

Oben: Mit den hohen Blütenständen ist Rittersporn eine beliebte Charakterstaude in Bauern- oder Cottage-Gärten. Links: Die beeindruckenden Exemplare von Grün- und Palmkohl sowie Mangold beanspruchen viel Platz. Doch das Ergebnis ist umwerfend.

Die dekorative Artischocke ist ein kostbares, sehr schmackhaftes Edelgemüse, das als Starkzehrer nährstoffreiche Böden wünscht.

NÄHRSTOFFBEDARF

Gemüse werden entsprechend ihrem Nährstoffbedarf in Schwach-, Mittel- und Starkzehrer eingeteilt. Diese Einteilung ist eine wichtige Richtschnur bei der Anbauplanung.

• Starkzehrer, zu denen fast alle Kohlarten, Sellerie oder Tomaten, aber auch Kürbis und Artischocken gehören, benötigen besonders viele Nährstoffe, vor allem Stickstoff. Der Boden muss daher bereits im Vorjahr mit viel organischem Dünger, Kompost und kompostiertem Stallmist gedüngt werden. Eine Zwischenkultur mit einer Gründüngung, die im folgenden Frühling untergegraben wird, verbessert die Bodenstruktur und reichert den Boden mit Stickstoff an. Während des Wachstums folgen weitere Gaben von organischem Dünger oder auch Brennnesseljauche. Damit der Boden nicht ermüdet und ausgelaugt wird, sollte man Starkzehrer keinesfalls mehrere Jahre hintereinander auf demselben Beet anbauen, sondern die Regeln der Fruchtfolge und des Fruchtwechsels beachten.

• Mittelzehrer wie zum Beispiel Auberginen, Fenchel oder Karotten stehen mit ihrem Nährstoffbedarf zwischen den Stark- und Schwachzehrern. Sie übernehmen auch gern den alten Platz der Starkzehrer, wenn er zuvor im Frühjahr mit Kompost angereichert wird.

• Schwachzehrer, zu denen die meisten Kräuter, aber auch Erbsen, Radieschen und Buschbohnen zählen, sind sehr genügsam. Sie nehmen auch mit den Nährstoffen vorlieb, die Stark- und Mittelzehrer ihnen übrig gelassen haben.

Die Grenzen zwischen den drei Nährstoffgruppen sind oft fließend, und man kann durchaus auch einmal Stark- mit Mittelzehrern oder Mittel- mit Schwachzehrern kombinieren. Dies erweitert die Gestaltungsmöglichkeiten auf Genussbeeten stark.

FRUCHTFOLGE: DAS ROTATIONSPRINZIP

Wenn im Gemüsebeet die Pflanzen nicht mehr richtig gedeihen, stärker als üblich von Krankheiten oder Schädlingen wie Nematoden befallen sind und die Erträge sinken, spricht man vom Phänomen der Bodenmüdigkeit. Sie entsteht, wenn auf einem Beet durch Monokultur einseitig über mehrere Jahre die gleichen Pflanzen angebaut werden. Mit dem Prinzip der Fruchtfolge und auch mit der Mischkultur lässt sich dieses Problem vermeiden. Beide sorgen dafür, dass dem Boden nicht einseitig Nährstoffe entzogen werden, bestimmte Schädlinge überhandnehmen oder sich der Boden übermäßig mit Wurzelausscheidungen der Kulturpflanzen anreichert, die zu Abwehrschwäche und Kümmerwuchs bei den Gemüsen führen können.

Der Begriff Fruchtfolge kommt ursprünglich aus dem Ackerbau und der im Mittelalter entstandenen klassischen Dreifelderwirtschaft, bei der immer zwei Felder mit wechselnden Feldfrüchten bestellt und das dritte brachliegen gelassen wurde. Die Fruchtfolge bezieht sich auf alle unterschiedlichen »Früchte«, die nach bestimmten Regeln zeitlich abwechselnd angebaut werden, mit dem Ziel, die Ernteerträge zu steigern und die Bodenfruchtbarkeit zu erhalten.

Beim Anbau von Gemüse im Garten kann sich die Fruchtfolge auf die Kultur auf einem Beet innerhalb einer Vegetationsperiode beziehen, also auf die Anbauphasen Vor-, Zwischen-, Haupt- und Nachkultur oder aber auf den Fruchtwechsel über mehrere Jahre hinweg.

Bewährt hat sich im Gemüsegarten die Vierfelderwirtschaft mit vier Beetabteilen, auf denen man jeweils nur Stark-, Mittel- und Schwachzehrer anbaut. Das vierte Beetabteil liegt brach. Es wird zur Nährstoffanreicherung mit Gründüngung wie Phazelia, Tagetes oder Senfsaat eingesät und kann sich regenerieren. Im Folgejahr rotiert der Anbau ein Beet weiter. Auf dem Beet für Starkzehrer baut man Mittelzehrer an, auf das Beet der Mittelzehrer kommen Schwachzehrer. Auf das zuvor brachliegende und nun frisch gedüngte Beet kommen Starkzehrer. Auch mögliche Unverträglichkeiten der verschiedenen Gemüsearten müssen berücksichtigt werden, da durch schlechte Nachbarschaften nicht nur die Ernte, sondern auch der dekorative Aspekt beeinträchtigt wird (→ Mischkultur).

Fruchtwechsel

Der Fruchtwechsel ist ein Aspekt der Fruchtfolge und bezieht sich auf die Mitglieder der verschiedenen Gemüsefamilien und ihre aufeinander abgestimmte Anbaufolge auf einer Fläche, sei es ein ganzes Beet, Beetabschnitte oder nur kleine Teilbereiche.

Die Regel des Fruchtwechsels besagt, dass an derselben Stelle im Beet keine Gemüsearten aus der gleichen Familien unmittelbar aufeinanderfolgen sollten, damit die für eine Familie typischen Schädlinge nicht überhandnehmen können. Die Pilzkrankheit Kohlhernie befällt beispielsweise nicht nur alle Kohlarten, sondern ist für fast alle Mitglieder der Familie der Kreuzblütler gefährlich, also auch für Rettich, Rucola oder Radieschen. Da der Erreger sehr lange im Boden überlebt, sollte man Kreuzblütler erst nach mindestens vier Jahren wieder auf der gleichen Stelle anbauen. Als Folgekultur für Rotkohl eignen sich beispielsweise Vertreter der Familie der Doldenblütler wie Möhren und Salat oder Arten der Familie der Kürbisgewächse wie Zucchini. Die Gemüsearten müssen für die geeignete Folgekultur also zunächst nach Pflanzenfamilien geordnet werden. So vermeidet man die Ausbreitung von Krankheiten und Schädlingen. Parallel dazu berücksichtigt man die Einteilung nach Stark-, Mittel- und Schwachzehrern.

Eindrucksvolle »Blaue Stunde« im gemischten Genussbeet mit Palmkohl, Borretsch und Mehl-Salbei, begleitet von den leuchtenden gelben Samenständen des Dills.

MISCHKULTUR

Die Mischkultur basiert auf langjährigem Gärtnerwissen. Vorbild für diese recht komplexe Art des Gemüseanbaus sind natürliche Pflanzengesellschaften. Bei der Mischkultur geht es darum, möglichst gute Nachbarschaften zu bilden und schlechte zu vermeiden. Zu Letzteren zählen etwa Erbsen mit Zwiebeln, Gurken mit Radieschen, Tomaten oder Kartoffeln bzw. Kopfsalat mit Sellerie. Doch keine Sorge – schlechte Nachbarschaften sind in der Minderheit.

Die Wechselbeziehungen sind vielfältig. Gemüsepflanzen nehmen mit ihrem Wurzelsystem bestimmte Stoffe wie Spurenelemente und Nährstoffe aus dem Boden auf, scheiden aber auch Stoffe über die Wurzeln aus. Das können Stoffwechselprodukte der Pflanzen sein, die im Rahmen chemischer Prozesse bezüglich des Bodengefüges oder der Nährstoffbildung bestimmte Aufgaben im Boden übernehmen. Manche Stoffe wirken auch als Insektizide oder Herbizide im Boden. All diese Substanzen können sich bei einer anderen Gemüseart, die daneben oder als Folgekultur gepflanzt wird, positiv, aber auch negativ auswirken. Oberirdisch können Duftstoffe von Pflanzen bei Nachbararten Unverträglichkeiten auslösen oder positiv wirken, indem sie Schädlinge vertreiben. Borretsch beispielsweise ist ein nützlicher Partner für Kopfkohl und Kohlrabi, weil er Schädlinge fernhält. Pflanzenlisten, in denen langjährige Erfahrungen über die guten und schlechten Nachbarn übersichtlich dargestellt werden, sind besonders für Anfänger bei der Planung eine große Hilfe.

JAHRESZEITLICHER ASPEKT

Eine Herausforderung bei der Planung eines stets dekorativen Genussbeetes ist der Zeitfaktor und die Abfolge von Vor-, Zwischen- und Nachkultur. Ein reines dekoratives Gemüsebeet oder ein gemischtes Genussbeet sollte das ganze Jahr über zumindest in Teilbereichen mit einer Pflanzendecke überzogen sein, nicht nur aus optischen, sondern auch aus praktischen oder ökologischen Gründen. Natürlich ist es auch ein Genuss für Gaumen und Seele, neben der Sommerernte schon im Vorfrühling knackigen Wintersalat oder zarten Winterbrokkoli zu schnei-

Kopfsalat und Kohlrabi sind Klassiker für die Vorkultur im Gemüsebeet. Sie räumen je nach Aussaat bereits ab Mai die Beete für eine Hauptkultur.

den, im Frühling die ersten Radieschen zu ernten und im Winter Rosenkohl zu pflücken. Beim Gemüse gilt es, die unterschiedlich lange Kulturdauer der verschiedenen Arten zu berücksichtigen. Im Gegensatz zu gemischten Genussbeeten, auf denen auch immergrüne oder früh austreibende Blütenstauden wie Taglilien oder Bergenien einen dekorativen Rahmen für die Gemüse bilden, ist es sehr aufwendig, ein reines Gemüsebeet zu planen, das von Januar bis Dezember gut aussieht.

Die unterschiedlichen Anbauphasen – Vor-, Haupt- und Nachkultur – ergeben sich bei den verschiedenen Gemüsearten aus der zur Keimung notwendigen Bodentemperatur, der Kälteempfindlichkeit und der Kulturdauer.

• Einige Hauptkulturen wie Kohl können gleichzeitig mit Zwischenkulturen mit kurzer Kulturzeit ausgesät werden, weil diese abgeerntet sind, bevor die Hauptkultur den Platz beansprucht.

• Zur Vorkultur im Frühling geeignetes Gemüse wie Spinat, Radieschen, Pflücksalate, Mairübchen, Asia-Salate, Rucola oder Lauchzwiebeln kann man oft schon Anfang April direkt ins Beet säen, manche lassen sich auch gut im Frühbeet

WICHTIGE FAMILIEN IM GEMÜSEBEET

Pflanzenfamilie	Gemüsearten
Amaryllisgewächse	Lauch, Schnittlauch, Knoblauch, Zwiebel
Doldenblütler	Möhren, Fenchel, Pastinake, Dill, Sellerie
Korbblütler	Artischocke, Chicorée, Endivien, Salatarten
Kreuzblütler	Mairübchen, alle Kohlarten, Radieschen, Rettich, Senfsaat, Meerrettich, Kohlrabi
Kürbisgewächse	Kürbis, Zucchini, Gurke, Melone
Mittagsblumengewächse	Neuseeländer Spinat
Nachtschattengewächse	Tomate, Kartoffel, Paprika, Aubergine
Schmetterlingsblütler	Erbsen, Bohnen

Zweijähriger Mangold mit roten Stielen und Weißkohl mit langer Standzeit sind bis in den Winter eine schöne Kombination als Hauptkultur für Genussbeete.

Mit großen blaugrünen Blättern, die das ganze Jahr über einzeln geerntet werden können, ist der Ewige Kohl auch im Winter eine Zierde im Beet.

vorziehen. Sie keimen rasch auch im noch kühlen Boden und haben eine kurze Kulturdauer.

• Die Ernte der Vorkulturen ist meist bis Mai abgeschlossen, sodass an ihren Platz die vorgezogenen Pflänzchen der Hauptkultur treten. Die Hauptkultur sollte jedoch keine Vertreter aus den Familien der Vorkulturen enthalten.

• Vorkulturen kann man sowohl vor starkzehrenden als auch vor mittelzehrenden Hauptkulturen anbauen.

• Bei der Planung legt man zunächst für jedes Beet oder Beetabteil eine Hauptkultur mit einer möglichst langen Kulturdauer fest, wie z.B. Tomaten oder Rosenkohl. An ihr orientieren sich die Nachbarn. Auf den zunächst noch freien Flächen pflanzt man Sommerblumen oder Gemüse mit kurzer Kulturdauer als Zwischenkultur, bis schließlich die Hauptkultur die Flächen ganz bedeckt. Bei der Planung helfen Listen, in denen die verschiedenen Kombinationen als gute oder schlechte Nachbarn ausgewiesen sind.

• Nach früh räumenden Kulturen kann man bis in den Hochsommer hinein noch vorgezogenes Wintergemüse oder Gemüse mit langer Kulturdauer pflanzen oder Gemüse mit kurzer Kulturdauer und Sommerblumen säen.

• Spät räumende Gemüse können durch Aussaat schnell keimender zweijähriger Blumen abgelöst werden, unter denen frisch gesetzte Tulpenzwiebeln auf ihren Einsatz im Frühling warten.

• Nach der Ernte der Früh- bzw. Vorkultur sät man neu geeignete Gemüsearten oder Sommerblumen. Alternativ setzt man vorgezogene Jungpflänzchen.

• Manche Vorkulturarten wie Mairübchen oder Spinat lassen sich auch gut im Spätsommer und Herbst als Nachkultur zu Salat und Sommergemüse ein zweites Mal anbauen.

• Die meisten Gemüse haben zur Erntezeit mit dekorativen Früchten am meisten zu bieten. Für ein perfektes Zusammenspiel sollten dann auch die Blütenpflanzen blühen.

VON DER IDEE ZUM PLAN

*Möchten Sie erst einmal ein einzelnes Genussbeet anlegen oder gleich den
großen Wurf wagen? Die folgenden Seiten zeigen, wie Sie einen Plan für
Ihren Genussgarten entwickeln und in die Tat umsetzen können.*

Damit Ihr persönlicher Genussgarten ein Erfolg
wird, sollten Sie bei der Planung systematisch
in aufeinanderfolgenden sinnvollen Schritten
vorgehen. Dazu gehören im Wesentlichen die
folgenden Punkte:
· die genaue Aufnahme des Bestands in einem
Bestandsplan,
· die Anfertigung einer Gartenwunschliste,
wobei Sie genau abwägen sollten, was unter den
Bedingungen Ihres Gartens möglich und ver-
tretbar ist,
· die sorgfältige Gestaltungsplanung
· und schließlich der darauf aufbauende detail-
lierte Bepflanzungsplan für den gesamten Garten bzw. für die einzelnen Genussbeete.
Wenn Sie Ihren Garten neu anlegen, sollten Sie
zunächst die Grundstrukturierung mit Erschlie-
ßungswegen, Sitzplätzen, Terrasse und Eingangsbereich in einem stimmigen Gestaltungskonzept festlegen. Bei einem bestehenden
Garten sind diese Strukturen meist vorgegeben,
müssen aber eventuell ergänzt oder verändert
werden. Doch Sie sollten auch dann zunächst
ein Konzept entwickeln, das sich an Ihren Wünschen und den Gegebenheiten orientiert.
Falls Sie zu den Gartenanfängern gehören, können Sie sich in den folgenden Kapiteln anhand
vieler fantasievoller Ideen, Gestaltungsbeispiele
zum Nachmachen und fundiertem Fachwissen
auf dieses wundervolle Gestaltungsthema ein-
stimmen. Vielleicht fangen Sie zunächst einmal
klein an – mit einem gemischten Genussbeet

mit ein oder zwei einfach zu kultivierenden Gemüsearten wie der violetten Buschbohne ʻPurple
Kingʼ und im Saatband ausgesätem Baby-Leaf
Pflücksalat oder goldgelben Zucchini ʻSoleilʼ.
Natürlich gilt auch im Genussgarten, dass man
am besten aus Erfahrung lernt. Lassen Sie sich
also nicht entmutigen, falls etwas nicht auf Anhieb gelingt, und lassen Sie sich nicht von Ihrem
Wunsch abbringen, im eigenen Garten das
Schöne mit dem Nützlichen zu verbinden. Erfahrene Hobbygärtner können natürlich gleich
große Flächen als Genussbeete anlegen.

LAGE UND GELÄNDE
DES GARTENS

Um die Potenziale Ihres Gartens zu erkennen
und optimal gestalten zu können, sollten Sie sich
ausreichend Zeit nehmen, um seine Gegebenheiten über längere Zeit zu erkunden und wichtige Fragen für den Planungsprozess zu klären.
· Wie ist die Ausrichtung des Grundstücks, und
wann scheint wo die Sonne im Tageslauf am
längsten? Wo herrscht dagegen Halbschatten
oder Schatten vor?
· Gibt es Mulden und Hänge, oder ist das
Grundstück eben? In welche Himmelsrichtung
neigt sich das Gelände?
· Auch die Hauptwindrichtung oder ungünstige,
kalte Ostwinde im Winter sind wichtige Punkte
für die Planung.

*Oben: Radieschen sind
leicht zu kultivieren und
ein guter Einstieg ins Genussgärtnern. In unge-
wohnten Farben bereiten
sie besonders viel Freude.
Links: Ein liebevoll gestalteter Genussgarten mit
Apfelbögen, Kletterlaube
für Duftwicken und Lau-
bengang mit Rosen.*

EINEN BESTANDSPLAN ANFERTIGEN

Ein Bestandsplan ist die unverzichtbare Grundlage für die Planung eines Gartens. Dabei ist es egal, ob Sie einen Garten umgestalten oder neu anlegen möchten.

Auf diesem Plan zeichnen Sie maßstäblich alle baulichen und pflanzlichen Elemente ein, die erhalten bleiben sollen. Dazu zählen Wege, Terrassen, Treppen oder Bäume und Hecken. Auch Höhenunterschiede im Gelände sollten im Plan unbedingt grob markiert sein und bei der Entwurfsplanung berücksichtigt werden. Bei Bedarf können Sie den Bestandsplan selbstverständlich auch nur für einzelne Teilbereiche anfertigen. In allen Fällen bildet der Lageplan des Grundstücks eine hilfreiche Basis, denn auf ihm sind bereits die Grundstücksgrenzen und alle vorhandenen Gebäudeteile maßstäblich dargestellt. Sie können ihn sich problemlos beim zuständigen Katasteramt Ihrer Gemeinde beschaffen. Wenn Sie dann die unterschiedlichen Standorte im

Reine Gemüsebeete oder gemischte Genussbeete mit einer Einfassung aus formalen Hecken benötigen recht große Flächen.

Garten im Wechsel des Tages und der Jahreszeiten genau beobachten, erfahren Sie, wo die Sonne wann am längsten scheint, wo es zugig und windig, trocken oder feucht ist oder wo im Winter, wenn die Bäume keine Blätter tragen, bestimmte Elemente – auch außerhalb des Gartens – einen besonders schönen oder hässlichen Anblick bieten. All diese Dinge notieren Sie exakt im Lageplan und lassen sie mit in die Bestandsaufnahme einfließen.

STANDORTE FÜR GENUSSBEETE

Nach der Bestandaufnahme markieren Sie die Stellen im Plan, die als potenzielle Standorte für Genussbeete denkbar sind. Beim Thema Genussgärten spielt die Lage eine wichtige Rolle, denn die meisten Gemüsearten und natürlich auch viele Sommerblumen und Stauden benötigen vor allem einen freien, sonnigen Platz und guten, nährstoff- und humusreichen Boden. Nur

wenige vertragen halbschattige oder schattige Standorte. Je schattiger ein Standort oder je ungünstiger die Bodenqualität ist, desto geringer fallen die Erträge aus und desto mehr leidet der Gesamteindruck. Mindestens fünf bis sechs Stunden volle Sonne am Tag sollten es möglichst schon sein. Außerdem spielt die Hauptwindrichtung für die Gemüsekultur eine wichtige Rolle, denn viele Nutzpflanzen sind empfindlich und stehen lieber geschützt. Im Wurzelbereich größerer Bäume oder Sträucher gedeihen Nutzpflanzen aufgrund der Wurzelkonkurrenz ebenfalls nicht optimal.

Reichen die infrage kommenden Bereiche für Ihre Wünsche nicht aus, bleibt immer noch die Möglichkeit, auf ungeeigneten Böden oder einer sonnigen Terrasse Hochbeete zu platzieren.

DIE GARTENWÜNSCHE DEFINIEREN

Egal, ob es sich um ein Neubaugrundstück handelt oder um einen bestehenden, eingewachsenen Garten, der umgestaltet werden soll – im nächsten Schritt geht es vor allem darum, ihre persönlichen Wünsche und Nutzungsansprüche an den eigenen Garten zu definieren und dabei festzulegen, in welchem Umfang das Thema Genussgarten einfließen soll. Das gilt auch, wenn nur Teilbereiche umgestaltet oder ergänzt werden sollen, um etwa einen Küchengarten oder ein einzelnes Genussbeet in ein bestehendes Gartenkonzept harmonisch zu integrieren. Gehen Sie an diese Gestaltungsaufgaben planvoll und realistisch heran, seien Sie aber auch offen für neue Ideen und helfen Sie mit gelungenen Beispielen aus Büchern oder Zeitschriften Ihrer Fantasie auf die Sprünge. Nicht alle Wünsche werden sich erfüllen lassen. Setzen Sie also Prioritäten und schätzen Sie realistisch ein, wie viel Zeit Sie mit Gartenarbeit verbringen möchten und auch können, denn Genussbeete mit hohem ästhetischem Anspruch sind pflegeintensiv. Überlegen Sie auch, welches Gemüse Sie und Ihre Familie am liebsten essen, denn es geht ja nicht nur um optischen Genuss, sondern auch um die Freude beim Zubereiten und Essen.

Flächenbedarf

Die alte Regel, dass nur so viel Gemüse angebaut werden sollte, wie verwertet oder verschenkt werden kann, gilt in modernen Genussgärten nur eingeschränkt, denn manchmal dürfen die Gemüsepflanzen ja aufgrund ihrer Schönheit einfach bis zum ersten Frost im Beet stehen bleiben. Zu wenig Gemüse, das man ernten kann, sollte es natürlich auch nicht sein. Klären Sie deshalb zunächst die Frage, ob Sie sich vielleicht den lang gehegten Wunsch nach einem großen Küchengarten zur Selbstversorgung erfüllen möchten oder ob bereits ein einzelnes Schmuckbeet mit Gemüse und Sommerblumen zum gelegentlichen Naschen reicht.

Als grobe Orientierung reichen ca. 10 m² Gemüseanbaufläche zur Versorgung einer Person aus. Demnach benötigt ein Selbstversorgergarten für eine Familie bereits recht viel Platz, und im Garten müssen außerdem ausreichend große und geeignete Flächen zur Verfügung stehen. Bei der Anlage gemischter Genussbeete mit Sommerblumen und Stauden wird der Flächenbedarf dann schnell doppelt so groß. Vor allem Obstbäume benötigen sehr viel Platz, denn sie werden mit etwa 6–10 m Abstand gepflanzt, damit sie gut wachsen und sich über die Jahre optimal entwickeln können.

Auf kleinen Beeten mit wenig Platz darf es auch mal von allem etwas sein, denn Zier- und Nutzpflanzen wirken auch in bunter Mischung.

GESTALTERISCHE PLANUNG

Sind sowohl die Bestandsaufnahme als auch die Wunschliste für Ihren Genussgarten fertig? Dann können Sie sich im nächsten Schritt an die konkrete Planung machen.

Am besten ordnen Sie dazu – gemeinsam mit allen, die den Garten regelmäßig nutzen werden – die Wünsche nach ihrer Wichtigkeit. Die Terrasse am Haus, ein schön gestalteter Eingangsbereich, ausreichender Sichtschutz und eine sinnvolle Wegeverbindung sind ein Muss. Sie gehören zur Grundausstattung eines jeden

Auf Transparentpapier wird zunächst der Bestandsplan mit Bleistift durchgezeichnet und mit Buntstiften grob die Nutzung markiert.

Gartens. Vergessen Sie auch nicht, die vielen praktischen Dinge wie einen Kompostplatz sowie Abstellflächen oder Häuschen für Fahrräder, Kinderspielsachen oder Gartengeräte und Mülltonnen einzuplanen.

Möchten Sie große Elemente wie einen eigenständigen Bauern- oder Küchengarten oder ein Gewächshaus im Garten integrieren, bestimmen diese das Konzept maßgeblich mit. Einzelne Genussbeete lassen sich dagegen meist ohne

Schwierigkeit fast überall integrieren, solange die Standortbedingungen stimmen.

Schritt für Schritt zum Gartenplan

Stehen die wichtigsten Wünsche fest, können Sie sich daranmachen, den Gartenplan zu zeichnen. Lassen Sie sich für diese Aufgabe unbedingt Zeit – die Entwicklung eines gelungenen Gartenplans ist ein Prozess, den man nicht in einem Rutsch erledigt.

Am besten erstellen Sie zunächst grobe Ideenskizzen. Dazu legen Sie einen Bogen Transparentpapier über den Bestandsplan. Letzterer sollte für einen größeren Garten im Maßstab 1:100, für sehr kleine Gärten oder Teilbereiche auch im Maßstab 1:50 vorliegen.

• Als Erstes ziehen Sie bereits bestehende Elemente, an denen sich die neue Planung orientiert, mit einem Stift nach, damit sie deutlich zu sehen sind.

• Zeichnen Sie anschließend mit einem weichen Bleistift und freier Hand die einzelnen gewünschten Elemente an den anvisierten Stellen grob ein. Berücksichtigen Sie dabei auch die zuvor bereits im Bestandsplan markierten günstigen Stellen für Genussbeete, für Hochbeete oder für ein Gewächshaus.

• Markieren Sie die Formen und Umrisse der einzelnen Elemente zunächst nur skizzenhaft durch einfache Kreise oder Rechtecke. Vorläufig reichen grobe Maße aus. Die maßgenaue endgültige Größe und Form der Terrasse, die Breite der Wege und ihr exakter Verlauf oder die Ausformung der einzelnen Beete spielen jetzt noch keine große Rolle. Sie werden erst im nächsten Planungsschritt, der sogenannten Entwurfsphase, konkretisiert.

• Schraffieren Sie zur besseren Übersicht die Bereiche mit Buntstiften in passenden Farben. In dieser Phase können Sie durchaus noch mit Linien oder Schwüngen ausprobieren, ob der Grundcharakter des Gartens eher formal oder eher zwanglos sein soll und welchen Gartenstil Sie wünschen. Prüfen Sie auch, ob Sie einen frei überschaubaren Garten möchten oder ob er in einzelne Räume aufgeteilt sein soll. Vergessen Sie dabei die Wunschliste nicht und verlieren Sie

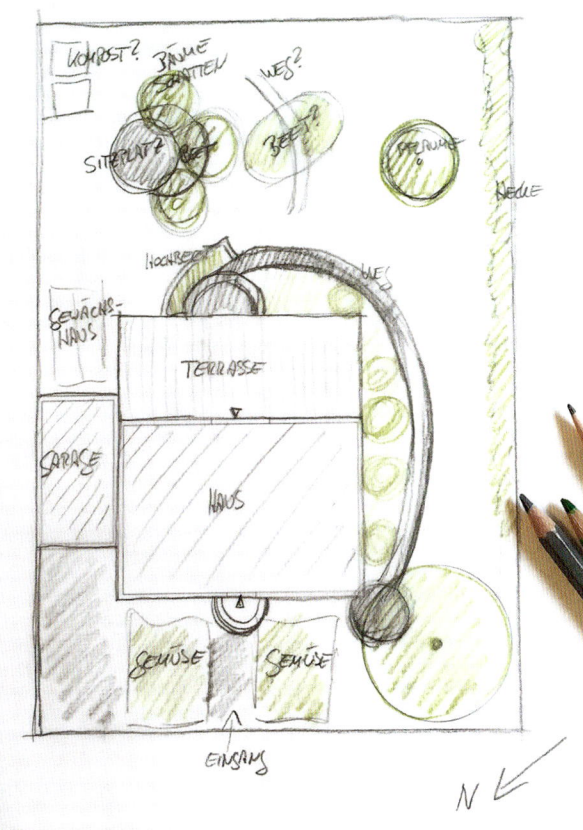

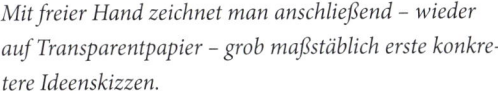

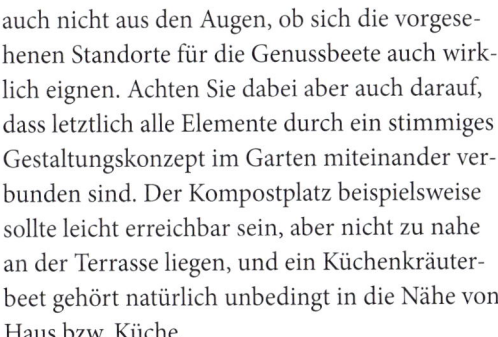

Mit freier Hand zeichnet man anschließend – wieder auf Transparentpapier – grob maßstäblich erste konkretere Ideenskizzen.

Die verschiedenen Skizzen verbinden sich in der letzten Phase maßstäblich exakt gezeichnet zum endgültigen kolorierten Entwurfsplan.

auch nicht aus den Augen, ob sich die vorgesehenen Standorte für die Genussbeete auch wirklich eignen. Achten Sie dabei aber auch darauf, dass letztlich alle Elemente durch ein stimmiges Gestaltungskonzept im Garten miteinander verbunden sind. Der Kompostplatz beispielsweise sollte leicht erreichbar sein, aber nicht zu nahe an der Terrasse liegen, und ein Küchenkräuterbeet gehört natürlich unbedingt in die Nähe von Haus bzw. Küche.

• Durch eine geschwungene Linienführung können Gestaltungselemente harmonisch in den Genussgarten eingebettet und miteinander verbunden werden, wie etwa ein von einem Gemüsebeet eingerahmter ovaler Sitzplatz oder dem Wegeverlauf folgende Genussrabatten.

• Mit geschwungenen Beeten als Begrenzung lassen sich auch sehr gut die harten Kanten einer Terrasse oder eines Gewächshauses mildern, sodass sie sich harmonisch in die ungezwungene Grundstruktur einfügen.

• Ein Genussgarten in Form mehrerer rechteckiger Hochbeete, die in Reihen auf einem quadratischen Platz angeordnet sind, wird harmonisch in ein freies Gestaltungsthema integriert, indem der Platz von geschwungenen Beeten oder einer Kiesfläche umgeben wird.

• In dieser Phase sollten Sie auch schon die Positionierung und Einbindung von raumwirksamen pflanzlichen Elementen wie Bäumen, Solitärsträuchern und formalen oder naturnahen Hecken berücksichtigen.

• Auch die Größe der Rasenfläche gilt es festzulegen und ob Sie die Fläche eventuell durch Inselbeete auflockern möchten. In sehr kleinen Gärten wirkt eine Rasenfläche in einfachen geometrischen Formen wie einem Kreis, Quadrat oder Oval oft schöner und großzügiger als ein unregelmäßig geschwungener nierenförmiger Rasen. Im Zweifelsfall lassen Sie die Rasenfläche ganz einfach weg und ersetzen sie durch andere Gartenelemente.

Von blühenden Beeten gerahmt, leitet der Kiesweg in sanften Schwüngen und variierender Breite zum Gewächshaus, dem Schmuckstück des Gartens.

Gekonnt schwungvoll

Während gerade Linien einfach zu führen sind, bedarf es etwas Übung, um bei geschwungenen Linien das rechte Maß zu finden. Vermeiden Sie zu spitze Kurven, die unvermittelt hervorspringen, sondern führen Sie die Linien in weit gezogenen Schwüngen. Die einzelnen Schwünge sollten aber nicht zu regelmäßig sein, da sich sonst leicht eine steife und künstliche Wirkung ergibt. Führen Sie den Bleistift mit lockerer Hand über das Papier und deuten Sie die Schwünge zunächst leicht an. Wenn Ihnen der Verlauf einer Linie nicht gefällt, zeichnen Sie so lange darüber, bis er stimmig ist. Sie können den Linienverlauf, beispielsweise für einen Weg oder ein Beet, aber auch mithilfe eines langen Seils oder eines Gartenschlauchs direkt im Garten an Ort und Stelle auslegen. So bekommen Sie eine klarere Vorstellung von der Wirkung in der Fläche. Dies hat außerdem den Vorteil, dass die Linien später nicht mehr vom Plan auf das Gelände übertragen werden müssen.

Wenn Sie immer wieder eine neue Lage Transparentpapier über den Bestandsplan oder zuvor gezeichnete Skizzen legen, können Sie alle möglichen Varianten durchspielen. Mit jedem neuen Blatt wird der Plan konkreter. Größen und Formen werden genauer, bis schließlich ein stimmiges Konzept entsteht. Am Ende dieses Prozesses liegen verschiedene Varianten vor, und Sie müssen sich endgültig entscheiden, in welche Richtung es gehen soll.

Schon in der Vorentwurfsphase ist es hilfreich, möglichst viele Fotos vom Grundstück neben sich zu haben, sodass Sie sich problemlos und schnell die entsprechende Gartensituation vor Augen führen können, an der sich die Planung ausrichtet. Natürlich ist es auch hilfreich, zwischendurch in den Garten zu gehen, um sich ein Bild zu machen.

Den Plan vollenden

In der abschließenden Entwurfsphase wird der Vorentwurf konkretisiert, und die Ideenskizzen fließen in den endgültigen Gestaltungsplan ein. Ab diesem Zeitpunkt sollten Sie im Maßstab auf den Zentimeter genau mit Lineal und Zirkel arbeiten.

• Nun legen Sie die einzelnen Gestaltungselemente in ihren endgültigen Größen und Formen fest und zeichnen sie in einem neuen Plan exakt ein. Dieser Entwurfsplan bildet dann die Grundlage für die bauliche Umsetzung. Wenn Sie unsicher sind, wie viel Platz beispielsweise eine geschnittene Buchenhecke benötigt oder wie breit der Eingangsweg werden soll, orientieren Sie sich an Beispielen aus der Wirklichkeit. Fragen

Sie zum Beispiel Nachbarn oder Freunde, ob Sie deren Gartenhecke und die verschieden breiten Wege mit dem Zollstock ausmessen dürfen.

• Kennzeichnen Sie im Entwurf alle Gehölze in ihrer endgültigen Wuchsbreite durch entsprechend große Kreise und notieren Sie sich die Endhöhen, die sie in ein paar Jahren vermutlich erreichen werden. So bekommen Sie einen realistischen Eindruck, wie viel Raum Bäume und Sträucher später einmal in der Breite beanspruchen werden.

• Planen Sie auf jeden Fall auch eine Gartenbeleuchtung mit ein. Sie sorgt zum einen für Sicherheit, zum anderen lassen sich mit ihr bei Dunkelheit ausdrucksstarke Effekte in den Garten zaubern, die auch vom Haus aus herrliche Garteneinblicke bieten.

• Zu guter Letzt überlegen Sie, welche Materialien für die einzelnen Gestaltungselemente verwendet werden sollen. Berechnen Sie notwendige Mengen und holen Sie sich Angebote ein. So bekommen Sie einen Überblick über die zu erwartenden Kosten bei unterschiedlicher Materialwahl.

• Nun ist es auch Zeit, den Bepflanzungstyp für die verschiedenen Flächen und Beete festzulegen. Soll es sich um eine Pflanzung aus Blütengehölzen, eine schlichte Fläche aus Bodendeckern, eine malerische Staudenpflanzung oder um ein Gemüsebeet handeln?

• Wenn Sie Hecken anlegen möchten, sollten Sie jetzt deren Charakter festlegen. Sollen sie formal geschnitten und immergrün sein, oder wünschen Sie eine malerische Blütenhecke?

• Weil die Höhe der Bepflanzung die Raumstrukturen im Jahreslauf mitbestimmt, sollten Sie jetzt auch die endgültige Höhe der Beetbepflanzung festlegen. Die Auswahl geeigneter Pflanzen und die Erstellung eines konkreten Pflanzplans erfolgt dann im nächsten Schritt.

Rechte Winkel geben die innere Struktur des Küchengartens vor, durch die Genusspflanzen wirkt er dennoch malerisch.

Frühsommerlicher Blick über den beeindruckenden Küchengarten auf Schloss Ippenburg mit Gewächshaus und »Mundraubgarten« im Hintergrund.

BEPFLANZUNG MIT SYSTEM

Bei der Bepflanzung eines Genussbeets sind jedes Frühjahr Kreativität und Geschicklichkeit aufs Neue gefragt, denn die Kulturdauer der meisten Gemüse beträgt im Gegensatz zu einer langlebigen Staudenrabatte nur wenige Wochen oder Monate. Damit ein solches Beet das ganze Jahr über schön aussieht, muss mithilfe von Vor-, Zwischen- und Nachkulturen kontinuierlich »nachgearbeitet« werden. Falls Sie noch wenig Erfahrung haben, empfiehlt es sich, zunächst nur Teilbereiche oder kleinere Beete als Genussbeete anzulegen. So merken Sie, ob Ihr Wunsch, den ganzen Garten als essbares Paradies zu nutzen, realistisch ist. Und während erfahrene Gärtner und Gärtnerinnen die Anordnung und zeitliche Staffelung auf dem Gemüsebeet übers Jahr quasi aus dem Ärmel schütteln, benötigen besonders Anfänger oder Besitzer großer Gärten ein klares System. Aussaatkalender können dabei sehr hilfreich sein. Es gibt aber auch andere nützliche Ideen. Viktoria Freifrau von dem Bussche, die ihren über 3500 m² großen Küchengarten auf Schloss Ippenburg auch selber plant und mitbewirtschaftet, hatte die Idee der »Beete im Karton«, wie sie in ihrem Buch »Ich träume von einem Küchengarten« schreibt. Sie legte sich für jedes Beetabteil ein nummeriertes »Schachtelbeet« an, das den Namen der Hauptkultur erhielt, z. B. »Erbsenbeet« oder »Kohlbeet«. In dem Karton bewahrt sie eine Liste aller Blumen, Kräuter und Gemüsearten auf, die günstige Nachbarn für die Hauptkultur sind. Auch ungünstige Nachbarn sind dort notiert. In der Planungsphase wählt sie aus der Liste der guten Nachbarn die gewünschten Gemüse aus und legt sie für die neue Saison als Samentütchen in dem entsprechenden Kasten bereit. Für das Erbsenbeet könnten das als gute Nachbarn Salat, Fenchel oder Kohlrabi sein. Sie beschriftet die Pflanzetiketten, heftet sie an die jeweilige Samentüte und notiert Reihenabstände und Pflanztiefe darauf. Je nach Fruchtwechsel bewegen sich die jeweiligen »Schachtelbeete« auf dem Küchengartenplan nach dem Rotationsprinzip weiter. So kann man schon im

Es muss nicht immer ein großes Genussbeet oder ein Küchengarten sein. Man kann klein beginnen und einzelne Kräuter wie filigranen Dill in bestehende Beete säen.

Winter den Anbau fürs nächste Jahr vorbereiten. Ist die Aussaatzeit gekommen, wandert das Kästchenbeet nach draußen auf das entsprechende Beetabteil. Gemüsearten mit späteren Aussaatzeiten bleiben vorläufig noch im Karton.

DER BEETPLAN

Legen Sie zunächst ein Gestaltungsthema fest, wählen Sie die Pflanzen unter Berücksichtigung der Mischkultur aus und listen Sie sie in einer Tabelle mit deutschem und botanischem Namen inklusive Sortennamen auf – geordnet in Gruppen nach Gemüse, Obst, Kräutern, Stauden und Sommerblumen. Tragen Sie auch die Eigenschaften der Pflanzen ein – etwa Blattfarbe und -form, Blütezeit und Wuchshöhe, aber auch Aussaat, Vorkultur, Pflanzabstand und Erntezeit. Zeichnen Sie jedes Beet z. B. im Maßstab 1 : 50 auf Papier und kopieren Sie den Plan mehrfach. So haben Sie für jede neue Planungsphase »leere« Beete, in die Sie die Gemüse für die neue Saison einzeichnen können. Bewahren Sie den

fertigen Aussaatplan auf, um im folgenden Jahr die Fruchtfolge im Griff zu haben. Auch ein Gartentagebuch, in dem Erfolge und Misserfolge notiert und Fotos eingeklebt werden, hilft, Fehler in der nächsten Saison zu vermeiden.
Ob sich die Gemüse in formalen Reihen, in geschwungenen Bändern – sogenannten Drifts – über das Beet ziehen oder ob die Reihen diagonal zur Beetform ausgerichtet sind, entscheiden Sie. Es spricht nichts dagegen, Gemüse kreisförmig oder in Bögen anzupflanzen, solange man die Pflanzabstände einhält. Je mehr Pflanzen einer Art nebeneinanderstehen, desto ruhiger wirkt das Bild. Wer es lebendiger mag, pflanzt querbeet. Gemüse, Kräuter, Sommerblumen und Stauden stehen dann einzeln oder in Grüppchen bunt gemischt im Beet.
Eine rasterförmige Beeteinteilung in Rechtecke, Kreise oder Kreissegmente ist vorteilhaft für die Fruchtfolge bei Gemüsen. Die Grundstruktur können Stauden und Gehölze bestimmen. Alternativ können Markierungen aus Stahlkanten, Natursteinreihen oder schmale Pfade den Gemüsebereich dauerhaft markieren.

GARTENGENUSS PUR: BEETE, SITUATIONEN & GÄRTEN

Gartenbücher, Gartenschauen, Nachbargärten –
sie alle können eine Quelle der Inspiration für den
eigenen Genussgarten sein. Manches lässt sich
einfach kopieren, anderes muss man an die individuellen Gegebenheiten oder Wünsche anpassen. In
jedem Fall ebnen erprobte Beispiele den Weg zu
einem gelungenen Genussbeet oder -garten.

MIT GUTEM BEISPIEL VORAN

Aller Anfang ist leicht – wenn man einen guten Pflanzplan hat. Die hier vorgestellten Beete erleichtern den Einstieg ins Genussgärtnern – egal, ob man die Pläne einfach übernimmt oder als Anregung für eigene Entwürfe nutzt.

Für ein perfektes Genussbeet als opulentes Gartengemälde in der Manier barocker Gemüse- und Obststillleben, das vom Frühling bis in den späten Winter hinein nicht nur ein eindrucksvoller Augenschmaus sein soll, sondern auch den Gaumen verwöhnt, muss man zugegebenermaßen ein glückliches Händchen und gestalterisches Gespür haben. Natürlich macht es besonders viel Spaß, die liebsten Gemüsearten nach persönlichem Geschmack oder rein optischen Kriterien auszuwählen und sich dabei von perfekten Fotos auf Samentütchen, in Büchern, Zeitschriften oder im Internet verführen zu lassen. Denn schließlich sollen möglichst viele verschiedene Arten mit so verlockenden Namen wie Orchideensalat 'Variegata di Castelfranco' oder Wirsing 'Rosso di Verona' mit violett gezeichneten Blättern und Sprossen im Genussbeet neben den neuesten Sorten von Zinnien und Schafgarbe einen Platz finden.

Ein solches Beet, das zu jeder Zeit gut aussieht, ist der Traum jedes Gartenbesitzers. Dieser Wunsch lässt sich jedoch meist nicht durchgängig realisieren. Es wird immer wieder Phasen und Bereiche geben, wo das Gemüse gerade abgeerntet ist, die Nachsaat erst keimen muss, die Sommerblumen noch in den Kinderschuhen stecken oder Stauden nach der ersten Blühphase zurückgeschnitten wurden, um eine zweite Blüte anzuregen. Außerdem sind Gemüse und Sommerblumen im Gegensatz zu Stauden und Gehölzen nur einjährig. Man kann einmal zusammengestellte Bepflanzungskonzepte natürlich jedes Jahr wiederverwenden, muss dann aber entsprechend auf den Beeten rotieren, um den notwendigen Fruchtwechsel zu ermöglichen.

ERLAUBT IST, WAS GEFÄLLT

Für die einen ist schon ein ästhetisch anspruchsvoll angelegtes reines Gemüsebeet der »Himmel auf Erden«. Für die anderen ist ein Gemüsebeet, ein Bauern- oder Küchengarten erst dann perfekt, wenn Blütenstauden und Sommerblumen, Kräuter, Zwiebel- und Knollenblumen als malerische bunte Begleiter das Gemüses flankieren. Sowohl für Anfänger als auch für Fortgeschrittene gilt: Die Bepflanzung ist frei wählbar. Wer Blumen liebt, stellt seine liebsten Bauerngartenpflanzen in den Fokus und ergänzt sie mit wenigen Lieblingsgemüsen. Soll möglichst viel Platz für Gemüse und Kräuter genutzt werden, beschränkt man sich bei den Blumen auf wenige Arten, die vielleicht ordentlich in Reihen zwischen dem Gemüse stehen oder sich malerisch an den Zaun anlehnen.

Ob Garteneinsteiger oder Hobbygärtner mit grünem Daumen: Die in diesem Kapitel vorgestellten Pläne für Genussbeete sollen inspirieren und zeigen, was möglich ist. Sie erleichtern den Anfang für das Gärtnern mit Zier- und Nutzpflanzen und garantieren schnellen Erfolg.

Oben: Eine bunte Mischung köstlicher Asia-Salate ist ein schmackhaften Rahmen für Kohl und farbenfrohen Mangold. Links: Die purpurroten Blütenstände des Körner-Amaranth setzen das lebendig bepflanzte Genussbeet in Szene.

BEETBEISPIEL 1:

GEMÜSE KLAR IN FORM

Hier führt das Gemüse Regie – und zwar rund ums Jahr. Das Repertoire reicht von zartem Salat im Frühjahr über würzigen Fenchel bis zu herzhaftem Palmkohl im Herbst. Schnittknoblauch bildet den aromatischen Rahmen.

Vorkultur: April–Mai

VORKULTUR

1 Wintersalat 'Roter Butterhäuptl Maribor' (10)
2 Baby-Leaf Mangold 'Charlie' (34)
3 Spinat 'Mikado' (22)

Haupt- und Nachkultur: Juli–November

Maße: 2 × 2 m, Maßstab 1:20

HAUPT- UND NACHKULTUR

4 Palmkohl 'Nero di Toscana' (4)
5 Blumenkohl 'Graffiti' (3)
6 Knollenfenchel 'Rondo' (6)
7 Rosa Schnittknoblauch (30)
8 Kohlrabi 'Blaro' (6)
9 Radicchio 'Palla Rossa' (12)

Dieses quadratische Gemüsebeet ist schlicht und reduziert gehalten. Doch dank seines lebendigen Farb- und Formenspiels ist es überaus attraktiv und kann einzeln oder doppelt als Zwillingsbeet nebeneinandergesetzt bedenkenlos auch an Premiumstandorten im Garten platziert werden – so wie es im Terrassenbereich des Walled Garden (→ Seite 128) zu sehen ist. Acht leckere Gemüsesorten präsentieren sich in streng diagonal angelegten Reihen, die von einem würzigen Rahmen aus mehrjährigem Schnittknoblauch dekorativ zusammengehalten werden. Durch eine abgestimmte Kulturfolge hat das Beet immer etwas Neues zu bieten und ist von März bis Dezember mit einer farbenfrohen genussvollen Gemüsedecke überzogen, die sich in ständigem Wandel befindet.

Der Wintersalat 'Roter Butterhäuptl Maribor' (Nr. 1) stammt aus der Vorjahreskultur und wurde im September direkt ins Beet gesät. Er überwintert mit den ersten Blättchen, sodass im Frühling schnell Farbe ins Beet kommt und bereits Anfang Mai frischer Salat geerntet werden kann. Man kann ihn aber auch sehr gut ab Februar im Haus vorziehen und bereits im März mit wenig Abstand auspflanzen. Zusammen mit Streifen aus Spinat 'Mikado' (Nr. 3) und Baby-Leaf Mangold 'Charlie' (Nr. 2), die beide als Vorkultur ab März direkt ins Beet gesät werden, bildet dieser rotlaubige, schmackhafte Salat in konturstarken Reihen eine hübsche Beetdecke.

Eine Zierde im Genussbeet: Radicchio 'Palla Rossa' mit leicht herbem Geschmack.

Radicchio 'Palla Rossa' (Nr. 9) ist sein nicht minder dekorativer Nachfolger. Er wird im Frühbeet vorgezogen oder ab Juni direkt an Ort und Stelle ausgesät und später vereinzelt. Er verträgt leichten Frost und ziert das Beet im Herbst und Frühwinter mit schön geformten runden Köpfen in kräftigen weinroten Farbtönen.

Frühsommer – Kohlrabi-Zeit

Ist der schnellwüchsige Baby-Leaf Mangold 'Charlie' abgeerntet, kann noch eine zweite Aussaat erfolgen, bis im Frühsommer an seiner Stelle die glatten weißen Knollen des Fenchels 'Rondo' (Nr. 6) und der blauviolette Kohlrabi 'Blaro' (Nr. 8) ihre Lebenszyklen beginnen. Die schossfeste Fenchelsorte 'Rondo' mit großen geschlossenen Knollen, über denen in spannungsvollem Kontrast filigranes hellgrünes Laub steht, wird im Juni bis in den Juli hinein direkt ins Beet gesät. Zu dicht stehende Pflänzchen zupft man als Teenager auf einen Abstand von 25 cm aus. Sie wandern in den Salat oder in die Pfanne. Der Kohlrabi 'Blaro' kann bereits sehr früh ab März direkt im Beet ausgesät werden. Wer den Platz besonders zeitig besetzen möchte, kann den Kohlrabi schon ab Ende Februar im Frühbeet vorziehen. Nach vier bis fünf Wochen werden die Pflänzchen auf den notwendigen Abstand vereinzelt. Da Kohlrabi und Fenchel eine recht kurze Kulturdauer haben, kann nach der ersten Ernte meist noch eine zweite Kultur zur Reife gebracht werden. Hierfür werden die Plätze getauscht, der Kohlrabi wandert auf den Platz des Fenchels und umgekehrt.

Den rosa Schnittknoblauch (Nr. 7) zieht man am besten im Frühbeet ab März vor und setzt ihn dann mit 20 cm Abstand in Reihen als Rahmen um das Beet. Er bleibt mehrere Jahre stehen und bildet auch für neue Gemüsekompositionen eine attraktive Umrandung.

Bevor die ab April vorgezogenen Pflänzchen vom Palmkohl 'Nero di Toscana' (Nr. 4) und Blumenkohl 'Graffiti' (Nr. 5) aus ihrer Kinderstube aufs Beet umziehen dürfen, muss der Spinat zumindest an den zur Pflanzung vorgesehenen Stellen abgeerntet sein. Er macht dann nach und nach dem heranwachsenden Kohl Platz.

CHARAKTERISTIK
reines Gemüsebeet mit streng formalem Pflanzschema; für Stark- bis Mittelzehrer

STANDORT
frei, sonnig bis maximal halbschattig; durchlässiger, lehmig-humoser Boden, nährstoffreich, nicht zu trocken

VORZIEHEN
Blumenkohl, Palmkohl, Radicchio, Schnittknoblauch

Schnittknoblauch blüht im Sommer je nach Sorte weiß oder zartrosa.

BEETBEISPIEL 2:

VIOLETTES MISCHBEET TON IN TON

*In diesem Beet gibt es Gemüse satt und Blumenschmuck obendrein. Eine farb-
und formenreiche Auswahl unterschiedlicher Kohlarten vom Spitzrot- bis zum
Rosenkohl wird von diversen Rübchen, Spinat, Stauden und Blumen umringt.*

Vor- bzw. Zwischenkultur: März–Juni

Hauptkultur: Juli–Dezember

Maße: 1,2 × 2,4 m, Maßstab 1:20

VOR- BZW. ZWISCHENKULTUR

1 Spitzrotkohl 'Kalibos' (4)
2 Kohlrabi 'Azur Star' (7)
3 Mairübchen 'Primera' (11)
4 Spinat 'Reddy' (12)
5 Romanasalat 'Ovired' (21)
6 Rote Bete 'Ägyptische Plattrunde' (14)

HAUPTKULTUR
GEMÜSE

7 Wirsing 'Verza S. Michele' (1)
8 Stangenbohnen 'Blauhilde' (6)
9 Rosenkohl 'Falstaff' (1)
10 Rotkohl 'Roodkop' (2)
11 Grünkohl 'Redbor' (2)
12 Paprika 'Marconi Purple' (2)
13 Pflücksalat 'Hussard' (4)
14 Lauchzwiebel 'Red Toga' (8)
15 Basilikum 'Bordeaux' (3)

STAUDEN

16 Taglilie *Hemerocallis*-Hybride 'Little
Grapette' (2)
17 Purpurglöckchen *Heuchera* (2)

SOMMERBLUMEN

18 Indianernessel *Monarda × hybrida*
'Bergamo' (4)
19 Zinnie *Zinnia elegans* 'Purple Prince' (7)

ZWIEBELBLUMEN

20 Triumph-Tulpe *Tulipa* 'Blue Beauty' (12)
21 Gladiole *Gladiolus* 'Plumtart' (18)

In den modern interpretierten Bauerngarten (→ Seite 112) passt entsprechend dem Farbthema »Regenbogen« ein reichhaltig gemischtes Genussbeet in violetten und roten Farbtönen. Da auf diesem Beet das Gemüse dominieren soll, wird als Hauptkultur mit langer Standzeit eine Variation farblich passender Kohlarten gewählt. Sie lassen sich problemlos gemischt kultivieren, sodass Rosenkohl, Grünkohl, Wirsing und Rotkohl eine gelungene Nachbarschaft eingehen. Um früh ernten zu können und damit die Beete möglichst bald bedeckt sind, wird die frühe Spitzrotkohlsorte 'Kalibos' (Nr. 1) schon im Februar im Haus vorgezogen und ab April recht dicht ausgepflanzt. Sie kann bereits ab Juni geerntet werden. Die dadurch frei gewordenen Stellen im Beet übernehmen vorgezogene violette Zinnien 'Purple Prince' (Nr. 19). Da der späte Rotkohl 'Roodkop' (Nr. 10), der Rosenkohl 'Falstaff' (Nr. 9), der Wirsing 'Verza S. Michele' (Nr. 7) und der Grünkohl 'Redbor' (Nr. 11) erst Ende Mai bis Juni ins Beet kommen, recht große Pflanzabstände benötigen und erst im Herbst ihre volle Größe erreichen, ist eine Vor- und Zwischenkultur nötig. Als Vorkultur wird Ro-

manasalat 'Ovired' (Nr. 5) als Platzhalter direkt ins Beet gesät. Er ist bereits im Mai erntereif. Mairübchen 'Primera' (Nr. 3) mit violettem Kragen dienen ebenfalls als Vorkultur. Sie werden bis in den Herbst als Lückenfüller mehrfach nachgesät, ebenso der violett gezeichnete Spinat 'Reddy' (Nr. 4). Man sät ihn vor und zwischen den frisch gepflanzten Kohl direkt ins Beet.

Gemüse-Blumen-Mix

Man kann den Wirsing zur Flächendeckung zunächst auch enger setzen und zu dicht stehende Pflänzchen nach und nach als jungen Blattkohl ernten. Zur Betonung der Vertikalen wachsen Stangenbohnen 'Blauhilde' (Nr. 8) in der Mitte des Beets. Sie werden im Mai direkt ins Beet gesät, und zwar in Dreiergruppen an Kletterstangen. Als Vorkultur wächst hier bereits ab April der frühe Kohlrabi 'Azur Star' (Nr. 2). Er wird nach der Ernte ab Ende Mai von einjährigen Indianernesseln 'Bergamo' (Nr. 18) abgelöst, die den ganzen Sommer über blühen. Frühe Rote Bete 'Ägyptische Plattrunde' (Nr. 6) begleiten ebenfalls als Vorkultur die jungen Kohlpflänzchen. Zu dicht stehende Betepflanzen mit zarten Rübchen erntet man sukzessive für Salat oder zum Dünsten. Paprika 'Marconi Purple' (Nr. 12) mit violetten Früchten folgen Anfang Mai auf den Romanasalat und setzen vom Hochsommer bis in den Herbst mit schmackhaften Früchten Farbakzente in Violett. Beständige Blickpunkte entstehen durch immergrünes Purpurglöckchen (Nr. 17) und die früh austreibende Taglilie 'Little Grapette' (Nr. 16), die beide von purpurvioletten Tulpen 'Blue Beauty' umspielt werden. Gladiolen, deren Blüten übrigens essbar sind und die sich wunderbar zur Dekoration auf Kuchen oder im Salat eignen, ziehen sich im Hochsommer als Leitpflanzen durchs Beet, von Grün- und Rosenkohl begleitet und unauffällig gestützt. Schossfester Pflücksalat 'Hussard' (Nr. 13) bildet über Monate im Zusammenspiel mit rotlaubigem Basilikum 'Bordeaux' (Nr. 15) einen schmackhaften Beetrahmen. Lauchzwiebeln 'Red Toga' (Nr. 14) mit rotem Schaft bilden auf der gegenüberliegenden Beetseite einen formalen Gegenpol.

Die Miniatur-Taglilie 'Little Grapette' öffnet von Juni bis August jeden Tag neue Blüten.

CHARAKTERISTIK

Mischbeet mit Winteraspekt, Gemüse dominiert, Stauden und Sommerblumen als Begleiter, für Stark- bis Mittelzehrer

STANDORT

frei, sonnig bis maximal halbschattig; durchlässiger, lehmig-humoser Boden, nährstoffreich, nicht zu trocken

VORZIEHEN

alle Kohlarten, Basilikum, Zinnien, Kohlrabi, Pflücksalat

Je kühler es zum Herbst hin wird, umso mehr violetten Farbstoff lagert der dekorative Grünkohl 'Redbor' in seine leckeren Blätter ein.

BEETBEISPIEL 3:

SCHNITTBLUMEN UND GEMÜSE IM INSELBEET

Wer ist die Schönste auf dem Beet? Gemüse und Stauden sowie Sommer- und Zwiebelblumen stehen sich wie in einem Wettstreit gegenüber und machen die Wahl schwer. Das Beet sichert Sträuße den ganzen Sommer lang.

April–Oktober

Maße: 2,5 m Durchmesser, Maßstab 1:20

GEMÜSE

1 Gemüse-Amaranth (3)
2 Rote Gartenmelde (2)
3 Wirsing 'Violaceo di Verona' (2)
4 Stängelkohl (4)
5 Karotte 'Küttiger Rüebli' (4)
6 Großer Sauerampfer (4)

STAUDEN

7 Glatte Aster *Aster laevis* 'Calliope' (1)
8 Schafgarbe *Achillea millefolium* 'Pomegranate' (3)
9 Lupine *Lupinus Polyphyllus*-Hybride 'Karidol' (1)
10 Scheinsonnenhut *Echinacea purpurea* 'Pica Bella' (4)
11 Gelenkblume *Physostegia virginiana* 'Bouquet Rose' (4)
12 Herz-Zittergras *Briza maxima* (1)

SOMMERBLUMEN

13 Purpur-Wiesenkerbel *Anthriscus sylvestris* 'Ravenswing' (1)
14 Bechermalve *Lavatera trimestris* 'Pink Beauty' (1)
15 Levkoje *Matthiola incana* 'Anytime Hot Pink' (4)

GEHÖLZE

16 Damaszenerrose *Rosa damascena* 'Jacques Cartier' (1)

ZWIEBELBLUMEN

17 Narzisse *Narcissus* 'White Lion' (15)
18 Narzisse *Narcissus* 'Edna Earl' (15)
19 Narzisse *Narcissus* 'Barrett Browning' (21)
20 Tulpe *Tulipa* 'Foxtrott', gefüllt, früh (24)

21 Tulpe *Tulipa* 'Hofstra University', einfach, spät (12)
22 Tulpe *Tulipa* 'Apricot Beauty', einfach, früh (15)
23 Gladiole *Gladiolus* 'Fidelio' (15)
24 Gladiole *Gladiolus* 'Speed Date' (18)

Wer ausgefallene Blumensträuße liebt, findet auf diesem Genussbeet eine Vielfalt aus malerischen Gräsern, duftenden Sommerblumen, farbenfrohen Stauden und romantischen Rosen bis zu Gemüse. Es ist als Schnittblumenbeet nach englischem Vorbild konzipiert und passt perfekt in einen romantischen Cottage-Garten, wie in Gartenbeispiel 3 zu sehen ist (→ Seite 130).

Das runde Inselbeet liegt frei im Rasen, ein schmaler Rasenweg für die bequeme Pflege und »Ernte« teilt die Fläche in zwei Bereiche, einen für die verschiedenen Gemüse, der andere für Stauden und Sommerblumen. Wenn man viel Platz hat, kann ein zusätzlicher Rahmen aus Lavendel dem Beet auch im Winter, wenn die Flächen leer sind, Farbe und Kontur verleihen. Von jeder Pflanze stehen genug Exemplare – nach Gruppen sortiert – bereit, für einen schönen Strauß »geerntet« zu werden.

Das Beet bietet zu jeder Jahreszeit eine abwechslungsreiche Auswahl an Zier- und Nutzpflanzen mit Blütenständen oder Blättern, die sich zum Schnitt eignen. Sie bringen Farbe in den Garten, die man im wahrsten Sinn des Wortes mit allen Sinnen genießen kann, denn auch einige köstliche Gemüsesorten, die bei der Kultur normalerweise nicht zur Blüte kommen, dürfen ausnahmsweise ihre hübschen Blüten entfalten. Wohlgeformte feste Blätter vom Wirsing 'Violaceo di Verona' (Nr. 3) oder vom Großen Sauerampfer (Nr. 6) dienen in Sträußen als Rahmen

für filigranes Blütenwerk und wirken auch in natürlichen Blumenarrangements bezaubernd.

Bunter Auftakt im Frühjahr

Ab Anfang April eröffnen Streifen aus Narzissen und Tulpen in leuchtenden Frühlingsfarben die Schnittblumensaison, sogar unter der Damaszenerrose 'Jacques Cartier' (Nr. 16) ist Platz für Narzissengrüppchen. Jetzt wird es auch Zeit, die Levkojen 'Anytime Hot Pink' (Nr. 15) und Bechermalven 'Pink Beauty' (Nr. 14) sowie den Wirsing im Frühbeet vorzuziehen. Der wärmebedürftige Amaranth (Nr. 1) hat seine Kinderstube bereits ab März auf der Fensterbank oder im beheizten Gewächshaus bezogen. Sie alle kommen erst ab Mitte Mai ins Beet. Herz-Zittergras (Nr. 12) und Purpur-Wiesenkerbel 'Ravenswing' (Nr. 13) werden ab April direkt ausgesät und später vereinzelt. Im Mai erscheinen die ersten rötlichen Blütenstände des Sauerampfers. Die Lupine 'Karidol' (Nr. 9) beginnt ihr violettes Farbenspiel Anfang Juni, wenn sich die Rote Gartenmelde (Nr. 2) mit weinrotem Laub bereits über das Beet erhebt. Sie bilden mit den leuchtend roten Blüten der Schafgarbe 'Pomegranate' (Nr. 8) ein hübsches Dreigespann.

Was vielen vielleicht nicht bewusst ist: Gemüse blüht und bildet teils prächtige Blüten, wenn man es nur lässt und es nicht vorher in der Küche landet. Die Karotte beeindruckt im Juni des zweiten Standjahrs mit weißen Doldenblüten auf bis zu 1,5 m hohen Stängeln, die jedem Blumenstrauß eine natürliche Note verleihen. Allerdings sollte man auf schossfeste neue Züchtungen verzichten und alte Sorten wählen wie 'Küttiger Rüebli' (Nr. 5), eine robuste Schweizer Karottensorte mit schönem Laub. Stängelkohl (Nr. 4), auch Chinesischer Brokkoli genannt, ist nicht nur in der Thaiküche beliebt, sondern macht sich mit seinen weißgelben Blüten auch im Blumenstrauß gut. Da fällt die Entscheidung schwer: Soll er ins Essen oder in den Strauß? Wer beides will, kultiviert etwas mehr. Im Hochsommer und Herbst kommen mit Scheinsonnenhut 'Pica Bella' (Nr. 10), Gelenkblume 'Bouquet Rose' (Nr. 11), Aster 'Calliope' (Nr. 7) und Gladiolen frische Blühaspekte ins Beet.

CHARAKTERISTIK
Mischbeet aus Sommerblumen, Stauden, Rosen und Gemüse; Mittel- bis Starkzehrer

STANDORT
frei, sonnig bis maximal halbschattig; lockerer, nährstoffreicher Boden, feucht

VORZIEHEN
Levkojen, Bechermalve, Wirsing, Gemüse-Amaranth

Ob Amaranth oder Gartenmelde – beide punkten mit Blattfarben und Blütenständen.

Die Blütenkerzen der Gelenkblume 'Bouquet Rose' bereichern jeden Strauß.

BEETBEISPIEL 4:

ZIERENDES DUFT- UND KRÄUTERBEET

Dies ist ein Beet für alle Sinne: Würzige Kräuter von Petersilie über Dill bis Borretsch sind mit duftenden Blütenstauden wie Zitronen-Taglilie oder Anisysop vereint. Sie alle verwöhnen Gaumen, Augen und Nase gleichermaßen.

Vorkultur: März–Mai

Hauptkultur: Juni–September

Maße: 1,4 × 2,4 m, Maßstab 1:20

VORKULTUR
1 Spinat 'Winterriese' (24)
2 Radieschen 'Zlata' (7)

HAUPTKULTUR
3 Wilde Rauke 'Dragon's Tongue' (3)
4 Etagenzwiebel (3)

KRÄUTER
5 Petersilie *Petroselinum crispum var. neapolitanum* 'Gigante d'Italia' (4)
6 Dill *Anethum graveolens* 'Hera' (4)
7 Blüten-Basilikum *Ocimum basilicum* 'Floral Spires Lavendelblau' (2)
8 Purpur-Schnittlauch *Allium schoenoprasum* 'Forescate' (13)
9 Borretsch *Borago officinalis* (1)

STAUDEN
10 Wegwarte *Cichorium intybus* (1)
11 Muskat-Garbe *Achillea decolorans* (3)
12 Zitronen-Taglilie *Hemerocallis citrina* 'Baroni' (1)
13 Rosen-Monarde *Monarda fistulosa* × *tetraploid* (2)
14 Anisysop *Agastache foeniculum* (1)
15 Blumen-Dost *Origanum Laevigatum*-Hybride 'Herrenhausen' (2)

Kräuter kann man nie genug im Garten haben, und wenn sie optisch so ansprechend und köstlich präsentiert werden wie auf diesem Beet aus der Kleinen Wellnessoase (→ Seite 114), bleiben keine Wünsche offen. Schmackhafte Klassiker einjähriger Küchenkräuter gesellen sich zu ausdauernden Duft- oder Aromastauden und bilden eine zwanglose Mischung mit bezaubernd natürlichem Charakter.

Bevor die Küchenkräuter ins Beet kommen, ist noch Zeit für eine frühe Vorkultur mit Spinat 'Winterriese' (Nr. 1), der ab Februar oder schon im Herbst des Vorjahrs an den von Stauden freien Plätzen ausgesät wird. Auch die knackigen gelben Radieschen 'Zlata' (Nr. 2) haben eine sehr kurze Kulturdauer. Sie werden nicht in Reihen, sondern flächig gesät. Ab März kann die rosettenförmig wachsende Wilde Rauke 'Dragon's Tongue' (Nr. 3) als Hauptkultur direkt ins Beet an ihren Platz gesät werden. Nachdem zu dicht stehende Sämlinge als Blattsalat geerntet wurden, verwendet man die Blätter die ganze Saison über nach Bedarf wie Pflücksalat. Die mehrjährigen skurrilen Etagenzwiebeln (Nr. 4) treiben früh im Jahr aus und sind auch einzeln attrak-

tive Hingucker im Beet. Sie blühen nicht, sondern vermehren sich über Luftzwiebeln.

Die glatte bis zu 40 cm hohe Petersilie 'Gigante d'Italia' (Nr. 5) wird als vorgezogenes Pflänzchen zwischen die anderen Kräuter und Stauden ins Beet gesetzt. Der filigrane Dill (Nr. 6) bildet einen schönen Blattkontrast zu dem im Juli mit hübschen lavendelfarbigen Rispen blühenden Blüten-Basilikum (Nr. 7). Der Dill wird direkt an Ort und Stelle ins Beet gesät, zu dicht stehende Pflänzchen vereinzelt man später. Das Basilikum zieht man besser im Haus ab März in Schalen vor und setzt es später an seinen Platz. Purpur-Schnittlauch gibt es in Hülle und Fülle, denn er rahmt das Beet bandförmig an einer Seite ein. Die äußerst dekorative Sorte 'Forescate' (Nr. 8) sollte aber bis zur Blüte im Mai und Juni nur punktuell geerntet werden, damit die rosa Blütenpracht sich voll entfalten kann. Den Schnittlauch kauft man am besten wie Stauden vorkultiviert im Topf.

Leckere Stauden als Begleiter

Die Wegwarte (Nr. 10) oder Zichorie ist eine bezaubernde heimische Heil- und Nutzpflanze, die mit ihren charakteristischen himmelblauen Blüten im Hochsommer schöne Akzente setzt und mit den leckeren Blüten des Borretsch (Nr. 9) wunderbar korrespondiert. Ihre jungen Blätter können im Frühling als Salatbeigabe geerntet werden und schmecken leicht bitter wie Endivie. Auch von der Muskat-Schafgarbe (Nr. 11), einer dekorativen Gewürzpflanze mit cremeweißen Doldenblüten, erntet man nur die frischen jungen Frühlingsblätter zur Verwendung in der Küche. Die Zitronen-Taglilie 'Baroni' (Nr. 12) öffnet von Juni bis Juli jeden Tag neue große hoch über dem Beet schwebende zitronengelbe Blüten, die besonders in den Abendstunden intensiv nach Zitrone duften. Die Blüten sind essbar und werden entweder gefüllt gegessen oder sind eine hübsche Dekoration auf dem Salat. Rosen-Monarde (Nr. 13), Anisysop (Nr. 14) und Blumendost (Nr. 15) verwöhnen die Nase mit verführerischem Blattduft, der sich besonders dann verbreitet, wenn man sie im Vorbeigehen streift oder berührt.

Die Wegwarte wuchs früher häufiger an Wegrändern, daher wohl auch ihr deutscher Name.

CHARAKTERISTIK
naturnah mit einjährigen Kräutern, Duftpflanzen und essbaren Stauden und Gemüse bepflanztes Mischbeet

STANDORT
sonnig bis maximal halbschattig; durchlässiger, nicht zu trockener nährstoffreicher Boden, keine Staunässe

VORZIEHEN
Petersilie, Blüten-Basilikum

Die frosttolerante Etagenzwiebel bietet mit Laub, Zwiebeln und Brutzwiebeln zu jeder Jahreszeit frischen Genuss.

BEETBEISPIEL 5:

MODERNES GENUSSBEET VOR EINER HANGMAUER

Hier präsentiert sich Gemüse von seiner besten Seite: Die Artischocke findet im Schutz der Mauer zu ihrer wahren Größe. Kohl, Zwiebeln und Rote Bete folgen auf knackige Frühjahrsgemüse. Was will man mehr?

Vorkultur: April–Juni

VORKULTUR

1 Radieschen 'Eiszapfen' (24)
2 Mairübchen 'Tokio Top' (20)
3 Romanasalat 'Forellenschluss' (11)

Hauptkultur: Juli–November

Maße: 1,2 × 1,6 m, Maßstab 1:20

HAUPTKULTUR

4 Artischocke 'Green Globe' (1)
5 Speisezwiebel 'Braunschweiger Dunkelblutrote' (13)
6 Zierkohl 'Crane-Pink' (4)
7 Zierkohl 'Rote Feder' (2)
8 Rote Bete 'Bull's Blood' (23)

EINJÄHRIGE KRÄUTER

9 Bronze-Fenchel *Foeniculum vulgare* 'Rubrum' (1)

Dank einer Vor- und Hauptkultur ist dieses Genussbeet in der modernen Terrassenfläche vor einer Hangmauer aus Situation 4 (→ Seite 116) fast durchgängig mit einer hübschen Pflanzendecke überzogen, die zu jeder Jahreszeit einiges für Gaumen und Auge zu bieten hat.

Bevor der Zierkohl und die Artischocke Ende Mai ihre Plätze im Beet einnehmen und nach und nach immer mehr Platz beanspruchen, ist ausreichend Zeit für mildwürzige zarte Radieschen 'Eiszapfen' (Nr. 1) in der entsprechenden Form und violette Mairübchen 'Tokio Top' (Nr. 2) als Vor- und Zwischenkultur. Sie können bereits im März bis April ins Beet gesät werden und sind im Mai und Juni reif für die Ernte. Einige Köpfe Romanasalat 'Forellenschluss' (Nr. 3), die im Februar vorgezogen werden und bereits im März aufs Beet umziehen können, bilden mit dekorativen rot gesprenkelten Köpfen schnell hübsche Blickpunkte im Beet.

Die Attraktion auf dem Beet ist jedoch die aus dem Mittelmeerraum stammende Gemüseartischocke 'Green Globe' (Nr. 4) mit graugrünem gezacktem Laub, fleischigen grünen Kugelknospen und riesigen violetten Korbblüten. Sie wird bereits im März in Schalen auf der Fensterbank vorkultiviert und nimmt bis zur Genussreife zwischen Juli und September nach und nach immer mehr Beetfläche in Anspruch. Dann muss entschieden werden, ob man die Knospe als köstliches Gemüse ernten will oder lieber die aparte Blüte genießen möchte. In der Vase machen jedenfalls beide eine gute Figur. Doch auch bevor die Artischocke ihren Auftritt hat, ist auf diesem Mini-Genussbeet einiges los. Das dunkelviolette Laub des zweijährigen Bronze-Fenchels 'Rubrum' (Nr. 9) ist genauso aromatisch wie das seines Verwandten mit hellgrünen Blättern. Es bildet eine sehr schöne farbliche Ergänzung zu den rotvioletten Zwiebeln 'Braunschweiger Dunkelblutrote' (Nr. 5), die kreisförmig ab März direkt ins Freiland gesät werden.

Dekorativ und winterhart

Für den Winteraspekt ist der Zierkohl zuständig, wenn er nicht schon vorher, weil er so köstlich schmeckt, in die Küche gewandert ist. Da kann es von Vorteil sein, noch einige vorgezogene Exemplare in Töpfen zum Auffüllen von Lücken vorzuhalten, die im Herbst an die abgeernteten Stellen gesetzt werden. Mit einer filigranen Ummantelung aus Eiskristallen ist der Zierkohl mit seinen festen, teils fein strukturierten Blättern ein bezaubernder Winteranblick. Manche Sorten wie der gefiederte Zierkohl 'Rote Feder' (Nr. 7) gelten als extrem winterhart und vertragen Fröste bis -15 °C. Die Sorte 'Crane-Pink' (Nr. 6) mit farbiger Mitte und violettgrünem Laub erträgt bis -5 °C und kann bei Bedarf durch Mini-Gewächshäuser in Form dekorativer Glasglocken geschützt werden. Diese Glocken oder Cloches sind schon für sich ein Hingucker auf dem Beet. Wird der Haupttrieb des Zierkohls gekappt, entwickeln sich kräftige rundbuschige Exemplare. Andernfalls heben feste Stiele die Köpfe in die obere Etage, was auch optisch seinen Reiz hat und praktisch ist, wenn der Kohl zur Dekoration in die Vase wandern soll. Ein farblich passender Begleiter für den Zierkohl ist die Rote Bete 'Bull's Blood' (Nr. 8) mit dunkelrotem Laub, die als Hauptkultur die Rolle eines leckeren Bodendeckers übernimmt.

CHARAKTERISTIK
repräsentatives ausdrucksstarkes Gemüse- und Kräuterbeet mit schönem Winteraspekt

STANDORT
sonnig; nährstoffreicher Boden

VORZIEHEN
Artischocke, Zierkohl, Romanasalat, Bronze-Fenchel

Auch der farbenfrohe Zierkohl »schießt« und bildet im zweiten Standjahr gelbe Blüten.

Der Romanasalat 'Forellenschluss' ist ein köstlicher Hingucker.

BEETBEISPIEL 6:

TERRASSENBEET IN WEISS UND SILBER

In diesem eleganten Beet dürfen Lauch, Weißkohl und Co. zeigen, dass sie mit eleganten Stauden und Sommerblumen mithalten können. Eine weiße Johannisbeere und eine Rose geben dem Ganzen einen standesgemäßen Rahmen.

Mai–November

Maße: freie Form, ca. 3 × 1,5 m, Maßstab 1:20

GEMÜSE VORKULTUR
1 Kohlrabi 'Lanro' (10)

GEMÜSE HAUPTKULTUR
2 Lauch 'Blaugrüner Winter-Alaska' (4)
3 Mangold 'White Silver 2' (4)
4 Weißkohl 'Dithmarscher' (3)

STAUDEN
5 Bergenie *Bergenia* 'Bressingham White' (5)
6 Steppensalbei *Salvia nemorosa* 'Schneehügel' (2)
7 Myrten-Aster *Aster ericoides* 'Schneetanne' (1)
8 Gefüllter Rittersporn *Delphinium Elatum*-Hybride 'Green Twist' (1)
9 Tränendes Herz *Dicentra spectabilis* 'Alba' (1)
10 Pfingstrose *Paeonia*-Hybride 'Festiva Maxima' (1)
11 Spornblume *Centranthus ruber* var. *coccineus* 'Albus' (1)
12 Hohe Flammenblume *Phlox amplifolia* 'David' (1)

SOMMERBLUMEN
13 Kosmee *Cosmos bipinnatus* 'Sonata White' (3)
14 Kapuzinerkresse *Tropaeolum majus* 'Milk Maid' (5)
15 Löwenmäulchen *Antirrhinum majus* 'Royal Bride' (3)

16 Ringelblume *Calendula* 'Snow Princess' (4)

GEHÖLZE
17 Johannisbeere *Ribes rubrum* 'Weiße Versailler' (1)
18 Englische Rose *Rosa* 'Winchester Cathedral' (1)

ZWIEBEL- UND KNOLLENBLUMEN
19 Zier-Lauch *Allium* 'White Giant' (9)
20 Narzisse *Narcissus* 'White Lion', gefüllt (25)
21 Narzisse *Narcissus cyclamineus* 'February Silver' (35)
22 Tulpe *Tulipa* 'Mondial' (33)
23 Schmuck-Dahlie *Dahlia* 'Fleurel' (1)

Dieses Genussbeet aus Gartensituation 5 (→ Seite 118) liegt vor dem Terrassenbereich und ist vom Haus aus ständig im Blickfeld. Es hat das ganze Jahr über etwas zu bieten und präsentiert mit der Myrten-Aster (Nr. 7) selbst im Spätherbst noch ein weißes Blütenmeer. Durch die Farbwahl strahlt es kühle Zurückhaltung aus. Stauden und Sommerblumen dominieren und geben dem Gemüse einen passenden Rahmen. Wie im berühmten »Weißen Garten« auf Sissinghurst Castle in England, dem Landsitz der berühmten Gärtnerin und Schriftstellerin Vita Sackville-West, lautet das Gestaltungsmotto »Weiß und Silber«. Die Idee, das Farbthema auf Gemüse auszuweiten, hätte der passionierten Pflanzenfreundin sicher gefallen. Ruhige Farbharmonien in elegantem Weiß, Silber oder Grau, aber vielfältige Formen und Strukturen von Blüten und Blättern ergeben ein malerisches Cottage-Beet mit hohem ästhetischen Anspruch. Das Grundgerüst des Beets bilden die Johannisbeere 'Weiße Versailler' (Nr. 17) mit cremeweißen durchschimmernden Beeren und die Englische Kleinstrauchrose 'Winchester Cathedral' (Nr. 18) mit duftenden weißen Blüten, die den ganzen Sommer über erscheinen. Eine Unterpflanzung aus weiß blühenden Bergenien 'Bressingham White' (Nr. 5) verleihen dem Beet auch im Winter Struktur, korrespondieren mit den Kohlblättern und bilden einen schönen Kontrast zur malerischen Bepflanzung. Frühe Mini-narzissen 'February Silver' und gefüllte Narzissen 'White Lion' ziehen in Tuffs durchs Beet und läuten im Frühling die Gartensaison ein. Formen und Farben wiederholen sich in den Gemüsearten ebenso wie in den Stauden und Sommerblumen. So kommen die weißen Kugelblüten des »geschossenen« Lauchs aus dem Vorjahr im Mai auf hohen Stielen daher, begleitet von gefüllten Tulpen und den ersten zarten Knöllchen des weißen Kohlrabis 'Lanro' (Nr. 1). Übertrumpft werden sie nur von den riesigen Bällen des Zier-Lauchs 'White Giant'. Im Hochsommer nehmen vorgezogene weiße Schmuck-Dahlien 'Fleurel' den Platz der Tulpen ein. Mitten im Beet strebt die frostfeste Lauchsorte 'Blaugrüner Winter-Alaska' (Nr. 2) mit schlanken Stangen hoch nach oben. Geerntet werden nur einzelne Exemplare, die übrigen sollen im kommenden Frühjahr wieder zur Blüte kommen. Vorher hat der Kohlrabi als Vorkultur genug Zeit, seine weißen Knollen auszubilden. Er wandert in die Küche, sobald der vorgezogene Lauch im Juli seinen Platz einnimmt. Die silbrig weißen Stiele des Mangolds (Nr. 3) blitzen unter dem dunkelgrünen Laub hervor und werden nach und nach gepflückt.

Blütenreicher Hofstaat für den Kohl

Weißsilbrige Kohlköpfe 'Dithmarscher' (Nr. 4) stehen in der ersten Reihe direkt im Blickfeld der Terrasse. Der Weißkohl wird im Februar im Frühbeet vorgezogen. Ab April setzt man die jungen Pflänzchen mit großem Abstand zwischen den frisch austreibenden weißen Steppensalbei 'Schneehügel' (Nr. 6) in vorderster Reihe ins Beet. Später werden sie im Hintergrund von weiß blühenden Kosmeen 'Sonata White' (Nr. 13) umspielt. Unter der Johannisbeere fungiert die fast weiß blühende Kapuzinerkresse 'Milk Maid' (Nr. 14) als hübscher Bodendecker, Löwenmäulchen 'Royal Bride' (Nr. 15) und Ringelblumen 'Snow Princess' (Nr. 16) umtanzen weiß blühende Stauden wie Rittersporn 'Green Twist' (Nr. 8), Tränendes Herz 'Alba' (Nr. 9), Pfingstrose 'Festiva Maxima' (Nr. 10) sowie Spornblume 'Albus' (Nr. 11) und Hohe Flammenblume 'David' (Nr. 12).

CHARAKTERISTIK:
Terrassenbeet mit Winteraspekt, Dominanz Stauden; Begleiter Sommerblumen und wenig Gemüse; Stark- bis Mittelzehrer

STANDORT:
möglichst frei, sonnig bis maximal halbschattig; gut durchlässiger humoser Boden, nährstoffreich, frisch

VORZIEHEN:
Lauch, Weißkohl, Kohlrabi, Kosmee, Löwenmäulchen, Dahlie

Die Johannisbeere 'Weiße Versailler' ist eine Liebhabersorte zum Naschen vom Strauch.

Die riesigen Blüten der Schmuck-Dahlie 'Fleurel' eignen sich sehr gut als Schnittblume.

BEETBEISPIEL 7:

BUNTES VIER-JAHRESZEITEN-HOCHBEET

Dieses Hochbeet versorgt fast rund ums Jahr mit knackigen Köstlichkeiten.
Und es zeigt, dass sich Gemüse und Salate wahrhaftig nicht hinter Stauden-
und Blumenschönheiten verstecken müssen.

Hauptkultur: Mai–August

VOR- ODER ZWISCHENKULTUR

1 Asia-Salat 'Green in Snow', 'Red Giant', 'Mizuna' und 'Moutarde Rouge Metis'
2 Radieschen 'French Breakfast'
3 Radieschen 'Amethyst' und 'Zlata'

HAUPTKULTUR

4 Buschbohne 'Purple Teepee' (20)
5 Chinakohl 'Scarvita' (4)
6 Möhren 'Harlequin Mix'
7 Mangold 'Bright Lights' (4)
8 Zuckererbse 'Shiraz' (4)

Nachkultur: September–Januar

NACHKULTUR

9 Endiviensalat 'Breedblad' (7)
10 Gelbe Beete 'Boldor' (22)
11 Feldsalat 'Vollhart 3'

Maße: 1,6 × 1,6 m, Maßstab 1:20

Ein klassisches Hochbeet, das mit einer abgestimmten Füllung aus Schichten unterschiedlicher organischer Materialien beste Voraussetzungen für den ertragreichen Anbau von Gemüse bietet, kann als sehr dekoratives Gestaltungselement in den Garten integriert werden, wie es in Situation 2 »Modern interpretierter Bauerngarten« zu sehen ist (→ Seite 112).

Bis der Boden im frisch angelegten Hochbeet durch den natürlichen Verrottungsprozess seinen maximalen Nährstoffgehalt erreicht hat, wird das Beet im ersten Jahr mit Schwach- und Mittelzehrern bepflanzt, die sich in Vor-, Haupt- und Nachkultur mehrfach als frische, leckere Pflanzendecke über das Beet breiten.

Als Vorkultur – sie ist in den hier gezeigten Stadien des Beets bereits abgeerntet – kommt eine bunte Mischung Asia-Salate in den dekorativen Sorten 'Green in Snow', 'Red Giant', 'Mizuna' und 'Moutarde Rouge Metis' aufs Beet. Man sät sie je nach Witterung zwischen März und April in vier Reihen aus und kann sie bereits nach vier Wochen schneiden. Mittig zwischen den Reihen bilden die länglichen Radieschen 'French Breakfast' (Nr. 2) ein dunkelgrünes Blattband.

Einen schönen Beetrahmen bilden als Hauptkultur die Buschbohnen 'Purple Teepee' (Nr. 4), die als »Gluckentyp« ihre violetten Schoten gut sichtbar nach außen präsentieren. Sie werden nach dem Räumen der Vorkultur direkt ins Beet gesät und können ab Juni geerntet werden. Ab Mai kommt der vorgezogene Chinakohl 'Scarvita' (Nr. 5) mit purpurrot-weißen Blättern dazu. Er füllt die Lücken zwischen den im März direkt ins Beet gesäten Möhren im bunten 'Harlequin Mix' (Nr. 6), die mit schnell keimenden Radieschen als Vorkultur (Nr. 3) »markiert« werden. Mit ihrem filigranen Laub in hellem Grün bilden sie einen schönen Blattkontrast zu den benachbarten Gemüsepflanzen. Die Stiele des Mangolds 'Bright Lights' (Nr. 7) schimmern in Regenbogenfarben von Gelb bis Orange und sind bis in den Spätsommer überaus zierend. Natürlich können sie, wie beim Mangold üblich, nach und nach von außen abgeerntet werden, sodass die Optik des Beetes nicht gestört wird. Die bis zu 1 m hoch rankenden Zuckererbsen 'Shiraz' (Nr. 8) werden im März vorgezogen, kommen im Mai ins Beet und bezaubern zunächst mit violetten Blüten. Bereits im Juni dürfen die ersten zarten violetten Schötchen genascht werden. Als Kletterstütze wurden drei dekorative Eisenstäbe in die Mitte des Beetes gesteckt und mit feinem Maschendraht umhüllt.

Frisches auch im Winter

Für den Winteraspekt sorgt als Nachkultur frostfester frischgrüner Endiviensalat 'Breedblad' (Nr. 9) mit gelbem Herz, der wie ein lustiger Bubikopf im Beet steht. Er wird im August vorgezogen und kommt als junge Pflanze im frühen Herbst an seinen Platz. Bis zum Beginn des Winters haben sich wohlgeformte Köpfe entwickelt, die nach und nach geerntet oder über den Winter im Beet belassen werden. Die Gelbe Bete 'Boldor' (Nr. 10) wird im Juli vorgezogen und kommt im August als Nachkultur ins Beet. Dazwischen wächst der im September direkt ausgesäte frostfeste Feldsalat 'Vollhart 3' (Nr. 11) heran. Er kann im nächsten Vorfrühling als frischer Salat geerntet werden und bedeckt vorher das Beet mit einem grünen Winterkleid.

CHARAKTERISTIK
farbenfrohes reines Gemüsebeet mit wechselnden Anbauphasen, die zu jeder Jahreszeit Gaumen und Augen verwöhnen.

STANDORT
möglichst frei, sonnig bis maximal halbschattig; lockerer humoser Boden, frisch, Schwach- bis Mittelzehrer

VORZIEHEN
Zuckererbse, Endivie, Chinakohl, Mangold, Gelbe Bete

Die Zuckererbse 'Shiraz' lässt sich prima im Vorbeigehen naschen.

Mal nicht rot: Die Gelbe Bete 'Boldor' sorgt für Abwechslung im Beet.

BEETBEISPIEL 8:

ZIERDE UND GENUSS VOLLER SCHWUNG

Vom Frühjahrsblüher bis zu herbstlichen Dahlien, vom ersten Salat bis zum winterlichen Grünkohl – dieses Beet vereint alles. Gemüse und Blumen aller Art geben sich ein buntes Stelldichein.

Juni–Oktober

Maße: bogenförmig 4,2 × 0,8 m, Maßstab 1:20

GEMÜSE
VORKULTUR
1 Pflücksalat 'Lollo Rosso' (2)
2 Pflücksalat 'Amerikanischer Brauner' (2)

HAUPTKULTUR
3 Grünkohl 'Scarlet' (3)
4 Mangold 'Vulkan' (5)

STAUDEN
5 Steppensalbei *Salvia nemorosa* 'Amethyst' (5)
6 Storchschnabel *Geranium Psilostemon*-Hybride 'Anne Thomson' (2)
7 Schafgarbe *Achillea Filipendulina*-Hybride 'Hella Glashoff' (3)
8 Hohe Flammenblume *Phlox amplifolia* 'Great Smoky Mountains' (2)

SOMMERBLUMEN
9 Klatschmohn *Papaver rhoeas* 'Chorus' (8)
10 Stockrose *Alcea rosea* 'Chatters Rosa' (3)
11 Einjähriger Knöterich *Polygonum orientale* 'Cerise Pearls' (1)

ZWIEBEL- UND KNOLLENBLUMEN
12 Dahlie *Dahlia* 'David Howard' (1)
13 Dahlie *Dahlia* 'Sylvia' (2)
14 Gladiole *Gladiolus* 'Buggy' (9)
15 Narzisse *Narcissus cyclamineus* 'Jetfire' (20)
16 Nazisse *Narcissus* 'Tahiti', gefüllt (30)

Das Genussbeet im Cottage-Stil liegt vor der Natursteinmauer des Kräuterhochbeets in Situation 1 (→ Seite 110). Eine Mischung aus Stauden mit teils essbaren Blüten, Sommerblumen und Gemüsen finden sich zu einem Naturkunstwerk zusammen, an dem sich auch Bienen und andere Insekten laben. Hohe Pflanzen bilden eine schöne Kulisse über dem Hochbeet und sind von allen Gartenbereichen aus gut zu sehen. Im Februar ist es Zeit, die Pflücksalate 'Lollo Rosso' (Nr. 1) mit rotbraun gekrausten und 'Amerikanischer Brauner' (Nr. 2) mit grünen rotbraun gezeichneten Blättern vorzuziehen, damit man sie bald zwischen die Narzissen 'Jetfire' und 'Tahiti' pflanzen kann, wo sie als Platzhalter für die Dahlien stehen. Bereits nach vier bis sechs Wochen kann man mit der Ernte beginnen – entweder man pflückt Blätter oder schneidet ganze Köpfe. Wird es wärmer, »schießen« die im Beet belassenen Exemplare und entwickeln pyramidenförmige bis zu 1 m hohe Blattkegel mit dekorativen Blütenständen. Die gelben Korbblüten öffnen sich ab Juni und kommen im Kontrast zum rotbraunen Laub schön zur Geltung. Auch jetzt kann man noch Blätter pflücken, bis sie schließlich zu bitter werden. Damit der eindrucksvolle Grünkohl 'Scarlet' (Nr. 3) mit seinen gekrausten violetten Blättern möglichst bald seine Wirkung entfalten kann, wird er separat ab März auf der Fensterbank oder im Frühbeet vorgezogen. Im Juni steht er

dann bereits in ausnehmend schönem Form- und Farbkontrast zu den schlanken rosavioletten Blütenkerzen des Steppensalbeis 'Amethyst' (Nr. 5) und den ersten Blüten des Storchschnabels 'Anne Thomson'(Nr. 6) in leuchtendem Magentarot. Allerdings muss man den Grünkohl in der warmen Jahreszeit zunächst im dunkelgrünen Kleid mit rot gezeichneten Blattadern akzeptieren. Erst kühlere Temperaturen regen die verstärkte Einlagerung des roten Blattfarbstoffs an, sodass er im Winter schließlich dunkelviolett aussieht.

Der Mangold 'Vulkan' (Nr. 4) kann, im Frühbeet vorgezogen, ab April ins Beet. Er besticht im ersten Jahr mit schmackhaften roten Stielen und dunkelgrünen rot geaderten Blättern. Im Folgejahr präsentiert die zweijährige Pflanze ihre attraktiven Blütenstände. Die hellgelben Blütendolden der Schafgarbe 'Hella Glashoff' (Nr. 7) und die Hohe Flammenblume 'Great Smoky Mountains' (Nr. 8) sind attraktive Partner in Form und Farbe. Der einjährige Klatschmohn 'Chorus' (Nr. 9) wird im März als Lückenfüller ins Beet zwischen die Stauden gesät. Er blüht ab Juni bis in den Herbst in bunter Mischung.

Spätsommerliche Blütenpracht

'David Howard' (Nr. 12) ist der Name der hellorangenen Schmuck-Dahlie, die mit ihrem dunklen Laub gut mit der orange blühenden Ball-Dahlie 'Sylvia' (Nr. 13) harmoniert, aber in der Blütenform einen spannungsvollen Kontrast setzt. Die schlanken Blütenstände der Gladiolen 'Buggy' (Nr. 14) mit großen gelbweißen Blüten sind passende Begleiter. Die Knollen und Zwiebeln dieser Schnittblumen vertragen keinen Frost und kommen erst im Mai an Ort und Stelle, wenn die Vorkultur bereits abgeerntet ist. Um freie Flächen zu vermeiden, verschafft man den Dahlien einen Vorsprung, indem man sie an einem warmen hellen Ort vorzieht.

Dazu passen wunderbar die Stockrosen 'Chatters Rosa' (Nr. 10) mit gefüllten rosa Blüten und der Einjährige Knöterich 'Cerise Pearls' (Nr. 11) mit hängenden rosavioletten Blütenrispen, die mit bis zu 2 m Höhe alle anderen Pflanzen überragen und nostalgischen Charme verbreiten.

Steppensalbei 'Amethyst' mit eleganten Blütenkerzen in apartem Purpurviolett und Rosa.

CHARAKTERISTIK
farbenfrohes Cottage-Beet mit schwungvoll arrangierten Sommerblumen, Stauden und dekorativem Gemüse

STANDORT
möglichst frei, sonnig bis maximal halbschattig; lockerer, humoser Boden, frisch, Stark- bis Mittelzehrer

VORZIEHEN
Grünkohl, Salat, Mangold

Der spät schießende Pflücksalat 'Amerikanischer Brauner' wird nach und nach von unten gepflückt oder geschnitten.

BEETBEISPIEL 9:

SALATVARIATIONEN MIT BLÜTEN

Dieses Salatbeet liefert zeitlich gestaffelt fast das ganze Jahr über frische Blätter oder Köpfe. Damit das klappt, braucht man beim Timing und der Arten- und Sortenwahl etwas Fingerspitzengefühl.

Winter: Vorkultur

Frühling: April–Juni

Maße: 1,2 × 2 m, Maßstab 1:20

WINTER (VORKULTUR)

1 Asia-Salat 'Amchoi Red Giant' (1 Reihe)
2 Asia-Salat/Rote Rauke 'Agano' (1 Reihe)
3 Asia-Salat 'Mizuna' (1 Reihe)
4 Asia-Salat 'Komatsuna Green Boy' (1 Reihe)
5 Winterkopfsalat 'Wintermarie' (6)
6 Winterkopfsalat 'Maiwunder' (6)

FRÜHLING (APRIL–JUNI)

7 Romanasalat 'Ovired'
8 Pflücksalat 'Venezianer' (11)
9 Mini-Romanasalat 'Intred' (15)
10 Horn-Veilchen *Viola cornuta* 'Sorbet F1-Hybride' (17)

SOMMER AB JULI

11 Romanasalat 'Counter'
12 Eichblattsalat 'Navarra'
13 Kopfsalat 'Merveille des quatre saisons'
14 Dill *Anethum graveolens* var. *hortorum*

HERBST/WINTER (NACHKULTUR)

15 Schnittzichorie 'Variegata Di Castelfranco'
16 Radicchio 'Granato'
17 Frisee-Endiviensalat 'Chrono'

Warum nicht ein reines Salatbeet nach Optik und Geschmack pflanzen? Das Hochbeet in Gartenbeispiel 2 »Walled Garden« (→ Seite 128) ist ein idealer Platz, denn gefräßige Schnecken erklimmen selten diese Höhen. Dicht an dicht stehen hier die unterschiedlichen Salatarten und -sorten in kontrastreicher Farbgebung und verleihen dem Beet eine geschlossene teppichartige Oberfläche, die im Wechsel der Jahreszeiten und im Geschmack ständig variiert.

Die meisten Salate werden im Frühbeet vorgezogen und als junge Pflänzchen in passendem Abstand ins Beet gesetzt. Das erleichtert die Kultur, und die Beetflächen stehen nicht lange leer.

Winter und Vorfrühling

Für die Winterkultur sät man Ende September eine Mischung aus verschiedenen Asia-Salaten (Nr. 1, 2, 3, 4) wechselnd in Reihen direkt in das frisch vorbereitete Hochbeet. Asia-Salate sind streng genommen keine Salate, sondern gehören zu den Kohlgewächsen. Doch sie werden wie Salat verwendet oder im Wok kurz mitgedünstet. Neben den Asia-Salaten ist noch Platz für je eine Reihe grüne und rotgezeichnete Winterkopfsalate 'Wintermarie' (Nr. 5) und 'Maiwunder' (Nr. 6). Mit einem Frühbeetaufsatz ist es oft möglich, den ganzen Winter über bis in den Vorfrühling zu ernten. Dann bereitet man das Beet für die folgenden Salatkulturen vor.

Horn-Veilchen 'Sorbet': im Frühjahr oder Herbst eine pastellige Überraschung im Beet.

Frühling

Ende März sät man den rotlaubigen Romanasalat 'Ovired' (Nr. 7) als Einfassung direkt ins Beet. Nach etwa vier Wochen erntet man einen Teil der jungen Pflanzen, damit die übrigen mehr Platz haben, sich zu entwickeln. 'Ovired' wächst für eine zweite Ernte nach, wenn man nicht zu tief schneidet. Pflanzt man ihn mit mehr Abstand, entwickeln sich feste Köpfe.

Grüner Pflücksalat 'Venezianer' (Nr. 8) und roter Mini-Romanasalat 'Intred' (Nr. 9) in Form länglich ovaler Salatherzen bilden einen schönen Farb- und Formenkontrast. Im Herbst vorgezogene Horn-Veilchen 'Sorbet' (Nr. 10) setzen im Frühling und Frühsommer Farbtupfer ins Beet und sind eine hübsche essbare Dekoration.

Sommer

Im Juni, wenn das Beet abgeerntet ist, kommen aus der separaten Kinderstube neue Salatpflänzchen nach dem gleichen Pflanzschema wie im Frühling ins Hochbeet. Der Romanasalat 'Counter' (Nr. 11) mit kleinen ovalen, sehr festen Köpfen gedeiht auch im Sommer, ohne zu schossen, und ist ein schöner Rahmen für den rotlaubigen Eichblattsalat 'Navarra' (Nr. 12), der als Kopf- oder Pflücksalat geerntet wird. Dill (Nr. 14) umspielt die verschiedenen Salatköpfe. Die rötlichen Köpfe des Salats 'Merveille des quatre saisons' (Nr. 13) pflanzt man kreuzförmig.

Herbst und Winter

Weinrot getupfte Köpfe der milden Schnittzichorie 'Variegata Di Castelfranco' (Nr. 15) und Radicchio 'Granato' (Nr. 16) mit schlank-ovalen Köpfen werden im Mai vorgezogen und nehmen im Juli den Platz des abgeernteten Kopfsalats ein. Endiviensalat 'Chrono' (Nr. 17) mit fein gekrausten Köpfen wird erst ab Juni vorgezogen, da er bei zu kühlen Temperaturen zum Schossen neigt. Er nimmt den Platz des Romanasalats (Nr. 11) ein und kann bis in den Winter hinein geerntet werden, da er wie Schnittzichorie und Radicchio einige Minusgrade verträgt.

Nach der Ernte der Wintersalate zieht das Salatbeet entsprechend der Fruchtfolge im folgenden Frühjahr ins nächste Hochbeet um.

CHARAKTERISTIK
stets dekoratives Salatbeet, das essbare Blüten und zu jeder Jahreszeit frische knackige Blätter für die Salatbar liefert

STANDORT
sonnig bis halbschattig, Schwach- bis Mittelzehrer

VORZIEHEN
Pflücksalat, Mini-Romanasalat, Kopfsalat, Eichblattsalat, Romanasalat, Frissee-Endiviensalat, Radicchio, Schnittzichorie, Horn-Veilchen

Kein Salatbeet ohne Asia-Salate: Sie wachsen rasch und vertragen Kälte.

VOM BEET ZUM GARTEN

Darf es auch etwas mehr sein? Wer in größeren Dimensionen plant oder nach den ersten Erfolgen Teile oder den Garten komplett in einen Genussgarten verwandeln möchte, sollte sich von professionellen Planern inspirieren lassen.

Sie wollen nicht gleich den ganzen Garten umgestalten, sich aber auch nicht auf die Anlage einzelner Gemüsebeete oder gemischter Genussbeete beschränken? Dann beginnen Sie damit, kleine Gartensituationen neu anzulegen. Vielleicht waren die ersten Erfahrungen mit einem Genussbeet aber auch so positiv, dass Sie einen Schritt weitergehen und einen Bereich des Gartens umwandeln möchten. Im Jahr darauf folgt vielleicht der nächste Abschnitt. Auf diese Art und Weise lässt sich dieses wunderschöne und spannende Thema als roter Faden vom Kleinen zum Großen im Garten nach und nach verwirklichen und schließlich den ganzen Garten als »essbares Paradies« konzipieren. Anfangen kann man zum Beispiel mit einer kleinen Wellnessoase als eigenständigem Gartenraum, einer Rasenfläche hinter dem Reihenhaus, die für einen modernen Küchengarten »geopfert« wird, mit Hochbeeten vor einer stimmig eingebundenen modernen Hangmauer aus Beton oder mit einem rahmenden Genussbeet vor einer geschwungenen Trockenmauer. Der Fantasie sind dabei kaum Grenzen gesetzt. Schließlich sind wir heutzutage nicht mehr dazu gezwungen, uns ausschließlich aus dem Garten selbst zu versorgen, sondern können lebendige Genussgärten mit viel Liebe so gestalten, dass das Dekorative und der Spaß an der Sache im Vordergrund stehen. Wenn dabei auch noch eine reiche Ernte anfällt, umso besser! Aber es reichen auch schon ein paar knackige Salate

oder leckere Beerenfrüchte zum Naschen für zwischendurch. Und selbst wer nur sehr wenig Freizeit hat, muss – dank der richtigen Pflanzpläne – nicht auf das herrliche Gefühl verzichten, selber im eigenen Garten Gemüse oder Obst zu ernten. In jedem Fall sollte der Leitfaden einer Planung sein, den persönlichen Genussgarten so anzulegen, dass er jedes Jahr aufs Neue gefällt, viel Freude bereitet und auch individuelle Nutzungsansprüche erfüllt.

MIT DEM KNOW-HOW DER PROFIS

Obwohl die Möglichkeiten bei der individuellen Anlage von Genussgärten sehr vielfältig sind, ist es manchmal gar nicht so leicht, selber Ideen zur Gestaltung und Bepflanzung zu entwickeln oder sich für ein Thema zu entscheiden. Praktische Beispiele verdeutlichen anschaulich, wie bestimmte Ideen und Themen zur Gestaltung unterschiedlicher Gartensituationen mit Genussaspekt konkret umgesetzt und in das Gartenkonzept eingebunden werden können. Sie bieten sowohl Anfängern als auch erfahrenen Genussgärtnern Inspiration und laden zum Nachmachen oder Experimentieren ein. Lassen Sie sich also auf den folgenden Seiten verführen und profitieren Sie von den professionell durchgeplanten Beispielen für lebendige und fantasievolle Genussgärten.

Oben: Zwischen Kornblume, Sonnenblume und Ringelblume ist der Knollensellerie quasi der Hahn im Korb!
Links: Hübsch eingefasste Genussbeete und Kieswege verleihen diesem Bauerngarten seinen besonderen Charme.

RUNDER SITZPLATZ MIT HOCHBEET

Dieser kleine, komfortable Sitzplatz bietet Genuss pur: Das Staudenbeet mit den Zieräpfeln verwöhnt das Auge, das Kräuterhochbeet mit aromatisch duftenden Pflanzen die Nase und den Gaumen.

Dichter geht es kaum: Wer auf der ins Hochbeet integrierten Bank Platz nimmt, geht in Tuchfühlung mit den Pflanzenschätzen im Genussbeet.

Kleinere Sitzbereiche, die frei oder gestalterisch eingebunden in den Garten integriert sind, haben einen ganz besonderen Reiz. Sie verlocken zu einem kleinen Spaziergang ins Grüne und ermöglichen es, den Garten im Jahreslauf immer wieder aus einer ganz anderen Perspektive zu erleben.

Dieser runde Sitzplatz mit Hochbeet ist ein willkommenes gestalterisches Element aus dem romantischen Cottage-Garten in Beispiel 3 (→ Seite 130), denn er bietet interessante Möglichkeiten, lebendige Genussbeete zu integrieren. Mit einem Durchmesser von 3 Metern ist der mit Natursteinpflaster befestigte Platz groß genug, um dort eine Gartenliege oder einen kleinen runden Tisch mit drei Stühlen aufzustellen. So ist er ideal, um entspannt die Freizeit zu genießen, und man hat obendrein seine Lieblingspflanzen zum Greifen nahe. Auf der einen Seite wird der Platz von einem geschwungenen Hochbeet eingerahmt, auf der anderen Seite fasst ihn ein Staudenbeet mit drei Zierapfelbäumchen räumlich wirkungsvoll ein. Eine Kiesfläche verbindet als typisches Element des Cottage-Gartens optisch die Trockenmauer des Hochbeets mit den beiden äußeren Beeten und leitet vom Sitzplatz in den Garten über. Die Fläche eignet sich außerdem prima, um dort Kübelpflanzen aufzustellen oder ein dekoratives Wasserelement zu installieren, die dem Sitzplatz eine besondere Note verleihen.

Kräuter auf Nasenhöhe

Das 70 cm hohe Hochbeet aus natürlichen Sandstein-Trockenmauern bietet sich als duftendes Kräuterbeet an, denn es hat den Vorteil, dass die Pflanzen sich quasi auf Nasenhöhe präsentieren und bequem berührt, beschnuppert und natürlich auch geerntet werden können. Mit einer Breite von 60 cm sind alle Beetbereiche vom Sitzplatz aus bequem für Pflegemaßnahmen zu erreichen. Auch lässt sich das Beet je nach Gartensituation leicht variieren, indem man einzelne Elemente in der Größe verändert oder anders ausrichtet.

1 Sitzplatz mit Natursteinpflaster
2 Kiesfläche mit Wasser-
becken und Kübel-
pflanzen
3 Staudenbeete mit
Hochstamm-Zieräpfeln
4 Kräuterhochbeet, einge-
fasst von einer Trocken-
mauer

5 Zieräpfel
6 Beetbeispiel 8
»Zierde und Genuss
voller Schwung«
(→ Seite 104/105)

1 Gemüsebeet in Grün-
 tönen

2 Gemüsebeet in Violett-
 tönen

3 Gemüsebeet in Rot-
 tönen

4 Gemüsebeet in
 Orangetönen

5 Vier-Jahreszei-
 ten-Hochbeet

6 Nasch-Hochbeet

7 Kürbis-Hochbeet

8 Gepflasterter Weg

9 Splittwege

10 Hortensien

11 Hainbuchenhecke

12 Blutbuchenhecke

13 Holzdeck

14 Zierapfel-Hoch-
 stämmchen

SITUATION 2:

BAUERNGARTEN MODERN INTERPRETIERT

Bunte Vielfalt schön geordnet – das ist das Motto dieses Bauerngärtchens.
Es bietet alles, was man aus dem klassischen Bauerngarten kennt, bekommt
durch die nach Farben bepflanzten Beete jedoch ein zeitgemäßes Gesicht.

War früher der klassische Bauerngarten meist vor dem Bauernhaus platziert, liegt diese modern interpretierte Variante vor der Terrasse eines Reihenhauses und ist von der Küche aus auf kurzem Weg leicht zu erreichen. Als Genussgarten bietet er auf 30 m² alles, was das Gärtner- und Genießerherz begehrt. Zier- und Nutzpflanzen sind in lebendiger Mischung, aber in modernem Rahmen kombiniert und thematisch geordnet. Er ist nicht wie früher üblich durch einen Staketenzaun in sich abgeschlossen, sondern offen angelegt. Ein 1 m breiter Weg aus Betonsteinpflaster bildet den abschließenden Rahmen. So ergeben sich zwei Hauptblickachsen, die den Blick von der Terrasse mit dem Holzdeck zum hinteren, naturnahen Gartenbereich mit einer Wiese und Obstbäumen leiten.

Genussbeet-Vielfalt

Die vier rechteckigen, 2,4 × 1,2 m großen Beetabteile in den Gartenecken sind von stabilen Stahlkanten eingefasst. Sie sind nach vier verschiedenen Farbthemen mit Gemüse, Kräutern und Stauden oder Sommerblumen bepflanzt und nach den Regenbogenfarben angeordnet: kühles Violett, leuchtendes Rot, warmes Orangegelb und Grün in vielen Tönen. Die Beete können nach den Regeln der Fruchtfolge im Rotationsprinzip bestellt werden (→ Seite 72). Sie gruppieren sich um drei mittig platzierte quadratische Hochbeete aus modernem Alumi-

nium, die für den Anbau von Obst und Gemüse vorgesehen sind. Die Beete haben abgestufte Höhen: Das mittlere ist 70 cm hoch, die beiden anderen 30 cm bzw. 50 cm. Alle sind unterschiedlich bepflanzt: Ein mit Gemüse und Kräutern bepflanztes buntes Vier-Jahreszeiten-Beet (→ Seite 102), ein Naschbeet mit Balkonfrüchten wie Melonenbirne, Heidelbeere, Hänge-Erdbeeren oder Naschpaprika sowie ein Kürbisbeet. Damit dessen Blüten und Früchte sich optimal präsentieren, wurde es mit einer Metallpergola ausgestattet. Zwischen den Beeten verlaufen 60 cm breite Pflegepfade aus Splitt, die farblich mit dem gepflasterten Weg harmonieren.

Die Abendsonne taucht das Gemüse auf den von Kiesflächen gerahmten Holz-Hochbeeten in stimmungsvolles Licht.

SITUATION 3:

KLEINE WELLNESSOASE

Dieser Gartenraum will Schritt für Schritt entdeckt werden: Durch Zugänge im umlaufenden Spalierobstbeet gelangt man in ein Separée mit Kräuter- und Gemüsebeeten sowie einem Refugium mit Wasserelement und Rosen.

Für einen als Wellness-oase gestalteten Garten-raum ist ein Wasserele-ment ein Muss. Hier wird es von aromatischen Mit-telmeerkräutern und Kiesflächen begleitet.

Träumen Sie vom Luxus einer kleinen Wellness-oase im Garten? Dann könnte dieser Vorschlag eine Lösung sein. Er verwöhnt Sie mit einer Symphonie unterschiedlicher Duftpflanzen, deren Aromen Sie genießen können, wenn Sie im Vorübergehen mit der Hand über das Laub der Pflanzen streichen. Sie können Küchenkräu-ter und Gemüse für die Zubereitung gesunder Gerichte ernten und finden sogar noch einen Ruheplatz, der von Rosen behütet wird. Ein umlaufender Naturstein-Pflasterweg und der anschließende Beetstreifen mit niedrigem Spalierobst, das mit Kapuzinerkresse und Ge-würztagetes hübsch unterpflanzt ist, bilden den äußeren Rahmen und machen die Wellnes-soase zu einem eigenständigen 7,6 × 7,6 m gro-ßen Gartenraum.

Vierfacher Genuss

Der innere, von allen Seiten zugängliche Bereich ist 4,4 × 4,4 m groß und mit einer Kiesdecke be-festigt. Er wird durch niedrige Hecken aus un-terschiedlichen Duft-, Kräuter- und Blütenpflan-zen eingerahmt und bietet auf vier Einzelbeeten diverse Pflanzenkombinationen, deren raffi-nierte Farb- und Duftkomposition das ganze Jahr über immer wieder neue sinnliche Erleb-nisse bereithält. Nicht nur uns Menschen, son-dern auch Vögeln, Bienen und anderen Insekten bieten sie einen willkommenen Lebensraum mit einem reich gedeckten Buffet: Ein mediterranes Kräuterbeet mit aromatisch duftenden Einfas-sungen aus Lavendel und Zwerg-Ysop, ein Beet mit einjährigen Küchenkräutern vor einem Band aus hübsch blühendem Schnittlauch (→ Seite 96) und ein durch einen Holzrahmen er-höhtes Beet für Ihre liebsten Superfood-Gemüse vor einem Hintergrund aus Ewigem Kohl, der seinem Namen alle Ehre macht. Er wächst stän-dig nach und ist das ganze Jahr über dekorativ und schmackhaft. Duftende Apothekerrosen bil-den den Hintergrund für das Wasserelement im vierten Beetabteil. Es ist sogar noch Raum genug für ein weiteres Ruheplätzchen in Form eines Naturstein- oder Holz-Sitzblocks.

1 Beetrahmen aus
 Lavendel

2 Beetrahmen aus Zwerg-
 Ysop *Hyssopus offici-
 nalis* subsp. *aristatus*

3 Mediterranes
 Kräuterbeet

4 Beetrahmen aus Apo-
 thekerrosen *Rosa
 gallica* 'Officinalis'

5 Beetrahmen mit Heili-
 genkraut *Santolina*

chamaecyparissus

6 Kiesfläche mit Wasser-
 element und Platz für
 einen Gartenstuhl

7 Beetrahmen aus immer-
 grünem Ewigen Kohl

8 Beetrahmen aus Holz

9 Superfood-Gemüse

10 Beetrahmen aus
 Schnittlauch

11 Zierendes Kräuterbeet

12 Weg aus Naturstein-
 pflaster

13 Kies mit Holz-Sitz-
 block und Thymian-
 polstern

14 Umlaufendes Beet mit
 niedrigem Spalier-
 obst, unterpflanzt mit
 Kapuzinerkresse und
 Gewürztagetes

1 Hochbeet vor der
  Hangmauer
2 Malabarspinat
3 Auberginen
4 Felsenbirne, mehr-
  stämmig
5 Eibenkugeln
6 Gemüse- und Kräuter-
  beet mit einem Eisen-
  gestell
7 Mediterranes Kräuter-
  beet

8 Gemüsebeet
9 Lorbeer im Kübel
10 Rosmarin im Kübel
11 Wohnküche
12 Kiesstreifen
13 Betonplatten
14 Magnolie
15 Hecke, 50 cm hoch
16 Hecke, 180 cm hoch

SITUATION 4:

MODERNE GENUSSBEETE VOR EINER HANGMAUER

*Wer nicht gleich in die Vollen greifen will, ist mit diesen drei kleinen Gemüse-
und Kräuterbeeten auf der Terrasse gut bedient. Im Hochbeet vor der Mauer
gedeihen außerdem Auberginen und leckerer Malabarspinat.*

Vor einem steilen Hang, der durch 1,6 m hohe Betonelemente abgefangen wird, liegt eine windgeschützte Terrasse, die als modern reduzierter Küchengarten angelegt ist. Die Betonwand wird durch einen auffallenden Anstrich in Magenta als optisches Highlight in das moderne Gartenthema eingebunden. Horizontale Holzlatten, die mit der Zeit den eleganten Silberton der Beton-Terrassenplatten im XXL-Format annehmen, strukturieren die Wand und bieten dem dekorativen und köstlichen Malabarspinat Gelegenheit, sich an gespannten Edelstahldrähten als grüner Schleier vor die Hangwand zu drapieren. Die recht anspruchsvollen Auberginen mit violetten Früchten gedeihen gut auf dem geschützten Hochbeet vor der Hangmauer und bilden schmackhafte Blickpunkte zwischen mehrstämmigen Felsenbirnen und Eibenkugeln. Sie hangeln sich an Metallstäben empor, die im Beet fixiert sind und ihnen den nötigen Halt geben.

Gemüse- und Kräuter-Dreierlei

Die drei Gemüse- und Kräuterbeete als kleine Inseln auf der Terrasse sind vielleicht etwas ungewohnt, machen aber Sinn, denn man gelangt von hier aus direkt in die großzügige Wohnküche. Bandförmige Kiesstreifen, die sich zwischen die Betonplatten ziehen, geben das Raster für die Integration der drei Genussbeete vor. Mit 1,2 × 1,6 m sind die Beete recht klein bemessen, aber zum Gemüsegärtnern »just for fun« völlig ausreichend. Sie werden jedes Jahr thematisch neu mit Kräutern bzw. Gemüse bepflanzt (→ Seite 98). Das mediterrane Kräuterbeet hat den sonnigsten Platz und ist mit einer reichen Auswahl graulaubiger Gewürz- und Aromapflanzen gut besetzt. Empfindliche Vertreter wie Rosmarin oder Echter Lorbeer werden – im Kübel gezogen – daneben platziert und im Winter bei Frost ins Haus geholt.

Bei Bedarf kann je nach gewählter Kultur ein Eisengestell über das dritte Beet gestellt werden, an dem rankende oder stützbedürftige Gemüsearten wie etwa Bohnen ihre Früchte auf Augenhöhe präsentieren.

Ein Inselbeet mit blühenden, duftenden Kräutern oder Gemüse entfaltet auf schlichten Terrassenflächen besonderen Charme.

SITUATION 5:

TERRASSE MIT TERRAS-SIERTEN GENUSSBEETEN

Kaum zu glauben, was alles in zwei Beete vor eine Terrasse passt! Sie verzaubern die Szenerie mit dem Flair eines Cottage-Gartens. Beerensträucher und würzige Kräuter machen den Blütenreigen komplett.

Terrassierte Beete und Treppen aus Naturstein sind die richtige Wahl, um Terrassen wirkungsvoll in einen romantischen Cottage-Garten einzubinden.

Hier wurde eine schlichte Terrasse in eine romantische Gartensituation verwandelt, die sich harmonisch in den »Romantischen Cottage-Garten« aus Beispiel 3 einfügt (→ Seite 130). Als malerischer Rahmen verbinden zwei durch Trockenmauern abgefangene geschwungene Terrassenbeete die halbkreisförmige Treppe mit der erhöht liegenden, rechteckigen Terrasse aufs Schönste. Die großzügig bemessene zweistufige Treppe mit Podest ist ein perfekter Standort, um Kräuter wie Salbei, Rosmarin oder Minze in Kübeln zu präsentieren, die beim Vorbeigehen ihren aromatischen Duft verbreiten. Davor verläuft ein geschwungener Weg vorbei an einer

Gehölzgruppe aus Apfelbeere, Holunder und Honigbeere mit köstlichen Beeren. Er mündet in den vor der Treppe liegenden Pflasterkreis. Eine 1,5 m hohe geschnittene Hainbuchenhecke begrenzt den anderen Terrassenabschnitt und schwingt im Bogen in den Pflasterkreis aus. Als Material für Treppe, Weg und Trockenmauern wurde regionaltypischer gebrochener Naturstein gewählt, der dem Garten den gewünschten ländlich natürlichen Charakter verleiht.

Romantisches Blütenmeer

Im unteren Beet ergießen sich farbenfrohe Polsterstauden, kriechender Rosmarin und Monatserdbeeren zum Naschen im Vorbeigehen über die Sandsteinblöcke der Trockenmauer. Das direkt an die Terrasse anschließende Beet ist im Farbthema Weiß, Silber und Grau angelegt und bietet zu jeder Jahreszeit schöne Anblicke. Typische Blumen des Cottage-Gartens wie Pfingstrosen, Rittersporn, Steppensalbei oder Löwenmäulchen in bunter Mischung umspielen hier eine Duftrose, die sich kaskadenartig aus dem Beet über die Treppe lehnt (→ Seite 100). Polsterthymian und vagabundierender Blutampfer sprießen aus den Fugen zwischen den polygonalen Natursteinplatten. Lavendel und dauerblühender Storchschnabel legen sich als duftende Kissen vor die untere Trockenmauer. Für eine rote Stachelbeere als Hochstämmchen findet sich auch noch ein passendes Plätzchen.

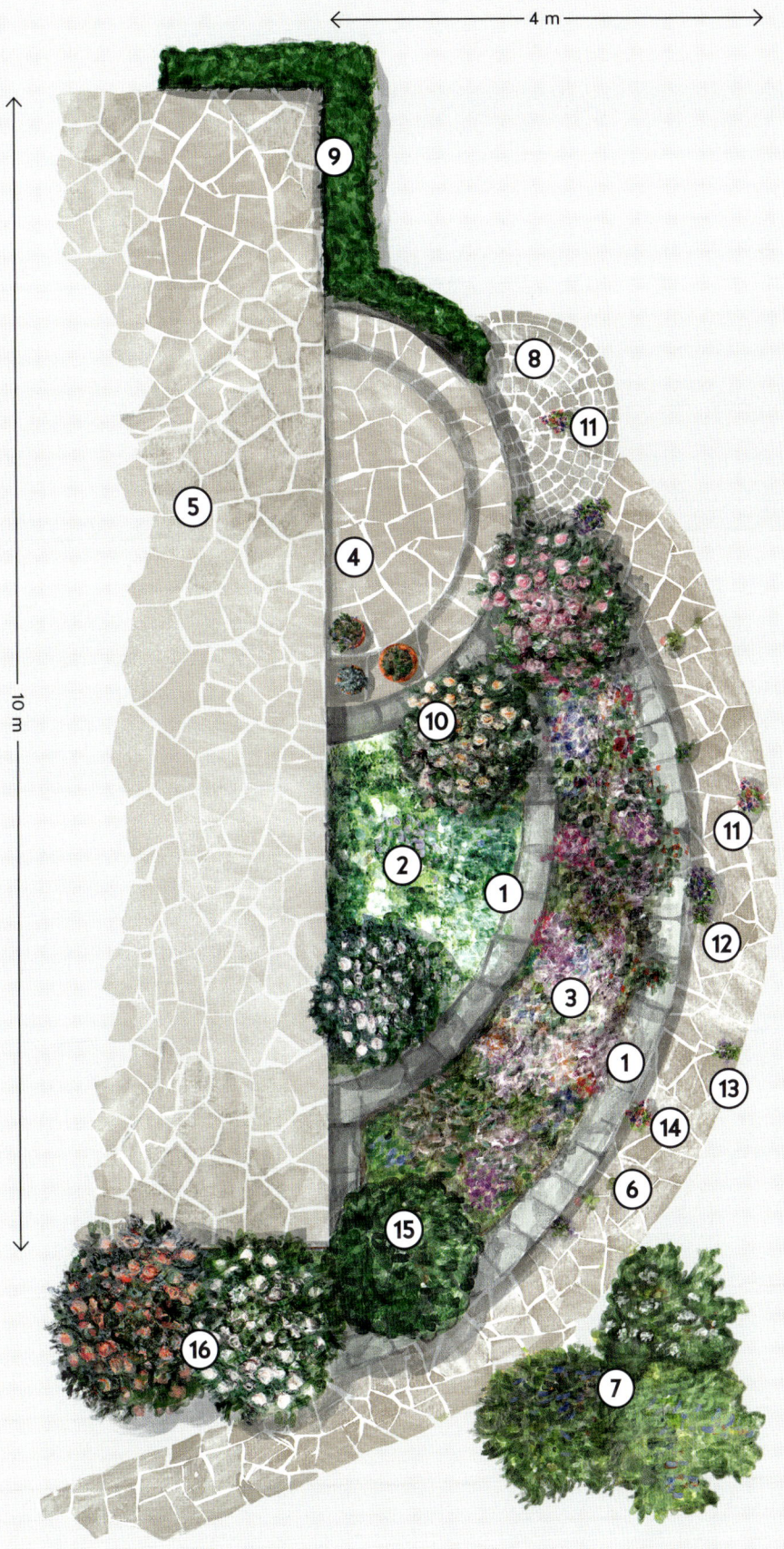

1 Trockenmauern
2 Beetbeispiel 6 »Terrassenbeet in Weiß und Silber« (→ Seite 100/101) mit Rittersporn, Steppensalbei und Löwenmäulchen
3 Unteres Beet mit Polsterstauden, kriechendem Rosmarin und Monatserdbeeren
4 Treppe mit Podest und Kübeln mit Kräutern wie Salbei, Rosmarin, Minze
5 Terrasse
6 Weg
7 Gehölzgruppe mit Apfelbeere, Holunder und Honigbeere
8 Pflasterkreis
9 Hainbuchenhecke, 1,5 m hoch
10 Duftrose
11 Polsterthymian
12 Lavendel
13 Blutampfer
14 Storchschnabel
15 Rote Stachelbeere
16 Duftrosen

1 Sissinghurst-Bank
2 Backsteinmauer
3 Spalieräpfel
4 Beetstreifen vor der
   Mauer mit Schnee-
   glöckchen, Narzissen,
   Krokussen im Frühling
   und Wildblumen im
   Sommer

5 Birnbaum 'Schweizer
   Hose'
6 Unterpflanzung mit
   Aster 'Calliope'
7 Gemüsebeet 1
8 Gemüsebeet 2
9 Klinkerpflaster
10 Lavendelhecke

SITUATION 6:

SPALIEROBST, BEETE UND BANK

Eine Szene aus einem klassischen englischen Walled Garden wird hier neu interpretiert. Die Gestaltung ist schlicht und bietet trotzdem reichlich Obst und Gemüse, die obendrein eine wahre Augenweide sind.

Es gibt Gartenbilder, die laden zum Träumen ein – wie diese Gartensituation aus dem Walled Garden in Beispiel 2 (→ Seite 128). Jeder, der sich mit der Geschichte der Gartenkunst beschäftigt oder bereits Sissinghurst Castle besucht hat, kennt sie, die berühmte Sissinghurst-Bank mit der schwungvollen hohen Rückenlehne. Sie steht hier als Eyecatcher vor der mit Spalieräpfeln dekorierten Backsteinmauer. Die verschiedenen Apfelsorten mit zeitlich gestaffelter Genussreife sind an Lattenwerk aus Holz als Palmette mit vier waagerechten Seitentrieben gezogen. Die Beetstreifen vor den Mauern werden jedes Jahr im Sommer durch Aussaat einjähriger Wildblumenmischungen mit einem bunten Blütenband überzogen. Das sieht nicht nur schön aus, sondern lockt auch Schmetterlinge und Insekten an. Im Vorfrühling blühen hier Schneeglöckchen, Miniatur-Narzissen und Krokusse. Die köstliche alte Birnensorte 'Schweizer Hose' mit witzig grüngelb gestreiften Früchten ist mit der blauen Aster 'Calliope' unterpflanzt, die von Oktober bis November ein letztes zauberhaftes Glanzlicht setzt.

Quadratisch und praktisch

Die beiden vor der Bank liegenden quadratischen Gemüsebeete können als Zwillingsbeete identisch streng formal bepflanzt werden, was besonders wirkungsvoll und attraktiv aussieht. Ein Beispiel für eine solche Bepflanzung wird im Beet 1 »Gemüse klar in Form« vorgestellt (→ Seite 90). Man kann die beiden Beete aber auch unterschiedlich bepflanzen und jedes Jahr nach dem Rotationsprinzip zwischen Stark-, Schwach- und Mittelzehrern wechseln, um die nötige Fruchtfolge beim Gemüse einzuhalten. Die Beete liegen bündig in der anthrazitfarbenen Klinkerfläche des sonnigen Terrassengartens. Diese bildet einen neutralen Rahmen für die Gemüsepflanzen. Die Lavendelhecke mit duftendem Laub rahmt den Gartenraum und sieht nicht nur das ganze Jahr attraktiv aus, sondern ist nach der Blütezeit des Spalierobstes ab Juni eine willkommene Bienen- und Insektenweide.

Wenn die Blütezeit des Obstes am Spalier vor der Klinkermauer vorbei ist, haben die Zier- und Nutzpflanzen im gemischten Genussbeet davor ihren Auftritt.

SONNIGER VORGARTEN MIT GENUSSBEETEN

Dieser Vorgarten – oft das Stiefkind der Gartenplanung – läuft hier zu Höchstform auf. Er ist romantisch wie ein Cottage-Garten und verspricht zugleich üppige Genüsse wie ein Bauerngarten.

Immergrüne Hecken umrahmen die genussvoll bepflanzten Beetquartiere des blühenden Vorgartens im Cottage-Style.

Die Voraussetzungen für die Anlage eines Bauern- oder Küchengartens in diesem mit 50 m² recht großen Vorgarten waren günstig. Er liegt in südwestlicher Ausrichtung und bietet deshalb ausreichend Sonne für ein optimales Gedeihen der Nutzpflanzen. Außerdem ist der Boden nährstoffreich, humos und locker. Warum also nicht den Platz nutzen, um Möhren, Salat, Zwiebeln und Kohl anzubauen? So hat man das junge Gemüse täglich immer im Blick und kann quasi im Vorbeigehen mal eben ein Radieschen naschen oder die ein oder andere gefräßige Schnecke absammeln, damit sie nicht den prächtig wachsenden Salat ruiniert.

Wie es in typischen Cottage-Gärten meist üblich ist, führt ein gerader Weg direkt zum Hauseingang, der durch ein halbkreisförmiges zweistufiges Podest betreten wird.

Zwei formale Beetquartiere, eingefasst durch die zierliche Eibensorte 'Renkes kleiner Grüner', die neuerdings gern als Ersatz für Buchsbaum verwendet wird, flankieren den Eingangsweg. Hier schauen Sommerblumen, essbare Stauden und dekorative Kräuter über die niedrige Hecke. Die ein oder andere dekorative Gemüsepflanze ist auch zu finden. Wer auf eine giftige Pflanze im Küchengarten verzichten möchte, wählt statt der Eibe lieber Gewürztagetes oder Weinraute als Einfassung. Zwei Rosenhochstämmchen setzen romantisch-formale Akzente. Über Trittplatten im Beet gelangt man zu einer kleinen Bank, die in einem der beiden Beetquartiere zum Verweilen einlädt.

Gemüse satt

Zwei großzügig bemessene 1,3 × 2 m große rechteckige Beete bieten ausreichend Platz für eine ertragreiche Kultur von Gemüse, Erdbeeren und Kartoffeln. Sie sind von beiden Seiten über gepflasterte feste Wege erschlossen, was die Gartenarbeit sehr erleichtert.

Begrenzt wird dieser herrliche Küchengarten durch einen weißen Staketenzaun, über den sich im Sommer malerisch Clematis, Wicken und Feuerbohnen ergießen.

1 Weg

2 Zweistufiges Podest

3 Zwei formale Beete

4 Einfassung aus Eibe 'Renkes kleiner Grüner'

5 Sommerblumen, essbare Stauden, Kräuter

6 Rosenhochstämmchen

7 Trittplatten

8 Bank

9 Gemüsebeet 1

10 Gemüsebeet 2

11 Staketenzaun mit Clematis, Wicken und Feuerbohnen

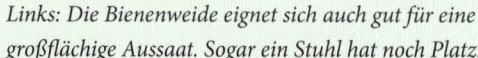

Links: Die Bienenweide eignet sich auch gut für eine großflächige Aussaat. Sogar ein Stuhl hat noch Platz.

Unten: Blumenmischung in Bestform: Erstaunlich, was die Natur in kürzester Zeit aus Samen hervorzaubert.

Oben: Die schmalblättrige Lupine verwandelt das Gemüsebeet in ein blaues Blütenmeer, bevor sich Starkzehrer wie Kohl hier breitmachen.

Schnell keimende Asia-Salate in vielfältigen Blattformen und Farben legen sich wie eine grüne Decke über freie Beetflächen.

DEKORATIVE GENUSS-PFLANZEN ZUM AUSSÄEN

Wenn es schnell gehen soll oder unschöne Lücken im Genussbeet klaffen, greift man zur Samentüte. Die Auswahl an rasch keimenden Arten ist groß. Sie tun dem Boden gut und sehen hübsch aus.

Inkarnatklee ist ein Dauerblüher. Er verträgt Frost und kann noch im Herbst ausgesät werden.

Beete im Genussgarten sollten möglichst lange bedeckt sein, um den Boden vor Austrocknung und Erosion zu schützen und Unkräuter in Schach zu halten. Manchmal aber kann man diesem Anspruch nicht genügen. Statt für eine Mulchschicht entscheidet man sich dann besser für eine Aussaat von rasch keimenden Gemüsen, Kräutern und Sommerblumen. Ideal sind Pflanzen, die man direkt aussät und die nicht mehr vereinzelt werden müssen.

Schnell & einfach: Sommerblumen

Viele Ackerrandblumen gibt es in spannenden Selektionen. Beispiele sind Kornrade (*Agrostemma githago* 'Pink Milas'), Wilde Kornblume (*Centaurea cyanus* 'Black Boy') oder die Wilde Möhre (*Daucus carota* 'Dara') mit dunkelvioletten Blütendolden. Auch einige Bauerngartenblumen keimen schnell, etwa die Ringelblume. Das Marokkanische Leinkraut (*Linaria maroccana*) zieht Hummeln an. Der Paeonienmohn (*Papaver paeoniflora*) fühlt sich auch auf nährstoffreichen Böden zwischen Starkzehrern wohl, ebenso die Skabiose (*Scabiosa atropurpurea*).

Essbare Lückenfüller

Die beliebte Kapuzinerkresse (*Tropaeolum majus*) wächst besonders rasant und ist nicht nur in Rot- und Orangetönen, sondern auch in Pink ('Jewel Cherry Rose') und Weiß als Lückenfüller

unverzichtbar. Und schon längst gibt es im Handel Samenmischungen aus essbaren Blumen wie Salatchrysanthemen, Speisetagetes und Kornblumen – eine perfekte Zwischenkultur für Gemüse mit langer Kulturdauer. Auch für Bienen, Schmetterlinge und andere Insekten ist gesorgt mit Mischungen aus spät blühenden Sommerblumen mit so hübschen Namen wie »Fetzers Schmetterlingsnektar« oder »Insektennachtisch«. Für die Vögel gibt es die »Mössinger Singvogelmischung« mit Sommerblumen mit schmackhaften Samen. Rasch wachsende Küchenkräuter sind Thai-Basilikum, Borretsch und Kerbel, Schnellkeimer beim Gemüse Asia-Salate, Erbsen, Eisbergsalat, Radieschen und Kohlrabi oder Mini-Romanasalat 'Ovired'.

Dekorative Gründüngung

Eine Gründüngung ist eine Wellnesskur für den Boden. Viele Gründüngungspflanzen gehören zur Familie der Leguminosen wie Sommerwicken (*Vicia sativa*), Blaue Lupinen (*Lupinus angustifolius*), Bienenweide (*Phacelia tanacetifolia*) oder Inkarnatklee (*Trifolium incarnatum* var. *sativum*). Weil sie den Boden mit Stickstoff anreichern und die Bodenstruktur verbessern, eignen sie sich besonders gut als Vor- oder Nachkultur für Gemüse mit hohem Stickstoffbedarf wie alle Kohlarten. Gelbsenf (*Senapis alba*) ist für Vorkultur von Rüben günstig, sollte jedoch nicht vor Kohl kultiviert werden.

GARTEN 1:

MIT BAUERNGARTEN UND STREUOBSTWIESE

Alles in einem – das ist das Motto dieses kleinen Reihenhausgartens. Er bietet Genussbeete und Gemüse-Hochbeete im modernen Bauerngartenstil, ein Stück Naturgarten und als Visitenkarte des Hauses einen formalen Vorgarten.

Moderner Küchengarten mit Sitzplatz und erhöhten Beeten aus Stahlbändern als Trendsetter auf der Chelsea-Flower-Show in London.

Die Kombination aus einem naturnahen Gartenbereich und einem Teil mit formal architektonischen Elementen macht den besonderen Reiz dieses Reihenhausgartens aus. Eine schlichte orthogonale Linienführung und eine reduzierte moderne Material- und Formensprache setzen die moderne Architektur des Hauses im Außenbereich fort. Als eigenständiges »Gärtchen im Garten« liegt ein modern interpretierter Bauerngarten direkt vor der großzügigen als Holzdeck konzipierten Terrasse. Er bietet Gartenenthusiasten mit vier Genussbeeten und drei quadratischen Gemüse-Hochbeeten viel Platz, sich im Garten auszuleben.

Heckenblöcke aus rotlaubiger Blutbuche und grünlaubiger Hainbuche strukturieren die lang gezogenen seitlichen Beete und setzen Ruhepunkte zu der dynamischen Bepflanzung aus Nutz- und Zierpflanzen im Bauerngarten. Zwei Zierapfel-Hochstämmchen mit essbaren Früchten locken Vögel an und sind im Frühjahr mit reicher Blüte sehr dekorativ und zudem eine wertvolle Bienenweide. Im Sommer übernehmen die blühenden Tellerhortensien zwischen den Heckenblöcken den dekorativen Part. Über einen gepflasterten Weg, der den Bauerngarten rahmt, gelangt man von der Terrasse in den hinteren, naturnahen Gartenbereich. Er ist als Streuobstwiese im Miniformat mit zwei Apfelbäumchen angelegt. Zwischen Letzteren liegt ein Inselbeet mit Wild- und Sommerblumen. Himbeeren in verschiedenen Sorten und andere Beerensträucher sowie Birnen in Spalierform gedeihen vor der umlaufenden 2 m hohen Holzwand, die diesen Gartenbereich vor Wind schützt und als Sichtschutz für Intimität sorgt.

Morgengruß im Vorgarten

Der formal strukturierte Vorgarten mit einem zweiten kleinen Holzdeck, Eibenhecken und »essbaren« Gehölzen, wie Zierquitte, Felsenbirne und Kornelkirsche, ist ein Aufenthaltsbereich mit angenehmer Morgensonne, der auch als Ort der Kommunikation und nachbarschaftlichen Begegnung geschätzt wird.

HAUPTGARTEN

1 Blutbuchenhecke, 70 cm hoch

2 Hainbuchenhecke, 120 cm hoch

3 Hainbuchenhecke, 2 m hoch

4 Lang gezogene Beete an den Gartengrenzen

5 Genussbeete, rechteckig

6 Gemüse-Hochbeete, quadratisch, in abgestuften Höhen

7 Zierapfel-Hochstämmchen

8 Tellerhortensien

9 Gartenweg, gepflastert

10 Holzdeck als Terrasse

11 Streuobstwiese

12 Apfelbäume

13 Inselbeet

14 Himbeeren und andere Beerensträucher

15 Birnen-Spalier

16 Holzwand als Wind- und Sichtschutz

VORGARTEN

17 Holzdeck

18 Eibenhecke

19 Zierquitte

20 Säulen-Felsenbirne

21 Kornelkirsche

22 Eingangspodest

TERRASSENGARTEN

1 Klinkerpflaster
2 Lavendelhecke
3 Birnbaum 'Schweizer Hose'
4 Spalierobst
5 Bank
6 Gemüsebeete, quadratisch

HAUPTGARTEN

7 Gewächshaus
8 Gemüse-Hochbeete
9 Kräuterinseln
10 Johannisbeer-Spalier
11 Klinkermauer
12 Mediterrane Kräuter und Gehölze wie Olivenbaum, Lorbeer, Zitrone, Oleander, Rosmarin oder Banane im Kübel
13 Laube
14 Clematis
15 Schuppen
16 Kompostplatz
17 Hainbuchen-Hecke
18 Blutbuchen-Heckenblöcke, 1,5 m hoch
19 Kübel mit Funkien

GARTEN 2:

WALLED GARDEN: INNENHOF IN DER STADT

Ein grünes Refugium in der Stadt ist dieser Garten im Innenhof eines Hauses. Er bietet reichlich Gemüse- und Kräuterbeete, einen Sitzplatz vor charmanter Kulisse und sogar ein Gewächshaus sowie eine Laube.

Wer das Glück hat, mitten in der Stadt einen Innenhof als Garten nutzen zu dürfen, kann sich bei der Gestaltung am historischen Beispiel des Walled Garden, einem von Mauern umgebenen Küchengarten, orientieren – so wie hier.

Der Innenhof ist in zwei Bereiche unterteilt. Vor dem Wohnbereich liegt ein sonniger mit Klinkern gepflasterter Terrassengarten, der von einer niedrigen Lavendelhecke gerahmt wird. Mit 60 m² bietet er genug Platz für eine große Gartensitzgruppe, die im Hochsommer durch den kleinen Birnbaum 'Schweizer Hose' angenehm beschattet wird. An den sonnigen Mauern gedeiht das Spalierobst prächtig, und eine Bank mit zwei davor platzierten quadratischen Gemüsebeeten (→ Seite 90) bietet nicht nur ein schönes Ruheplätzchen, sondern beim Blick aus dem Haus auch ein attraktives Gartenbild.

Mit Hochbeet und Gewächshaus

Der nach Süden anschließende Gartenraum hat auf 90 m² alles, was ein Genussgarten braucht. Um ein mittig platziertes kleines Gewächshaus, das im Sommer für den Anbau von Tomaten, Auberginen und Salatgurken genutzt wird, gruppieren sich drei Hochbeete für Gemüse (→ Seite 106) und zwei Kräuterinseln. Die Johannisbeeren werden platzsparend als Spalier an der Klinkermauer gezogen. Auch eine Sammlung frostempfindlicher Kübelpflanzen fände hier, schön in Gruppen arrangiert, ein optimales

Sommerquartier und könnte im Winter ins Gewächshaus umziehen. Eine transparente Laube aus Metall mit Glasdach bietet als Pendant zum Gewächshaus ein luftiges Ruheplätzchen, an dem man sich zwischendurch von der Gartenarbeit erholen kann. Die Laube wird zum Teil malerisch von zwei Clematis berankt.

Vor dem schattigen Mauerabschnitt im Südwesten liegen ein Schuppen für Gartengeräte und ein Kompostplatz, der durch eine Hainbuchen-Hecke zum Garten hin abgeschirmt wird. Drei 1,5 m hohe Heckenblöcke aus Blutbuche und dazwischen platzierte Kübel mit Funkien setzen vor der hell verputzten Mauer Akzente.

Ideal für die Zier- und Nutzpflanzen: ein typischer, durch hohe Backsteinmauern geschützter Walled Garden an einem englischen Landhaus.

GARTEN 3:

ROMANTISCHER COTTAGE-GARTEN

Dies ist ein Gruß aus Jane Austens Welt. Vor der Terrasse liegen Beete im Cottage-Garten-Stil, weiter hinten Inseln mit Sitzplatz bzw. Schnittblumenbeeten. Und der Vorgarten überrascht als romantischer Küchengarten.

Dieser 500 m² große romantische Cottage-Garten bietet vielfältige Möglichkeiten, um nach traditionellem englischem Vorbild den Charme malerischer Beetkompositionen aus Zier- und Nutzpflanzen zu verwirklichen, ohne dabei das Praktische und Notwendige zu vernachlässigen. Gartenliebhaber mit einem Hang zu Nostalgie und Romantik kommen hier voll auf ihre Kosten und können sich mit Sommerblumen, Stauden und Rosen und natürlich beim Gemüseanbau nach Herzenslust ausleben.

Die sehr großzügige Terrasse dient im Sommer als Wohnzimmer im Grünen und bietet ausreichend Platz für einen großen Tisch, an dem bis zu zwölf Personen sitzen können. Für Liegestühle und Kübelpflanzen wäre auch noch genug Platz vorhanden. Die mit Sandsteinblöcken terrassierten Beete vor der Terrasse sind als Genussbeete bepflanzt (→ Seite 118). Das kleine Gewächshaus und ein Frühbeet sind über die Terrasse oder über die Rasenfläche erreichbar.

Herbstlich bunter Bauern- oder Cottage-Garten mit charakteristischen Zaunelementen und Stauden in Kombination mit Gemüse.

Einladende Gartenräume

Ein runder Sitzplatz mit geschwungenem Hochbeet für Kräuter (→ Seite 104, 110) und ein Inselbeet als Schnittblumengärtchen (→ Seite 94), das von einer Lavendelhecke mit Kiesweg gerahmt wird, liegen als eigenständige Gartenräume im Rasen. Durch den Schnittblumengarten führt ein Rasenweg, sodass zwei Beethälften entstehen, die über den angrenzenden, von Lavendelstreifen gerahmten Kiesweg von allen Seiten erschlossen sind.

Eine große gemischte Rabatte mit Rosen und Stauden liegt vor der südlichen Hauswand und ist ein schöner Begleiter für den geschwungenen Weg aus polygonalen Natursteinplatten, über den man in den vorderen Garten gelangt. Der Kompostbereich liegt versteckt hinter dem Pflaumenbaum, Kornelkirsche, Holunder- und Haselnusssträuchern.

Der sonnige Vorgarten ist als Küchengarten angelegt, der von einem weißen Staketenzaun eingegrenzt wird (→ Seite 122). Die Holzwand entlang der Auffahrt ist für Spalierobst vorgesehen.

HAUPTGARTEN

1 Terrasse
2 Genussbeete, mit Sand-
    steinblöcken terrassiert
3 Gewächshaus
4 Frühbeet
5 Rasen
6 Runder Sitzplatz
7 Kräuter-Hochbeet
8 Inselbeet mit Schnitt-
    blumen
9 Lavendelhecke
10 Kiesweg
11 Rasenweg
12 Gemischte Rabatte mit
    Rosen und Stauden
13 Weg aus Naturstein-
    platten
14 Kompost
15 Pflaume, Kornel-
    kirsche, Holunder
    und Haselnuss

VORGARTEN

16 Staketenzaun
17 Küchengarten
18 Holzwand mit Spalier-
    obst

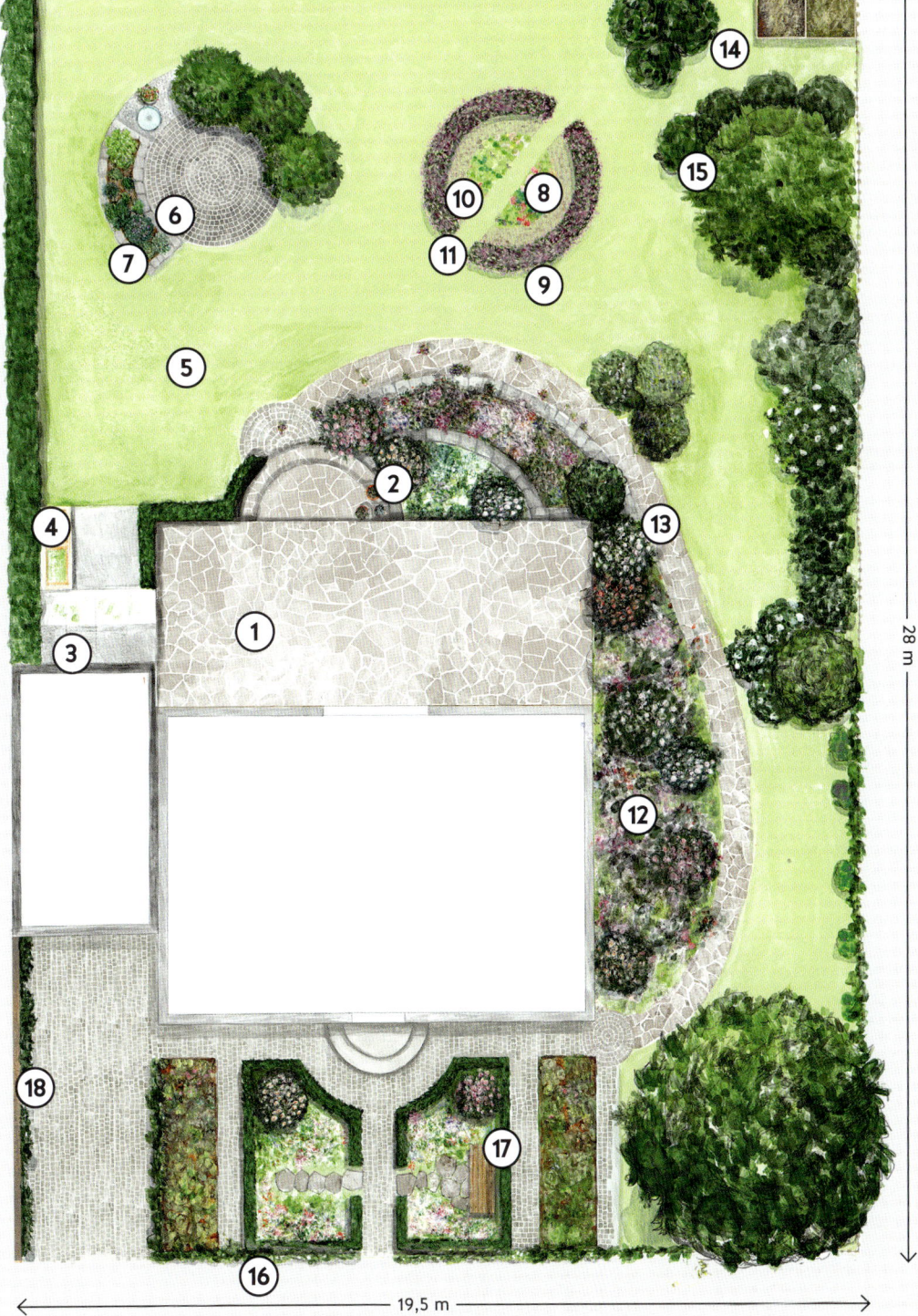

28 m

19,5 m

PFLANZEN FÜR GENUSSGÄRTEN

Es ist erstaunlich, welch wundervolle Pflanzenwelt die Natur aus der Erde hervorbringt, damit wir uns an ihr erfreuen oder sie als Nahrungsmittel nutzen können. Die Palette der Pflanzen für einen Genussgarten ist riesig. Die wichtigsten Informationen zur Kultur und zu Kombinationsmöglichkeiten erleichtern die Qual der Wahl.

VON AUBERGINE BIS ZICHORIE

Rundum verführerisch – dieses Etikett gilt für die meisten Gemüsepflanzen. Denn sie verwöhnen uns nicht nur mit köstlichem Geschmack und gesunden Vitaminen, sondern sind im Gartenbeet oft auch ein echter Hingucker.

Sie sind verlockend: die bunten Samentütchen ausgefallener, seltener Gemüsesorten oder essbarer Blumen. Wer möchte sie nicht im eigenen Garten ausprobieren? Beispielsweise knackigen Radicchio und weinrot getupfte Salatköpfe. Daneben wachsen vielleicht intensiv duftende Levkojen, deren Blüten in der Küche als Dekoration auf dem Salat dienen.

Gemüse ist wieder modern. Rote Bete, Topinambur, scharfe Jalapeños und Pastinaken gelten als schick und sind Ausdruck einer neuen frischen Lebensphilosophie moderner junger und jung gebliebener Menschen. Um heutzutage eine Chance im modernen Genussgarten zu haben, muss das Gemüse nicht nur gesund sein oder sogar Superfood-Qualitäten aufweisen, sondern natürlich auch möglichst lange gut aussehen. Denn Gemüsebeete stehen immer öfter im gestalterischen Fokus, nicht nur wenn wenig Platz vorhanden ist wie auf der Terrasse, dem Dachgarten oder auf dem Balkon.

Wenn man genau hinschaut, überraschen viele Gemüsepflanzen mit vielfältigen ästhetischen Details. Das Laub von Salaten, Kohl oder Spinat bietet eine bunte Farbpalette, mit der man Pflanzenbilder auf den Beeten malen kann. Stiele und Früchte in vielerlei Form erweitern den Gestaltungsspielraum. Bunte leuchtend orangene Mangoldstiele, Staudensellerie 'Giant Red' mit weinroten Stangen und Paprikaschoten in zartem Violett warten darauf, entdeckt zu werden. Allein das grüne gezackte Laub und die rötlichen Stiele der Mairübchen 'Purple Top Milan' wirken bereits sehr dekorativ, die Krönung sind jedoch die schmackhaften violetten Knollen, die sie gut sichtbar über dem Boden zeigen.

Auch Gemüseblüten haben Ausdruckskraft – etwa die violetten Brokkoli-Röschen, weiße, grüne oder violette geschlossene Blütenstände des Blumenkohls, schießender Salat mit gelben Korbblüten oder die riesigen orangen Kürbisblüten sowie violette Bohnenblüten. Viele Gemüsepflanzen lassen sich sogar zu wunderschönen Blumensträußen binden wie Amaranth, Dill, Zwiebeln, Mangold und Salat.

KREATIVE VIELFALT

Das Besondere an Genussbeeten ist, dass sie die Kreativität immer wieder herausfordern. Die große Sortenvielfalt der Gemüsearten lässt sich allerdings nur erleben, wenn man die Pflänzchen aus Samen selber heranzieht, sie anschließend pflegt und hegt, bis man sie ernten kann, denn beim Gärtner oder auf dem Markt vorgezogen gibt es sie meist nicht zu kaufen.

Da die meisten Gemüsearten bei uns einjährig sind, ist jedes Jahr aufs Neue Ihre Fantasie gefragt, um neue attraktive Kombinationen nach den Regeln des Gemüseanbaus zu kreieren. Oft beginnt dann schon im Winter das Vorziehen der Gemüsepflänzchen auf der Fensterbank oder im Gewächshaus.

Oben: Die purpurviolette Blumenkohlrarität 'Graffiti' wirkt nicht nur spektakulär im Beet, sondern hat auch ein besonders intensives Aroma.
Links: Schwung im Gemüsebeet: Lauch, Möhren, Rot- und Weißkohl.

135

KOPFSALAT

Lactuca sativa var. *capitata* (Korbblütler)

PFLANZABSTAND 20–30 cm   **KULTURDAUER** kurz

Verschiedene Kulturformen: Eisbergsalat mit runden, sehr festen Köpfen, Bataviasalat mit geöffneten, lockeren Köpfen.

KULTUR Boden locker; vorziehen oder Direktsaat und vereinzeln; nicht zu tief pflanzen; schießt bei Wärme, Vor-, Zwischenkultur

SORTEN 'Merveille des quatre saisons': ganzjährig; 'Roter Butterhäuptl Maribor', 'Maiwunder': Wintersorten; Eisbergsalat 'Grazer Krauthäuptel 2'

ERNTE/VERWENDUNG meist als ganzer Kopf; als Salat

PARTNER mit den meisten Gemüsen gut verträglich, Horn-Veilchen, Zinnien, Gartenprimel, Heuchera, Steppensalbei, Scheinsonnenhut

SCHNITT- UND PFLÜCKSALAT

Lactuca sativa var. *crispa* (Korbblütler)

PFLANZABSTAND 20–35 cm   **KULTURDAUER** kurz

Nachwachsend für eine kontinuierliche Ernte, bildet meist keine Köpfe bis auf 'Lollo Rosso' und 'Eichblatt', sondern offene Blattrosetten.

KULTUR Lichtkeimer, Samen nur leicht mit Erde bedecken, Direktaussaat in Reihen, dann eventuell ausdünnen oder im Frühbeet vorziehen

SORTEN 'Teufelsohren Hussard': rot gezeichnete längliche Blätter; 'Amerikanischer Brauner': spät schießend; 'Red Salatbowl': gekrauste Blätter

ERNTE/VERWENDUNG ab ca. 10 cm Höhe nach Bedarf Blatt für Blatt ernten oder oberen Teil abschneiden, Herz nicht verletzen

PARTNER Vor-, Zwischen- und Nachkultur, mit den meisten Gemüsen gut verträglich, Zwischenkultur für Kohl

ROMANASALAT/RÖMERSALAT

Lactuca sativa var. *longifolia* (Korbblütler)

PFLANZABSTAND 20–30 cm   **KULTURDAUER** kurz

Robust und schnellwüchsig. Bildet geschlossene, länglich ovale Köpfe.

KULTUR Boden locker, humusreich, gut für Sommerkultur, da schossfest; Saat nur leicht mit Erde bedecken, fest andrücken

SORTEN 'Forellenschluss': knackig, rötlich getupfte Blätter; 'Counter': schossfest, kleine grüne Köpfe; 'Ovired': dunkelrot

ERNTE/VERWENDUNG als Salat oder gekocht bzw. gedünstet

PARTNER feinblättrige Salate, Kohlrabi, rotlaubiges Basilikum, Buschbohnen, Erdbeeren, Süßdolde, Jungfer im Grünen, Funkien

ZICHORIENSALAT

Cichorium intybus var. *foliosum* (Korbblütler)

PFLANZABSTAND 20–40 cm   **KULTURDAUER** kurz bis mittel

Salatgruppe mit unterschiedlich bitterem Geschmack.
KULTUR je nach Sorte frostfest bis ca. -5 °C, gut zur Nachkultur;
Langtagspflanze: Aussaat nicht vor Mitte Juni (schießt sonst),
1 cm tief, direkt ins Beet, später vereinzeln oder vorziehen
SORTEN Endivie: 'Myrna', 'Bubikopf'; Zuckerhut: 'Uranus'; Radicchio: 'Variegata di Castelfranco', 'Palla Rossa'
ERNTE/VERWENDUNG Herbst/Winter; Salat, gekocht, gedünstet
PARTNER Stielmangold, Wintersalate, Kohlrabi, rotlaubiges Basilikum, Süßdolde, Jungfer im Grünen

FELDSALAT

Valerianella locusta (Baldriangewächse)

PFLANZABSTAND 10–15 cm (Reihe)   **KULTURDAUER** kurz

Sehr vitaminreich, leicht zu kultivieren, hohe Frosttoleranz.
KULTUR lockerer Boden, Aussaat Ende Juli bis Oktober sowie Februar bis März, nicht zu tief, gut andrücken, eventuell ausdünnen
SORTEN 'Vollhart 3'; 'Vit'
ERNTE/VERWENDUNG dicht über dem Boden abschneiden, nicht bei Frost, möglichst bis April abernten; roh als Salat
PARTNER flinker Bodendecker zwischen Wintergemüse; Erdbeeren, Zichorien

SALATRAUKE/ASIA-SALAT

Eruca sativa/Brassica juncea (Kreuzblütler/Kohlgewächse)

PFLANZABSTAND 10–15 cm   **KULTURDAUER** kurz/ausdauernd

Die Sorten des Asia-Salats haben den würzig-scharfen leicht bitteren Geschmack mit der Salatrauke gemeinsam.
KULTUR jeder Boden; in Reihen ab Ende März ins Freiland säen, Frühjahrs- und Herbstkultur; zeitlich gestaffelte Aussaat
ARTEN/SORTEN Wilde Rauke *(Diplotaxis tenuifolia):* mehrjährig; Asia-Salat 'Mizuna': grünlaubig; 'Rouge Metis', 'Red Giant': rot
ERNTE/VERWENDUNG Rauke roh im Salat; junge Asia-Salate roh, ausgewachsene gekocht, gedünstet und in Wok-Gerichten
PARTNER Feldsalat, Spinat, Kopf- und Römersalate, Gartenmelde

MANGOLD

Beta vulgaris subsp. *vulgaris* (Fuchsschwanzgewächse)

PFLANZABSTAND 20–30 cm   **KULTURDAUER** mittel

Mangold ist eine zweijährige alte Kulturform der Rübe. Er hat einen sehr hohen Vitamin- und Mineralstoffgehalt. Man unterscheidet Blattmangold und Stielmangold mit Stielen in leuchtenden Farben.
KULTUR Boden locker, tiefgründig, humus- und nährstoffreich; leicht anzubauen, ab April bis August direkt ins Beet säen, junge Pflanzen vereinzeln oder ausdünnen
SORTEN 'Charlie': Baby-Leaf; 'Rhubard Chard': rote Stiele; 'Selektion Sunset': gelborangene Blattrippen; 'Weißer Silber': weiße breite Stiele; 'Bright Lights'
ERNTE/VERWENDUNG Ernte Juni bis November; beim Stielmangold äußere Blätter samt Stiel an der Basis ausbrechen, so wachsen aus dem Herzen neue Blätter nach. Stiele wie Spinat kochen oder dünsten. Wegen des hohen Oxalsäuregehalts nicht roh verzehren; im zweiten Jahr hübsche Blüten
PARTNER Buschbohnen, Hülsenfrüchte, Fenchel, Radieschen, Kohlrabi, Kohl, Möhren, Rettich

SPINAT

Spinacia oleracea (Gänsefußgewächse)

PFLANZABSTAND 10 cm/20 cm (Reihe)   **KULTURDAUER** kurz

Spinat ist ein anspruchsloses, rosettenartig wachsendes Blattgemüse, das bei uns ab dem späten Mittelalter die Gartenmelde und den Guten Heinrich verdrängt hat. Dient im Genussgarten als Blattschmuckgemüse und Flächenfüller.
KULTUR Boden durchlässig, sandig-lehmig. humusreich.; bei Trockenheit wässern; Frühkultur Ende Februar bis Mai; Spätkultur August bis September; schossfeste Sorten auch im Sommer; in Reihen oder breitwürfig direkt ins Beet, Saattiefe 1–2 cm
SORTEN 'Columbia': Sommer; 'Reddy', 'Mikado': schossfest
ERNTE/VERWENDUNG 5–7 Wochen nach der Aussaat; äußere Blätter am Ansatz abschneiden, Herz stehen lassen für zweite Ernte, schießt im Sommer leicht; vitaminreiches Gemüse zum Dünsten oder als zarte Baby-Leaf-Blätter im Salat
PARTNER Zwischen-. Vor- und Nachkultur für Starkzehrer, Lückenfüller; Tomaten, Stangenbohnen, Kohl, Mairübchen, Kohlrabi, Grünkohl

NEUSEELÄNDISCHER SPINAT   H

Tetragonia tetragonioides (Mittagsblumengewächse)

PFLANZABSTAND 30 cm   **KULTURDAUER** lang

Buschig wachsende, kälteempfindliche Pflanze. Im Sommer ein idealer Ersatz für echten Spinat, braucht aber mehr Platz.
KULTUR vorziehen und ab Mitte Mai auspflanzen oder ab Mitte April direkt ins Beet säen; sehr lange Keimdauer; stets gut feucht halten, regelmäßig organisch düngen
ERNTE/VERWENDUNG junge Triebspitzen ab Ende Juni bis zum ersten Frost roh im Salat oder gedünstet verzehren
PARTNER als Bodendecker unter Obstgehölzen und Tomaten oder wie Sommerblumen zwischen Stauden

ECHTER ERDBEERSPINAT  V Z H N

Chenopodium foliosum (Gänsefußgewächse)

PFLANZABSTAND 25–30 cm (Reihe)   **KULTURDAUER** kurz bis lang

Bis zu 70 cm hohe Pflanze mit erdbeerähnlichen Früchten, die zum Dekorieren und Naschen einladen, und spinatähnlichen Blättern.
KULTUR ab März bis Juni nicht zu dicht in Reihen ins Freiland säen
ARTEN ähnlich: Kopferdbeerspinat (*Chenopodium capitatum*)
ERNTE/VERWENDUNG junge Blätter nach ca. acht Wochen, Herz für Neuaustrieb stehen lassen, später einzelne Blätter, Pflanzen zur Blüte kommen lassen. Früchte ab August ausgereift
PARTNER Sommerblumen, blühender Salat oder Melde, Baumspinat, Rosenkohl, Gartenmelde

BAUMSPINAT  V Z H

Chenopodium giganteum (Gänsefußgewächse)

PFLANZABSTAND 40 cm (Reihe)   **KULTURDAUER** kurz, lang

Kann bis zu 3 m hoch werden und beeindruckt mit Blattunterseiten in Magenta sowie hübschen Blütenständen.
KULTUR Boden humos, nährstoffreich; Aussaat breitwürfig oder in Reihen von April bis Mai ins Freiland, samt sich aus
ARTEN Ausdauernder Baumspinat (*Fagopyrum cymosum*)
ERNTE/VERWENDUNG 15–20 cm hohe Pflänzchen wie Spinat ernten oder Triebspitzen auskneifen und roh verwenden; ältere Blätter dünsten
PARTNER Zwischenkultur für Salat oder Kohl; Solitär zwischen Stauden

MEERKOHL

Crambe maritima (Kreuzblütengewächse)

PFLANZABSTAND 50 cm   **KULTURDAUER** ausdauernd

Der Meerkohl ist eine mehrjährige Staude und in unseren Gärten eher selten zu finden. Er wurde früher wegen seiner aufwendigen Kultur als Bleichgemüse nur in Küchengärten begüterter Liebhaber kultiviert und kommt wild noch heute an verschiedenen Küsten Europas vor. Mit dem rötlich violetten Austrieb, dem blaugrauen kohlartigen Laub und den von Mai bis Juli erscheinenden weißen, duftenden Blütenrispen ist er eine Zierde.

KULTUR Boden gut durchlässig, tiefgründig, nicht zu nährstoffreich, am besten fertige Pflanzen kaufen; erst durch mehrwöchiges Bleichen unter einer tönernen Glocke mit Deckel wird der herb aromatisch schmeckende Meerkohl genießbar

ERNTE/VERWENDUNG zwei bis drei Ernten im Frühjahr ab 20 cm Sprosshöhe; ungeschält wie Spargel zubereiten, junge Blätter wie Kohl zubereiten, brokkoliartige Blütenansätze roh und gekocht verwenden

PARTNER Klatschmohn, Zinnien, Narzissen, Kopfkohl

ROTER MALABARSPINAT

Basella alba var. *rubra* (Seidenpflanzengewächse)

PFLANZABSTAND 30 cm/1 m (Reihe)
KULTURDAUER lang

Diese Variante des aus Indien stammenden Malabarspinats, auch Ceylon-Spinat genannt, ist mit ihren purpurroten Stielen und dickfleischigen Blättern eine schmackhafte, spinatähnliche, sehr dekorative Rankpflanze mit bis zu 3 m langen Trieben.

KULTUR Boden warm, geschützt, locker, feucht; ab Mitte April vorziehen, ab Ende Mai ins Freiland auspflanzen; auf dem Boden kriechend, kletternd oder als Ampelpflanze; Kletterhilfe aus gespannten Schnüren, Weidenruten oder Zäunen

ARTEN *Basella alba*: grüne Blätter und Ranken

ERNTE/VERWENDUNG von herangewachsenen Pflanzen Blätter oder ganze Triebe bis zum Beginn der Blüte ernten und roh oder gekocht verzehren

PARTNER Auberginen, Clematis, Duftwicken

KÖRNER-AMARANTH ☀ ◐ ⛊ N
Amaranthus hypochondriacus/A. cruentus
(Fuchsschwanzgewächse)

PFLANZABSTAND 40 cm   **KULTURDAUER** lang

Sehr dekorative Solitär- und Gruppenpflanze.
KULTUR ab Mitte Mai breitwürfig direkt ins Beet säen und
später bei Bedarf vereinzeln
SORTEN 'Rio San Lorenzo': grün; 'Hopi Red Dye': rot
ERNTE/VERWENDUNG junge Triebspitzen regelmäßig für
Smoothies und Salate ernten oder dünsten; die Körner sind
aufgepoppt eine gesunde glutenfreie Zutat fürs Müsli
PARTNER Mangold, Rhabarber, Dahlien, Malven, Astern

SPARGEL ☀ ⛊ H
Asparagus officinalis (Spargelgewächse)

PFLANZABSTAND 40–50 cm   **KULTURDAUER** lang; bis 10 Jahre

Man unterscheidet Bleichspargel und den leichter zu kultivierenden Grün-
spargel. Erntet man Spargel nicht, bildet er fein gefiedertes Laub.
KULTUR lockerer, sandiger Lehmboden, nährstoffreich; vorziehen oder
Wurzelstöcke kaufen; Bleichspargel in ca. 20 cm tiefe Gräben setzen und
mit 5 cm Erde bedecken; im Folgejahr den Graben Schritt für Schritt auf-
füllen und einen Erdwall anhäufen. Grünspargel ohne Erdwall anbauen
SORTEN 'Argenteul'; 'Burgundine'; Grünspargel: 'Huchels Schneewittchen'
ERNTE/VERWENDUNG ab dem 3. Standjahr; von Mai bis Ende Juni grünen
Spargel über dem Boden abschneiden, Bleichspargel im Boden abstechen
PARTNER auch als Solitär mit Melde, Buschbohnen, Erdbeeren, Stauden

RHABARBER ☀ ◐ ⛊ H
Rheum rhabarbarum (Knöterichgewächse)

PFLANZABSTAND 100 cm   **KULTURDAUER** lang, bis 10 Jahre

Eindrucksvolle Pflanze dank ornamentaler Blätter, oft rötlich überlaufener
Stiele und prächtiger cremeweißer Blüten im Mai.
KULTUR Boden feucht humos, nährstoffreich, aus Samen ziehen; Ableger
oder Pflanze kaufen; Knospen möglichst bald am Grund ausdrehen
SORTEN 'Frambozen Rood': spät; 'Holsteiner Blut': Stiele rot
ERNTE/VERWENDUNG April bis Juni nach Bedarf; Stiele mit Blatt am Ansatz
ausdrehen, für Kompott Marmelade oder Saft; roh giftig
PARTNER Obstgehölze; Funkien, Sauerampfer, Meerrettich, Walderdbeeren

WEISSKOHL

Brassica oleracea var. *capitata* f. *alba* (Kreuzblütengewächse)

PFLANZABSTAND 30–60 cm   KULTURDAUER lang

Weißkohl ist mit seiner langen Kulturdauer und den festen, runden oder zuge-spitzten Köpfen ein ausdrucksstarkes Element im Genussbeet.

KULTUR Boden tiefgründig, lehmig-humos, feucht, nährstoffreich; Fruchtwech-sel; Vorziehen im Frühbeet ab Februar; ab April bis Mitte Juni ins Freiland

SORTEN 'Delfter Spitz Express': früh, fest mit stumpfer Spitze; 'Rivera F1': kleine dunkelgrüne Köpfe; 'Dithmarscher': bewährter Dauerkohl, sehr früh

ERNTE/VERWENDUNG Ernte von September bis Ende November; junge Köpfe ab Juni für Rohkost; zur Lagerung mit Strunk ernten; nach Frosteinwirkung ist der Kohl schmackhafter

PARTNER Schwarzwurzel, Salate, Lauch, Sellerie, Rote Bete, rothülsige Kapuzi-nererbse 'Blauwschokker', andere Kohlarten, weiße Tagetes, Dahlien, Chrysan-themen, Scheinsonnenhut, Zwerg-Gladiolen

ROTKOHL

Brassica oleracea var. *capitata* f. *rubra* (Kreuzblütengewächse)

PFLANZABSTAND 30–60 cm   KULTURDAUER lang

Farbenfrohes Herbst- und Wintergemüse. Bildet je nach Witterung als junge Pflanze oder im folgenden Frühling gelbe oder cremeweiße Blütenstände.

KULTUR Wie beim Weißkohl; April/Mai mit Netzen abdecken (Schädlinge)

SORTEN 'Kalibos': spitz kegelförmig; 'Amarant': sehr früh, kleiner, fester Kopf; 'Langedijker Lager': tiefrote ovale Köpfe; 'Schwarzkopf': anspruchslos

ERNTE/VERWENDUNG wie beim Weißkohl, junge zarte Blätter für Salat

PARTNER andere Kohlarten, zwischen Stauden und Gemüsen oder in Reihen, geschwungenen Bändern oder Kreisen in Kombination mit Sommerblumen

WIRSING

Brassica oleracea var. *sabauda* (Kreuzblütengewächse)

PFLANZABSTAND 30–60 cm   KULTURDAUER lang

Wirsing fällt durch seine in sich gekräuselten Blätter mit ausgeprägten Blattrippen auf. Er bildet nicht so feste Köpfe und ist schnellwüchsiger.

KULTUR wie Weiß- und Rotkohl

SORTEN Sommer/Herbst: 'Westländer': stark gekraust; 'Marner Frühkopf'; 'Vorbote'; Winter/Vorfrühling: 'Verza S. Michele': violette Zeichnung; 'Vio-laceo di Verona': rotviolett; 'Blumendahls Gelber Butterwirsing': goldgelb

ERNTE/VERWENDUNG/PARTNER wie Weiß- und Rotkohl

ROSENKOHL

Brassica oleracea var. *gemmifera* (Kreuzblütengewächse)

PFLANZABSTAND 50 cm   KULTURDAUER lang

Wintergemüse mit imposanter Erscheinung.
KULTUR Boden tiefgründig, sandig-lehmig, nährstoffreich; Jungpflanzen ab Mitte Mai ins Beet; Haupttriebspitze im September kappen
SORTEN 'Red Bull': rot, süßlich mild, spät; 'Falstaff': rotviolett; 'Flower Sprout Autumn Star': gekrauste Röschen; 'Roodnerf': grün, spät
ERNTE/VERWENDUNG je nach Sorte September bis Februar; gekocht oder in Olivenöl geschmort
PARTNER Sonnenhut, Rittersporn, Phlox, Rote Melde, Grünkohl, Kartoffeln, Spinat, Erbsen, Endiviensalat

BLUMENKOHL

Brassica oleracea var. *botrytis* (Kreuzblütengewächse)

PFLANZABSTAND 50 cm   KULTURDAUER lang

Der mild schmeckende bekömmliche Blumenkohl ist sehr dekorativ.
KULTUR Boden nährstoffreich, neutral; ab Ende Januar im Gewächshaus vorziehen; ab März ins Beet; regelmäßig gießen und nachdüngen
SORTEN 'Veronica': grün; 'Graffiti': magenta, Spätsommer; 'Cheddar': orange; 'Erfurter Zwerg': weiß, früh; 'Multi-Head': viele Nebenblumen
ERNTE/VERWENDUNG Bei geschickter Sortenwahl Ernte von Frühling bis Winter. Röschen kochen, dünsten oder als Rohkost
PARTNER Palmkohl, Rotkohl, Dill, Puffbohnen, rotstieliger Sellerie, Sonnenhut, Herbst-Chrysantheme

BROKKOLI

Brassica oleracea var. *italica* (Kreuzblütengewächse)

PFLANZABSTAND 40–50 cm   KULTURDAUER lang

Beim Brokkoli unterscheidet man Sprouting-Sorten, die mehrere kleine Köpfchen ausbilden, und Calabrese-Sorten mit einem größeren Kopf.
KULTUR Boden humos, sehr nährstoffreich, frisch gedüngt; Anzucht ab Februar im Mistbeet, nach ca. fünf Wochen ins Beet setzen, Schutz vor Spätfrösten
SORTEN Winterbrokkoli 'Early Purple Sprouting': violett; 'Verde Calabrese': zahlreiche Nebentriebe
ERNTE/VERWENDUNG je nach Sorte zwischen Juni und Anfang September
PARTNER Oregano, Endiviensalat, Sibirischer Kohl (*Brassica napus* var. *pabularia*) mit violett gezeichneten Blättern, Süßdolde, Löwenmäulchen, Zinnien

GRÜNKOHL

☀ ◐ ▭ ▭ H N

Brassica oleracea var. *sabellica* (Kreuzblütengewächse)

PFLANZABSTAND 50 cm   KULTURDAUER lang

Grünkohl ist ein vitaminreiches Wintergemüse, das bereits im Sommer als auffällige Leitpflanze Struktur ins Genussbeet bringt.

KULTUR Boden humus- und nährstoffreich; Mitte Mai bis Anfang Juli direkt ins Beet, Saattiefe 2 cm, später vereinzeln; Anbau im Kübel möglich

SORTEN 'Lärchenzunge': halbhoch, grün, sehr stark gekraust; 'Redbor': bis 80 cm hoch, intensiv rotviolett

ERNTE/VERWENDUNG Oktober bis Februar, Blätter möglichst erst nach den ersten Frösten vom Strunk schneiden, schmecken so aromatischer; fein gezupft roh als Salat

PARTNER Palmkohl, Spitzkohl, Tomaten, Borretsch

HELGOLÄNDER WILDKOHL/KLIPPENKOHL

☀ ▭ ▭ H

Brassica oleracea var. *oleracea* (Kreuzblütengewächse)

PFLANZABSTAND 60–80 cm   KULTURDAUER zwei- bis mehrjährig

Der ausdauernde Blattkohl wächst an den Klippen der Nordseeinsel. Die in allen Teilen sehr schmackhafte Staude mit hübschen gelben Blüten und blaugrünem Laub fühlt sich auch im Garten wohl.

KULTUR Boden nährstoffreich, gut durchlässig, nicht zu trocken; sonst anspruchslos; ab Ende Februar im Frühbeet vorziehen und im Mai ins Beet setzen

ERNTE/VERWENDUNG junge Triebe roh als Salat, Blütenstände wie Gemüse zubereiten, ältere Blätter werden wie Kohl geschmort oder gekocht

PARTNER Scheinsonnenhut, Stauden-Sonnenblume, Schafgarbe, Sonnenbraut oder Sommerblumen wie Schmuckkörbchen, Gladiolen

PALMKOHL/SCHWARZKOHL

☀ ▭ H

Brassica oleracea var. *palmifolia* (Kreuzblütengewächse)

PFLANZABSTAND 40–50 cm   KULTURDAUER lang

Dank dem palmenartigen Wuchs bleibt noch Platz für andere Pflanzen.

KULTUR Boden frisch, nährstoffreich; Vorziehen ab März im Frühbeet, ab Mitte April ins Beet setzen; ab April direkt ins Freiland säen

SORTEN 'Nero di Toscana': graugrün; 'Black Magic': sehr kompakt

ERNTE/VERWENDUNG ab Mai bis Februar Blatt für Blatt von unten; junge Sommerblätter für Rohkost und Smoothies, später kochen oder dünsten

PARTNER andere Kohlarten, Lauch, Mangold, Indianernessel, Pimpinelle, Zier-Lauch, hohe Sommerblumen.

EWIGER KOHL/STAUDENKOHL ☼ ◐ ● ⌣ H

Brassica oleracea var. *ramosa* (Kreuzblütengewächse)

PFLANZABSTAND 50 cm   KULTURDAUER ausdauernd

Ewiger Kohl liefert das ganze Jahr über neue Blätter mit mildem Geschmack und vielen Vitaminen.

KULTUR Boden nährstoffreich, humos, frisch; regelmäßig düngen; Vermehrung durch Stecklinge; bei Bedarf Rückschnitt

ARTEN Weißbunter Staudenkohl (*B. oleracea* var. *acephala*)

ERNTE/VERWENDUNG ganzjährig junge einzelne Blätter abschneiden; wie andere Kohlarten zubereiten

PARTNER Sommerblumen, zwischen Halbschattenstauden wie Frauenmantel, Fingerhut (giftig), Tränendes Herz, Funkien

KOHLRABI ☼ ◐ ⌣ V Z N

Brassica oleracea var. *gongylodes* (Kreuzblütengewächse)

PFLANZABSTAND 25–30 cm   KULTURDAUER kurz

Ein schnell wachsendes, leckeres und attraktives Frühgemüse.

KULTUR Boden neutral, nährstoffreich; frühe Sorten ab Ende Februar frostfrei vorziehen, auspflanzen ab Mitte März, bei Frost mit Vlies schützen; ab Ende März Aussaat direkt ins Beet; gut wässern

SORTEN 'Blaro': schnellwüchsig, blau; 'Azur Star': blauviolett, sehr früh; 'Lanro': weiß, für Früh- und Herbstanbau

ERNTE/VERWENDUNG möglichst jung ernten; roh, gekocht oder geschmort

PARTNER Mairübchen, Spinat; als Lückenfüller im Staudenbeet, zwischen niedrigen Sommerblumen

SIBIRISCHER KOHL ☼ ◐ ⌣ H

Brassica napus var. *pabularia* (Kreuzblütengewächse)

PFLANZABSTAND 40–50 cm   KULTURDAUER lang

Mild schmeckender Blattkohl mit lockerer Wuchsform und krausrandigen, violett gezeichneten Blättern. Er ist ein gutes Wintergemüse.

KULTUR Boden nährstoffreich; Aussaat ab April bis Mai ins Frühbeet, nach 4–6 Wochen ins Beet setzen; Direktsaat in Reihen im Frühsommer für Schnittkohl möglich

ERNTE/VERWENDUNG an frostfreien Tagen Blätter von unten ernten, junge Kulturen komplett schneiden, ohne das Herz zu verletzen

PARTNER rotlaubige Blattgemüse wie Gartenmelde, Grünkohl, Kohlrabi, Radicchio, Blutampfer, Speisechrysantheme, Rittersporn

MÖHRE/KAROTTE

☼ ☕ V H N

Daucus carota subsp. *sativus* (Doldenblütler)

PFLANZABSTAND 3–5 cm/25 cm (Reihe) **KULTURDAUER** mittel

Hellgrünes gefiedertes Laub bildet schöne Kontraste in Genussbeeten. Die Wurzeln gibt es in vielfältigen Farbvariationen und Formen.
KULTUR Boden tiefgründig, locker, kein frischer Dünger; Aussaat frühe Sorten ab Ende Februar unter Vlies, späte bis Mitte Juli ins Beet; evtl. ausernten
SORTEN 'Küttiger Rüebli': früh, Wurzel kurz, weiß; 'Harlequin Mix': diverse Sorten; 'Pariser Markt': früh, rund, süß; 'Purple Haze': spät, rotviolett, innen orange, resistent gegen Möhrenfliege
ERNTE/VERWENDUNG nach Bedarf aus der Erde ziehen, Laub abdrehen
PARTNER Lauch, Zier-Lauch, Schnittlauch, Salat, Kohlrabi, rote Zwiebeln

RADIESCHEN

☼ ☽ ☕ V Z N

Raphanus sativus var. *sativus* (Kreuzblütengewächse)

PFLANZABSTAND 4–5 cm/15 cm (Reihe) **KULTURDAUER** kurz

Mit scharfem retticartigem Geschmack und kurzer Kulturzeit ist das knackige Radieschen ein willkommener Lückenfüller im Beet oder im Balkonkasten. Auch gut zum Markieren von Gemüse mit langer Keimdauer.
KULTUR Boden locker, keinesfalls frisch gedüngt; Aussaat 0,5–1 cm tief ab Ende Februar ins Freiland möglich
SORTEN 'Eiszapfen': 10 cm lange weiße Zapfen, sehr früh, raschwüchsig; 'Zlata': gelb; 'French Breakfast': groß, länglich, weiße Spitze; 'Cherry Belle': rot für Frühjahr und Herbst
ERNTE/VERWENDUNG frisch nach Bedarf; nur als Rohkost
PARTNER Salat, Spinat, Mairübchen, Möhren, Mangold, Tomaten, Kohl

PASTINAKE

☼ ☕ H

Pastinaca sativa (Doldenblütler)

PFLANZABSTAND 10 cm/30–50 cm (Reihe) **KULTURDAUER** lang

Die mild schmeckende Pastinake war vor der Einführung der Kartoffel bei uns ein Grundnahrungsmittel. Heute wird sie gerade wieder entdeckt.
KULTUR Boden tiefgründig, locker; Aussaat März bis April oder Mai, 1–2 cm tief; lange Keimdauer, Markierungssaat sinnvoll
SORTEN 'Schleswiger Schnee': sehr wüchsig; 'Suttens Student': gut frosthart
ERNTE/VERWENDUNG ab Oktober bei offenem Boden mit der Grabegabel anheben; in der Küche wie Möhren, Wurzelpetersilie oder Kartoffeln
PARTNER Zwiebeln, Schalotten, Radieschen, Mairübchen, Salate, Rote Bete

SELLERIE

☀ ◐ ⬿ H

Apium graveolens (Doldenblütler)

PFLANZABSTAND 40 cm   KULTURDAUER lang

Man unterscheidet Knollensellerie und Bleich- oder Stangensellerie.
Schnittsellerie mit aromatischem Laub bildet keine Stangen oder Knollen.
KULTUR Boden humos, nährstoffreich, kalkhaltig; Vorziehen ab Februar im
Haus, im Mai nicht zu tief ins Beet auspflanzen, bei Trockenheit wässern
SORTEN 'Darklet': Stangen, sehr früh; 'Giant Red': rote Stangen; 'Alba':
weiße Knollen, lagerfähig, früh; 'Mars': resistent gegen Schorf
ERNTE/VERWENDUNG Knollen ab August bis zum Frost mit der Grabegabel
aus dem Boden lösen; als Rohkost oder gekocht und gedünstet, für Suppen
PARTNER Kopfkohl, Rosenkohl, Brokkoli, Gladiolen, späte Tulpen

FENCHEL

☀ ⬿ H N

Foeniculum vulgare (Doldenblütler)

PFLANZABSTAND 30–40 cm/25 cm (Reihe)   KULTURDAUER mittel

Gewürzfenchel hat filigranes hellgrünes Laub, Gemüsefenchel dekorative
weiße Knollen. Gewürzfenchel ist zweijährig.
KULTUR Boden humos, frisch; wärmebedürftig; vorziehen, Ende Mai
auspflanzen; schossfeste Sorten wählen oder Aussaat im Juli ins Beet
SORTEN 'Rubrum': Gewürzfenchel mit braunrotem Laub; 'Selma': sehr
schossfest; 'Rondo': für ganzjährigen Anbau
ERNTE/VERWENDUNG Knollen nach Bedarf über dem Boden abschneiden,
bevor sie blühen. Gewürzfenchel jederzeit nach Bedarf
PARTNER rotlaubige Salate, Grünkohl, Basilikum, Scheinsonnenhut,
Ixia Miniaturgladiole

ROTE BETE

☀ ◐ ⬿ H N

Beta vulgaris subsp. *vulgaris* var. *vulgaris* (Gänsefußgewächse)

PFLANZABSTAND 10 cm/20 cm (Reihe)   KULTURDAUER lang

Leicht zu kultivierendes Gemüse mit erdigem Geschmack. Nicht nur in Rot,
sondern auch in Gelb, Weiß und in mehrfarbig geringelten Varianten.
KULTUR ab April direkt ins Beet säen oder im Frühbeet vorziehen
SORTEN 'Tonda di Chioggia': weiß-rot geringelt; 'Ägyptische Plattrunde':
früh; 'Baby Beets': ideal für frühe Ernte; 'Bull's Blood': dunkelviolettes Laub
ERNTE/VERWENDUNG junge Blätter als Salatbeigabe, Blattgemüse, ausge-
wachsene Knollen vor dem Frost ernten; roh oder gekocht und geschmort
PARTNER Zuckerschoten, Zwiebeln, Kohlrabi, Fenchel

MAIRÜBCHEN

Brassica rapa subsp. *rapa* var. *majalis* (Kreuzblütengewächse)

PFLANZABSTAND 10 cm/25 cm (Reihe)   KULTURDAUER kurz

Das schnellwüchsige Gemüse wird wegen des leicht scharfen Geschmacks geschätzt. Die Rübchen schauen aus dem Boden und sind sehr dekorativ.
KULTUR Boden gut durchlässig, leicht, frisch; Vorziehen Februar bis April im Frühbeet; Aussaat ins Freiland, ca. 1 cm tief, ab Ende März bis Mai und August bis September; vereinzeln
SORTEN 'Mailänder': weiß bis violett; 'Tokyo Top': reinweiß
ERNTE/VERWENDUNG 4–6 Wochen nach Aussaat; Rohkost oder geschmort
PARTNER Erbsen, Kohl oder Tomaten, Mangold, Spinat, Kopfsalat, Karotten, Stiefmütterchen, Primeln

SCHWARZWURZEL

Scorzonera hispanica (Korbblütler)

PFLANZABSTAND 5–10 cm/25 cm (Reihe)   KULTURDAUER lang

Ein mildes Wurzelgemüse für die kalte Jahreszeit mit rauer schwarzbrauner Haut und langen Blättern. Wenn man einige Pfahlwurzeln den Winter über in der Erde belässt, entwickeln sich im Folgejahr gelbe Korbblüten.
KULTUR Boden tiefgründig, locker, frisch; Aussaat März, 2 cm tief
SORTEN 'Hoffmanns schwarze Pfahl': eine bewährte Sorte mit unverzweigten Wurzeln
ERNTE/VERWENDUNG September bis März bei offenem Boden; mit dem Spaten freilegen oder durch Grabegabel vorsichtig lockern; geschält kochen
PARTNER Kohlrabi, Mairübchen, Möhren, Salate, Narzissen, Schafgarbe, Blutampfer, Rhabarber

HAFERWURZEL

Tragopogon porrifolius (Korbblütler)

PFLANZABSTAND 5–10 cm/35–40 cm (Reihe)   KULTURDAUER lang

Die zweijährige Haferwurzel trägt im folgenden Frühling lila Korbblüten und später »Pusteblumen«. Die Pfahlwurzeln sind ein gutes Wintergemüse.
KULTUR Boden tiefgründig, locker, frisch; Aussaat möglichst im März, 2 cm tief, später vereinzeln
ERNTE/VERWENDUNG November bis März bei offenem Boden; mit dem Spaten seitlich freilegen oder mit Grabegabel lockern; geschält kochen; junge Blätter als Salatzugabe
PARTNER Lauch, Mangold, Ringelblume, Meerrettich

KARTOFFEL

Solanum tuberosum (Nachtschattengewächse)

PFLANZABSTAND 40–50 cm   **KULTURDAUER** mittel, lang

Kartoffeln gibt es in erstaunlich großer Sortenvielfalt.
KULTUR Boden durchlässig, tiefgründig, nährstoffreich; Pflanz-
kartoffeln an hellem warmem Ort vorkeimen, ab April in 10 cm
tiefe Furchen legen; nach und nach bis 20 cm mit Erde anhäufeln
SORTEN 'Rosara': rosa Schale, robust, festkochend, sehr früh;
'Vitelotte': länglich oval, Fleisch und Schale blauviolett
ERNTE/VERWENDUNG Frühkartoffeln ab ca. 10 Wochen nach
dem Legen; späte Sorten im Herbst; roh giftig
PARTNER Auberginen, Bohnenkraut, Bohnen

TOPINAMBUR

Helianthus tuberosus (Korbblütler)

PFLANZABSTAND 50 cm   **KULTURDAUER** ausdauernd

Wintergemüse mit kartoffelähnlichen, nussig schmeckenden
Knollen und dekorativen gelben Korbblüten; Bienenweide.
KULTUR Boden lehmig, schwer; Knollen im Frühjahr ca.
10 cm tief in den Boden setzen; sehr ausbreitungsfreudig
SORTEN 'Gute Gelbe': alte, sehr schmackhafte Sorte mit gro-
ßen Knollen; 'Waldspindel': rote Knolle, bis 3 m hoch
ERNTE/VERWENDUNG Knollen ab Mitte Oktober bis März
ausgraben; roh gerieben im Salat oder gekocht wie Kartoffeln
PARTNER Dahlien, Astern; als Sicht- oder Windschutz

SÜSSKARTOFFEL

Ipomoea batatas (Windengewächse)

PFLANZABSTAND 30–40 cm   **KULTURDAUER** lang

Tropische Winde mit süßlich schmeckenden knollenartigen
Speicherorganen in Orange, Rötlich, Weiß bis Violett.
KULTUR Boden sandig, humusreich, locker, frisch; ab Januar Vor-
kultur im Haus aus Knollen, ab Juni an geschützten Standorten
in Kübel oder ins Beet auspflanzen; stets gut wässern
SORTEN 'Beauregard': ertragreich, helle Schale, weißes Fleisch;
'Murasaki': rotviolette Schale
ERNTE/VERWENDUNG ab September bis Oktober nach Bedarf
PARTNER Kürbis, Auberginen, Funkien

ZWIEBEL

Allium cepa (Amaryllisgewächse)

PFLANZABSTAND 5–10 cm/20 cm (Reihe)   **KULTURDAUER** kurz

Vorformen unserer Zwiebel, die es in weißen, roten und gelben Sorten gibt, wurden bereits lange vor Christus in Asien und im alten Ägypten kultiviert.
KULTUR Boden locker, humusreich, frisch; Aussaat ab März ins Freiland, später vereinzeln. Steckzwiebeln im Herbst oder Frühjahr nicht zu tief in den Boden drücken; regelmäßig jäten und wässern
SORTEN 'Braunschweiger Dunkelblutrote': mittelgroß, mild weinrot; 'De Vaugirard': mittelgroß, weiß; 'Lilia': violett; 'Ailsa Craig': Gemüsezwiebel
ERNTE/VERWENDUNG Juli und August, wenn das Laub braun wird
PARTNER Petersilie, Möhren, Salat, Spinat

LAUCHZWIEBEL

Allium fistulosum (Amaryllisgewächse)

PFLANZABSTAND 5–8 cm/20 cm (Reihe)   **KULTURDAUER** ausdauernd

Eine mehrjährige wintergrüne Gemüsepflanze, die meist nur in Ansätzen kleine Zwiebeln bildet. Sie entwickelt im Sommer über dem röhrenförmigen mild aromatischen Laub hübsche kugelige Blüten. Auch als Frühlingszwiebel bekannt. Eine Variante ist die mehrjährige Winterheckenzwiebel.
KULTUR Boden tiefgründig, humos, locker; Aussaat 1 cm tief, März bis Mai; vereinzeln
SORTEN 'Red Toga': Schaft lang, rot; 'Vaugirard': Zwiebeln weiß, flachrund
ERNTE/VERWENDUNG Laub ganzjährig nach Bedarf abschneiden oder ganze Pflanze mit Zwiebel ausziehen; roh im Salat oder gedünstet
PARTNER als immergrüne Beeteinfassung, Gurken, Salate

ETAGENZWIEBEL

Allium cepa Proliferum Grp. (Amaryllisgewächse)

PFLANZABSTAND 30 cm   **KULTURDAUER** ausdauernd

Die aus Sibirien stammende Etagenzwiebel oder Luftzwiebel bildet statt Blüten am oberen Ende der hohlen Stängel winzige Brutzwiebeln, die wiederum neue Stängel mit neuen Brutzwiebeln bilden.
KULTUR Boden locker humos, frisch; zur Vermehrung die Brutzwiebeln im Sommer in den Boden stecken oder im Frühling ältere Horste teilen
ERNTE/VERWENDUNG April bis Oktober nach und nach junges Laub und Brutzwiebeln; mit Zwiebeln aus dem Boden ziehen; Rohkost oder gekocht
PARTNER Schnittsellerie, bunte Salate, Japanische Petersilie

LAUCH/PORREE

☀ ◡ N

Allium porrum (Amaryllisgewächse)

PFLANZABSTAND 10 cm/25–30 cm (Reihe) **KULTURDAUER** lang

Ein beliebtes Gemüse für die kalte Jahreszeit. Lässt man einige Stangen stehen, erfreut er im Mai mit großen weißen Kugelblüten.
KULTUR Boden leicht, nährstoffreich, tiefgründig; im März vorziehen, im April auspflanzen; zum Bleichen anhäufeln
SORTEN 'Blaugrüner Winter-Alaska': sehr frostfest; 'Bavaria': früh
ERNTE/VERWENDUNG nach Bedarf bei offenem Boden mit der Grabegabel lockern und herausziehen; gekocht oder roh im Salat
PARTNER Ringelblume, Tomaten, Schmuckkörbchen, Zier-Lauch, Salate, Kopfkohl

KNOBLAUCH

☀ ◡

Allium sativum (Amaryllisgewächse)

PFLANZABSTAND 10 cm/15–20 cm (Reihe) **KULTURDAUER** lang

Die uralte Heil- und Würzpflanze entwickelt im Sommer über dem Laub korkenzieherähnliche Blütenstände. »Knollen« aus kleinen Nebenzwiebeln.
KULTUR Boden locker, durchlässig, humos, keine Staunässe; einzelne Zehen als Steckzwiebeln August/September ca. 3–5 cm tief in den Boden setzen
SORTEN Knoblauch gibt es mit weißer oder rosafarbener Knolle
ERNTE/VERWENDUNG Juli bis September, wenn das Laub beginnt zu vergilben, Knollen ausgraben und an einem luftigen Ort trocknen lassen; zum Würzen, roh oder gekocht
PARTNER Erdbeeren, Salate, Steppensalbei, Currykraut, Weinraute, Zinnien

JOHANNISLAUCH

☀ ◡ V H

Allium × cornutum (Amaryllisgewächse)

PFLANZABSTAND 30 cm **KULTURDAUER** ausdauernd

Über länglichen, wohlschmeckenden Zwiebeln, die sehr früh im Jahr geerntet werden, steht röhrenförmiges blaugraues Laub.
KULTUR Boden durchlässig, sandig humos; Steckzwiebeln im September in den Boden setzen
ERNTE/VERWENDUNG Laub partiell ernten, wie Frühlingszwiebeln oder Schnittlauch verwenden; Ende Juni Zwiebeln aus dem Boden holen; gekocht als Gemüse oder Suppeneinlage
PARTNER Salate, Blutampfer, Löwenmäulchen, Zinnien, Klatschmohn, Süßdolde, Wiesenkerbel

TOMATEN

☼ ⛝ H

Lycopersicon esculentum (Nachtschattengewächse)

PFLANZABSTAND 60 cm   KULTURDAUER lang

Tomaten gibt es in unzähligen Farb- und Formenvarianten und unterschiedlichen Geschmacksrichtungen.

KULTUR Boden nährstoffreich, humos; ab März auf der hellen Fensterbank oder im Gewächshaus vorziehen; in Töpfe vereinzeln und im Mai ins Beet oder Kübel auspflanzen; durch Überdachung vor Regen schützen

SORTEN 'Sacher': süße Schokolodentomate mit bräunlichem Fruchtfleisch; 'Green Zebra': grüngelb gestreift

ERNTE/VERWENDUNG ab Juli je nach Sorte bis zum ersten Frost

PARTNER Salbei, Basilikum, Stachelbeere, Borretsch

PAPRIKA

☼ ⛝ H

Capsicum annuum (Nachtschattengewächse)

PFLANZABSTAND 40–60 cm   KULTURDAUER lang

Mit schmackhaften, teils scharfen Früchten in vielen Formen und Farben von zunächst Grün über Gelb, Orange bis Blauviolett oder Dunkelrot setzen die wärmehungrigen Paprika leuchtende Farbtupfer in den Garten.

KULTUR Boden nährstoffreich, frisch; ab Februar in Schalen auf der Fensterbank vorziehen, in Töpfe vereinzeln und ab Mitte Mai ins Freiland setzen

SORTEN Spitzpaprika 'Marconi Purple': 15 cm, süß, grün bis dunkellila; 'Hamik': orange auch im Kübel; 'Sweet Chocolate': grün bis schokobraun

ERNTE/VERWENDUNG je nach Sorte Juli bis Oktober; ausgefärbte Früchte süßer und aromatischer als grüne. Als Rohkost, geschmort oder gekocht

PARTNER Kapuzinerkresse, Auberginen, Tomaten, Basilikum, Mangold

CHILI

☼ ⛝ H

Capsicum annuum (Nachtschattengewächse)

PFLANZABSTAND 30–40 cm   KULTURDAUER lang

Chili ist die »scharfe« Schwester der Paprika. Sie ist wegen ihrer Schärfe und der antibakteriellen, konservierenden Eigenschaften sehr beliebt.

KULTUR wie Paprika

SORTEN 'Serrano Purple': mild, schwarz; 'Habanero Purple Peach': mild, gelbviolett; 'Habanero Chocolate'; 'Habanero White Bullet': extrem scharf

ERNTE/VERWENDUNG Juli bis Oktober; reife Früchte regelmäßig auspflücken; milde Sorten roh im Salat, scharfe in geringen Mengen mitkochen

PARTNER Basilikum, Schnittknoblauch, Gurken, Naschtomaten

ZUCCHINI
☼ ⬱ H

Cucurbita pepo subsp. *pepo* convar. *giromonntiina* (Kürbisgewächse)

PFLANZABSTAND 50 cm   KULTURDAUER lang

Mit dem schön gezeichneten Laub und essbaren gelben Blüten
sind Zucchini auch zwischen Sommerblumen sehr dekorativ.
KULTUR Boden locker, kompostreich, frisch; ab Mitte Mai ins
Freiland oder in Töpfen vorziehen, im Hochsommer gut wässern
SORTEN 'Floridor': rund, gelb; 'Tondo Chiaro di Nizza': grün,
klein, rund; 'Blanko di Trieste': hellgrün; 'Black Forrest': kletternd
ERNTE/VERWENDUNG unausgereift ernten; roh, gedünstet, gegrillt
PARTNER Zuckerschoten, Fenchel, Dill, Gartenmelde, Levkoje,
Gelenkblume, Pfingstrosen

AUBERGINE
☼ ⬱ H

Solanum melongena (Nachtschattengewächse)

PFLANZABSTAND 50 cm/70–80 cm (Reihe)   KULTURDAUER lang

Mit rosavioletten Blüten und weißen bis schwarzvioletten Früchten ist die
Aubergine eine hübsche, aber recht anspruchsvolle Gemüsepflanze.
KULTUR Boden locker, kompostreich, frisch; warmer, geschützter Ort, ideal
im Gewächshaus; vorziehen ab Februar; nach ca. 6 Wochen in Töpfe ver-
einzeln, ab Mitte Mai an Stützstäbe auspflanzen; regelmäßig gießen
SORTEN 'Ophelia von Hild': mini, violett; 'Pinstripe': violett-weiß gestreift,
für Kübel; 'Money Maker No. 2': früh, temperaturtolerant
ERNTE/VERWENDUNG ab Ende Juli weiche Früchte; gegart, roh giftig
PARTNER Busch- oder Stangenbohnen, Salate, Schmuckkörbchen

KÜRBIS
☼ ⬱ H

Cucurbita pepo, C. maxima, C. moschata (Kürbisgewächse)

PFLANZABSTAND 1–2 m   KULTURDAUER lang

Der sortenreiche Kürbis hat oft mehrere Meter lange Triebe, teils
sehr große Früchte und gelbe, männliche und weibliche Blüten.
KULTUR Boden humos, durchlässig, nährstoffreich; Aussaat ab
März in Töpfe, 2–3 cm tief, Mitte Mai auspflanzen; feucht halten
SORTEN 'Muscat de Provence': sehr große Frucht; 'Baby Bear':
Minifrucht für Kübel; 'Sweet Dumpling': gelb-grün gestreift
ERNTE/VERWENDUNG mit Stiel ernten, wenn dieser fest und
holzig wird; als Rohkost, gekocht oder gebacken
PARTNER Zuckermais, Bohnen, Dahlien, Gladiolen

GURKE

Cucumis sativus (Kürbisgewächse)

PFLANZABSTAND 20 cm/1 m (Reihe)   **KULTURDAUER** lang

Die Gurke wird bei uns seit dem Mittelalter kultiviert.
KULTUR Boden locker, nährstoffreich, humos; geschützt; ab Mitte April an sehr hellem Fenstern vorziehen, ab Mai auspflanzen oder direkt ins Beet säen; anhäufeln; regelmäßig mit lauwarmem Wasser wässern
SORTEN Salatgurken für Freilandanbau auch im Kübel: 'Burpless Tasty Green', 'La Diva', 'Gergana'
ERNTE/VERWENDUNG Juli bis Oktober regelmäßig ausplücken, am Stiel abschneiden; als Rohkost oder geschmort
PARTNER Salate, Kohlrabi, Radieschen als Zwischenkultur

AFRIKANISCHE STACHELGURKE

Cucumis metuliferus (Kürbisgewächse)

PFLANZABSTAND 50 cm   **KULTURDAUER** lang

Die Afrikanische Stachelgurke, auch Hornmelone genannt, ist eine seltene einjährige Kletterpflanze mit starkem Wuchs und verwandt mit Kürbis und Gurke. Die kiwiähnlichen, außen stacheligen Früchte haben ein geleeartiges, nach Melone, Banane und Zitrone schmeckendes Fruchtfleisch.
KULTUR wärmeliebend, ab März vorziehen, nach 4 Wochen vereinzeln, Ende Mai auspflanzen; an Rankhilfen als Sichtschutz oder am Boden liegend
SORTEN 'Kiwana'
ERNTE/VERWENDUNG ab August mit gelborangener Schale; roh, schälen oder auslöffeln; zum Garnieren
PARTNER Gurken, Kürbis, Clematis

ZITRONENGURKE

Cucumis sativus (Kürbisgewächse)

PFLANZABSTAND 80 cm   **KULTURDAUER** lang

Diese dekorative Spielart der Gurke mit runden gelben Früchten hat einen exotischen, frisch-fruchtigen Geschmack und grünliches Fruchtfleisch. Ein ideales Snackgemüse, das auch in einem Kübel auf dem Balkon gedeiht.
KULTUR wie Gurken
ERNTE/VERWENDUNG mit Schale roh wie einen Apfel essen, in Salaten oder zum Einlegen
PARTNER Borretsch, Knoblauch, Erbsen

TOMATILLO ☼ ⬝ H
*Physalis ixocarpa (*Nachtschattengewächse)

PFLANZABSTAND 80 cm KULTURDAUER lang

Die tomatenähnlichen Früchte sitzen in einer lampionförmigen
Fruchthülle und ähneln der Andenbeere *(P. peruviana)*.
KULTUR Boden locker, humos; wärmebedürftig; ab Januar im
Haus vorziehen, in Töpfe vereinzeln und auspflanzen
SORTEN 'Rendidora': große Früchte, sehr ertragreich; 'Purple De
Milka': kleine dunkelviolette Früchte
ERNTE/VERWENDUNG reif ernten bei eingetrockneter Fruchthülle;
gekocht für Soßen, Chutneys oder Marmeladen, auch roh
PARTNER Fremdbefruchter, mindestens zwei Exemplare pflanzen

ARTISCHOCKE ☼ ⬝ H
Cynara cardunculus subsp. *scolymus* (Korbblütler)

PFLANZABSTAND 1 m KULTURDAUER lang

Die bis 1,5 m hohe Artischocke trägt eine riesige violette Korbblüte und
gefiedertes Laub. Schuppen und Boden der Blütenknospen sind delikat.
KULTUR Boden tiefgründig, durchlässig, humusreich; vorziehen ab Anfang
März in Kästen am Fenster; ab Mitte Mai auspflanzen
SORTEN 'Violetto di Chioggia': violett; 'Green Globe': früh, stachellos
ERNTE/VERWENDUNG im 2. Jahr Juli bis September fest geschlossene
Knospe im Ganzen abschneiden; kochen oder als Deko in die Vase stellen
PARTNER Lavendel, Steppensalbei, Fenchel, Scheinsonnenhut, Salat, Rot-
kohl, Weinraute

ZUCKERMAIS ☼ ⬝ H
Zea mays convar. *sacharata* (Süßgräser)

PFLANZABSTAND 10 cm/50 cm (Reihe) KULTURDAUER lang

Seine süßen weichen Körner machen den Zuckermais zu einer
beliebten vitaminreichen und nahrhaften Gemüsepflanze.
KULTUR Boden kompostreich; ab Mai in 3 cm tiefe Rillen legen,
mehrreihig für bessere Bestäubung
SORTEN 'Damaun': früh; 'Tramunt': spät, extrasüß; 'Sweet Red':
pinkrot; 'Jade Blue': sehr früh, blaue Körner, sehr niedrig
ERNTE/VERWENDUNG mit Braunfärbung der Fäden Kolben ausbrechen, sofort roh oder gegart verzehren
PARTNER Stangenbohnen, Kürbis, Zucchini, Rosenkohl

STANGENBOHNEN

Phaseolus vulgaris var. *vulgaris* (Schmetterlingsblütler)

PFLANZABSTAND 10 cm/50 cm (Reihe)
KULTURDAUER lang

Stangenbohnen begrünen mit hübschen Blüten und farbigen Hülsen in je nach Sorte variierenden Farben und Formen Stangen und Rankgerüste.
KULTUR Boden leicht, tiefgründig, kalkhaltig; windgeschützt; ab Mitte Mai in Fünfergruppen an die Kletterhilfen legen oder im Topf vorziehen; Boden hacken; Jungpflanzen anhäufeln
SORTEN ‘Blauhilde’: dickfleischige blaue Hülsen, rosa Blüte; ‘Zebrina’: lila gesprenkelt; ‘Goldfield’: früh, flache gelbe Hülsen; Butterbohne ‘Kaiser Friedrich’: Hülse cremeweiß mit rotvioletter Zeichnung, violette Blüten und Bohnen
ERNTE/VERWENDUNG Juli bis Oktober regelmäßig reife, aber noch glatte Hülsen »auspflücken«; je nach Sorte als grüne Bohne mit Hülse oder die Körner aus der Hülse gelöst, auch zum Trocknen; roh giftig
PARTNER Amaranth, Mangold, Dahlien, Gladiolen; Zwischenkultur mit Salat und Zwiebeln

BUSCHBOHNEN

Phaseolus vulgaris var. *nanus* (Schmetterlingsblütler)

PFLANZABSTAND 10 cm/40 cm (Reihe)   **KULTURDAUER** mittel

Die problemlos zu kultivierenden Buschbohnen werden oft nur bis zu 50 cm hoch und benötigen meist keine Rankhilfe. Sogenannte Gluckentypen stellen ihre Hülsen dekorativ über den Blättern zur Schau und lassen sich sehr leicht ernten.
KULTUR Boden leicht, tiefgründig, kalkhaltig; ab April in Horstaussaat als Dreiergruppe in Töpfen vorziehen oder zwischen Mai und Juli ins Freiland; Boden hacken; Jungpflanzen anhäufeln; regelmäßig wässern
SORTEN ‘Purple Teepee’: Gluckentyp, blauviolette Hülsen; ‘Purple King’: niedrig, violette Hülse, gelbe Bohne; ‘Borlotto Rosso’: Hülse und Bohne cremeweiß mit roten Tupfern; ‘Amethyst’: sehr niedrig und kompakt, violette Hülse, für Kübel
ERNTE/VERWENDUNG Juli bis Oktober regelmäßig reife, aber noch glatte Hülsen auspflücken; immer gegart essen, roh giftig
PARTNER als Beetrahmen, streifenförmig zwischen Kopfkohl, Kräuter und farbintensive Pflücksalate, Zinnien, Bohnenkraut

PRUNKBOHNE/FEUERBOHNE ☼ ◐ ⊔ H

Phaseolus coccineus (Schmetterlingsblütler)

PFLANZABSTAND 10 cm/50 cm (Reihe)　KULTURDAUER lang

Die sehr schnell bis zu 4 m hoch wachsende Feuerbohne wird aufgrund ihrer Robustheit und roten oder gelben Blüten oft zum schnellen Beranken von Sichtschutzelementen, Pergolen oder Zäunen genutzt.
KULTUR wie Stangenbohnen, anspruchslos, ab Mitte Mai direkt ins Freiland
SORTEN 'Hestia': rote Blüte, grüne Hülsen, schwachwüchsig bis 80 cm, für Kübel und Balkon; 'Tenderstar': Blüte zweifarbig rot-apricotfarben, bis 3 m
ERNTE/VERWENDUNG wie andere Bohnen, Hülsen jung ernten, roh giftig
PARTNER unterschiedliche Sorten, Clematis, Kürbis

PUFFBOHNE/DICKE BOHNE ☼ ⊔ V Z

Vicia faba subsp. *faba* (Schmetterlingsblütler)

PFLANZABSTAND 10–15 cm/50 cm (Reihe)　KULTURDAUER kurz

Die Dicke Bohne ist eine sehr alte Kulturpflanze. Sie gehört jedoch nicht zu den Gartenbohnen, sondern ist eine Wickenart.
KULTUR Boden lehmig, feucht; Aussaat 4–6 cm tief, früh ab Ende Februar ins Freiland, möglichst in einzelnen Reihen
SORTEN 'Karmesin': rote Blüte, kleinwüchsig; 'Robin Hood': niedrig, geeignet für Kübel
ERNTE/VERWENDUNG je nach Sorte Juni bis August, gut gefüllte Hülsen mit deutlichen Bohnen ernten und auslösen; gekocht in Eintöpfen, roh giftig
PARTNER ideale Vorkultur für späte Starkzehrer wie Kohlarten; zwischen anderen Vorkulturen wie Spinat und Rote Bete

ERBSE ☼ ⊔ V

Pisum sativum subsp. *sativum* (Schmetterlingsblütler)

PFLANZABSTAND 3–5 cm/40 cm (Reihe)　KULTURDAUER kurz

Die Erbse ist eine der ältesten Kulturpflanzen und mit ihren weißen oder violetten Blüten eine Zierde. Man unterscheidet Palerbsen zum Trocknen sowie Markerbsen und Zuckererbsen, die man als ganze Schote nutzt.
KULTUR Boden durchlässig, humos; März bis April ins Freiland; Rankhilfe für hohe Sorten
SORTEN Kapuzinererbse 'Blauwschokkers'
ERNTE/VERWENDUNG ab Juni; Palerbsen an der Pflanze ausreifen lassen
PARTNER Rosenkohl, Zuckermais, Zucchini

VON DILL BIS YSOP

Ohne Kräuter geht nichts: Erst sie geben fast allen Gerichten in der Küche den letzten Pfiff, und ihre aromatischen Inhaltsstoffe fördern die Gesundheit. Außerdem sind viele von ihnen wahre Gartenschönheiten.

Uraltes Wissen über Wirkung und Nutzung ranken sich um Kräuter. Sie sind Medizin-, Heil- und Würzpflanzen, aber oft auch ein religiöses Symbol. Und ganz gleich, ob sie als Wildkräuter in der freien Natur gesammelt oder in Gärten planvoll kultiviert werden, spielten Kräuter bei allen Kulturen stets eine zentrale Rolle im Alltag der Menschen. Auch heute noch sind die Faszination und das Interesse an Kräutern geblieben, allerdings unter anderen Voraussetzungen. Kräuter verzaubern uns, weil sie sinnlichen Genuss, archaische Kulturgeschichte und spannende Verwendungsmöglichkeiten mit der romantischen Vorstellung der Selbstversorgung im eigenen Garten verbinden. Kräuter als natürliche Würz- und Heilmittel statt Chemie lautet die Devise. Das Interesse an alten, bewährten Hausrezepten hat stark zugenommen. Sie entstanden bei uns über die Jahrhunderte – meist durch geduldiges Beobachten. Überliefert wurden sie durch forschende Kulturarbeit in Apotheker- und Klostergärten oder ländlichen Bauern- und Küchengärten.

Egal, ob klassische Küchenkräuter wie Petersilie, Dill und Schnittlauch, mediterrane Vertreter wie Rosmarin, Thymian und Heiligenkraut oder seltene Kräuterschätze und spannende Neu- oder Wiederentdeckungen aus fernen Kontinenten wie Speisechrysantheme oder Japanische Purpur-Petersilie, Kräuter verdienen ihren festen Platz im modernen Genussgarten. Würz- und Heilkräuter verwöhnen uns mit würzigem Laub,

dem Duft aromatischer Pflanzenöle, heilenden Wurzeln sowie kostbaren Samen als Würz- oder Heilmittel. Sie können frisch oder getrocknet vielfältig genutzt werden, zum Beispiel als wohltuender Tee, zum Heilen durch Auflegen oder Einreiben, als Würzkraut in der Gemüseküche, in frisch zubereiteten Smoothies, Pestos und an Fleischgerichten.

GESUND UND SCHÖN

Ob Staude, ein- oder zweijährige Pflanzen oder Halbstrauch, viele Kräuter schenken uns als Zugabe für den optischen Genuss hübsche, teils duftende Blüten. Sie sind nicht nur für uns ein Gewinn, sondern dienen außerdem Insekten als dringend benötigte Nahrungsquellen.

Kräuter lassen sich auf vielfältige Weise in den Genussgarten integrieren. Während mediterrane Mittelmeerkräuter im Kiesgarten mit mageren Böden gut aufgehoben sind, machen sich Küchenkräuter besonders gut als Partner zwischen Gemüsepflanzen. Sie können selbstverständlich aber auch mit anderen Heil- und Würzpflanzen in einem eigenen Beetabteil gezogen werden oder Sommerblumen und Stauden ganz wundervoll ergänzen.

Erst ein nach persönlichem Geschmack und Bedarf abgestimmtes Potpourri – ob groß oder klein – aus der spannenden Welt der Kräuter macht den Garten zum wahren Genussgarten.

*Oben: Frühsommerliche Kombination in Blau: Horn-Veilchen und frostfester Steppensalbei.
Links: Ob Gewürzfenchel oder Dill: Die beliebten Heil- oder Küchenkräuter sind eine dekorative Zutat in Genussbeeten.*

KNOBLAUCHRAUKE

☼ ◐ ⊖

Alliaria petiolata (Kreuzblütengewächse)

PFLANZABSTAND 50 cm   KULTURDAUER ausdauernd

Die bis zu 1 m hohe Knoblauchrauke ist eine in Europa weit verbreitete zweijährige Wildpflanze. Mit leichtem Knoblauchgeschmack der Blätter, der schnell verfliegt, pfeffrig schmeckenden Samenschoten und Wurzeln mit Meerrettichgeschmack ist sie eine vielseitige Heil- und Würzpflanze.

KULTUR Boden lehmig, nährstoffreich, frisch; Aussaat ins Freiland April bis September

ERNTE/VERWENDUNG alle Teile roh essbar, in Smoothies, Salaten, Pesto, Knoblauchbutter; antiseptisch, schleimlösend bei Atemwegserkrankungen

PARTNER Barbarakraut, Pflücksalate, Schattenstauden

SCHNITTLAUCH

☼ ◐ ⊖

Allium schoenoprasum (Lauchgewächse)

PFLANZABSTAND 15 cm/20–30 cm (Reihe)   KULTURDAUER ausdauernd

Mit den pikant aromatisch schmeckenden Röhrenblättern und dem hohen Gehalt an gesunden Senfölen ist Schnittlauch bei uns wohl eines der bekanntesten Küchenkräuter. Von Mai bis Juni mit weißen, rosa oder violetten Blütenkugeln ist er als Beeteinfassung oder in Töpfen eine Zierde.

KULTUR Boden lehmig, humos, nährstoffreich; durch Teilung oder Aussaat; nach der Blüte ganz zurückschneiden; Horste alle drei bis vier Jahre teilen

SORTEN 'Twiggy': sehr feinröhrig; 'Staro': grobröhrig, robust, fürs Freiland

ERNTE/VERWENDUNG nach Bedarf von Frühling bis Herbst frische Röhrenblätter schneiden; nur roh verwenden, Blüten auch angedünstet

PARTNER Beerensträucher, Kopfkohl, Kamille, Salate

DILL

☼ ◐ ⊖

Anethum graveolens (Doldenblütler)

PFLANZABSTAND 15–20 cm   KULTURDAUER kurz

Filigran gefiedertes Laub und die gelblichen Doldenblüten machen den einjährigen Dill zu einer interessanten Strukturpflanze. Typischer Duft.

KULTUR Boden locker, humusreich, frisch; zeitversetzt von April bis August ins Freiland; zu dicht stehende Pflanzen ausernten

SORTEN 'Ella': für Töpfe; 'Vierling': feste Stiele, auch für Blumenstrauß; 'Elefant': starker Wuchs, späte Blüte

ERNTE/VERWENDUNG ab 15 cm Höhe Spitzen schneiden

PARTNER zwischen fast allen Gemüsen, Kräutern, Stauden, Sommerblumen

GARTENKERBEL

☀ ⊔

Anthriscus cerefolium var. *cerefolium* (Doldenblütler)

PFLANZABSTAND 10–15 cm   KULTURDAUER kurz

Sein leicht pfeffriges Aroma, das fein gefiederte duftende Laub und weiße essbare Doldenblüten machen Kerbel attraktiv.
KULTUR Boden humos, frisch; März bis Mai oder August bis September zeitlich gestaffelt ins Freiland
SORTEN 'Vertissimo': sehr ertragreich, schöne Laubfärbung
ERNTE/VERWENDUNG 6–8 Wochen nach Aussaat, Kraut vor der Blüte; roh in Quark; Wurzeln oder Samen als Würze beim Kochen
PARTNER Puffbohnen, Rote Bete, Knoblauch, Salate, Ringelblume, Glockenblumen, Wiesenknopf

MEERRETTICH

☀ ◐ ⊔

Armoracia rusticana (Kreuzblütler)

PFLANZABSTAND 50 cm   KULTURDAUER ausdauernd

Sein hoher Gehalt an Senfölen führt zu dem scharfen Geschmack. Er verrät, dass Meerrettich ein enger Verwandter von Rettich, Radieschen und Rauke ist. Er bildet mächtige Blatthorste und zarte weiße Blütenrispen aus.
KULTUR Boden locker, tiefgründig, humos; im Frühjahr Wurzelabschnitte in den Boden legen
ERNTE/VERWENDUNG Wurzeln Oktober bis November nach Vergilben des Laubes freilegen und Seitenwurzeln abstechen; bei Husten und Bronchitis; frisch gerieben zu Fleisch, Blätter und Blüten in Salat
PARTNER Pfingstrosen, Rhabarber, Ampfer, Winterheckenzwiebel

BARBARAKRAUT/WINTERKRESSE

◐ ⊔

Barbarea vulgaris (Kreuzblütler)

PFLANZABSTAND 20 cm   KULTURDAUER zweijährig

Das Kraut ist eine frosttolerante Wildstaude mit frischem Kressegeschmack, die im ersten Jahr Blattrosetten bildet und im folgenden Frühsommer leuchtend gelbe, essbare Blütenstände.
KULTUR Boden nährstoffreich, frisch; Direktaussaat im Herbst oder Frühjahr
SORTEN 'Variegata': grünweißes Laub
ERNTE/VERWENDUNG Blätter bis zum Barbaratag am 4. Dezember pflücken; blutreinigend, harntreibend
PARTNER Portulak, Kerbel, Wintersalate, Spinat, Feldsalat

ECHTER KÜMMEL/WIESEN-KÜMMEL
Carum carvi (Doldenblütler)

PFLANZABSTAND 40 cm   **KULTURDAUER** lang

Die zweijährige Wildstaude mit feinfiedrigen Blättern und weißen Dolden-
blüten gilt bei uns als eine der ältesten Heil- und Gewürzpflanzen. Das in-
tensive Kümmelaroma entsteht erst mit der Samenreifung.
KULTUR Boden lehmig, locker, feucht; keine Staunässe; Aussaat April bis
Mai oder August
ERNTE/VERWENDUNG alle Pflanzenteile essbar; Wurzeln gekocht delikat;
Samen mit aromatischem Kümmelöl; leicht mit giftigen Doldenblütlern
zu verwechseln
PARTNER Blumenkohl, Rosenkohl, Erbsen, Kohlrabi

JAPANISCHE PETERSILIE
Cryptotaenia japonica (Doldenblütler)

PFLANZABSTAND 20 cm   **KULTURDAUER** ausdauernd

Das in Japan beliebte Würzkraut mit hübschem Laub, weißen Doldenblüten
und für uns recht ungewohntem Geschmack ist eine Zierde im Genussbeet
und in Blumensträußen. Das bis zu 60 cm hohe Kraut gedeiht auch im
feuchten Halbschatten zwischen Gehölzen optimal.
KULTUR Boden humos, frisch; Aussaat März bis August ins Freiland
SORTEN 'Purpurascens': weinrotes Laub
ERNTE/VERWENDUNG Stängel und Blätter roh oder gedünstet, in Wok-
Gerichten, Sämlinge zu Sushi
PARTNER Beeren- und Obstgehölze; zu Schattenstauden wie Funkien,
Tränendes Herz, Farne

SPEISECHRYSANTHEME
Chrysanthemum coronarium (Korbblütler)

PFLANZABSTAND 10 cm/30 cm (Reihe)   **KULTURDAUER** einjährig

Das bei uns wenig bekannte Würzkraut mit leicht bitterem Geschmack ist
in der fernöstlichen Küche sehr beliebt. Hübsche gelbe, essbare Blüten von
Juni bis Spätherbst über bis zu 60 cm hohen fleischigen Blättern.
KULTUR Boden locker, nährstoffreich; März bis April vorziehen, ab Mai
auspflanzen oder 5 cm tief direkt ins Beet breitwürfig oder in Reihen säen
ERNTE/VERWENDUNG junge Triebe und Blätter sowie Blütenblätter roh im
Salat oder für Wok-Gerichte, als Schnittblume, ganze Blüten für Tee
PARTNER Schafgarbe, Herbst-Chrysanthemen, Erbsen, Gladiolen

KORIANDER
☀ ⌣

Coriandrum sativum (Doldenblütler)

PFLANZABSTAND 15 cm/30 cm (Reihe)
KULTURDAUER einjährig

Typisch sind der herb-zitrusartige Geschmack der Blätter und das pfeffrig-nussige Orangenaroma der Samenkapseln.
KULTUR Boden nährstoffreich, gut durchlässig; ab April ins Freiland, breitwürfig oder in Reihen
SORTEN 'Caribe': robust, ertragreich; 'Aladin': sehr aromatisch
ERNTE/VERWENDUNG Mai bis September, Blätter und Samenkörner frisch als Würze in Speisen, in Smoothies, als Heiltee
PARTNER Schafgarbe, Bohnen, Paprika, Rote Bete, Erdbeeren

GEWÜRZFENCHEL
☀ ⌣ ⌣

Foeniculum vulgare sativum (Doldenblütler)

PFLANZABSTAND 20 cm/30–40 cm (Reihe)   **KULTURDAUER** zweijährig

Im Gegensatz zum Gemüsefenchel bildet der Gewürzfenchel mit anisartigem Geschmack keine Knollen aus. Eindrucksvolle Blattschmuckpflanze.
KULTUR Boden humos, durchlässig, nährstoffreich; Vorkultur ab Februar; ab Mitte April ins Freiland
SORTEN 'Rubrum': rotbraunes Laub
ERNTE/VERWENDUNG Kraut frisch, Samen ausgereift als Tee; verdickte Blattachseln als Gemüse
PARTNER Basilikum, Brokkoli, Grünkohl, Steppensalbei, Flammenblume, Scheinsonnenhut, Lupinen

CURRYKRAUT/IMMORTELLE
☀ ⌣

Helichrysum italicum (Korbblütler)

PFLANZABSTAND 40 cm   **KULTURDAUER** ausdauernd

Buschiger, aromatischer Halbstrauch mit silbergrauem Laub und ätherischen Duftölen mit intensivem Curryaroma. In Dolden angeordnete leuchtend gelbe Blütenknöpfchen von Juni bis August.
KULTUR Boden gut durchlässig, locker, keine Staunässe; nach der Blüte leicht in Form schneiden
SORTEN 'Silbernadel': sehr kompakt; 'Nanum': Zwergform
ERNTE/VERWENDUNG junge Blätter und Sprossachsen sehr kurz mitkochen oder dünsten
PARTNER Lavendel, Thymian, Salbei, Blumendost, Klatschmohn

YSOP/BIENENKRAUT
Hyssopus officinalis (Lippenblütler)

PFLANZABSTAND 40 cm   **KULTURDAUER** ausdauernd

Hübsch blühender Halbstrauch. Die dunkelblauen Blüten der immergrünen Pflanze sind Insektenmagneten.
KULTUR Boden mager, durchlässig, locker; Vorkultur ab März, Direktsaat ab Mai, im Frühjahr stark zurückschneiden
SORTEN 'Roseus': rosa Blüten; *H. officinalis* subsp. *aristatus*: Zwergform für Einfassungen
ERNTE/VERWENDUNG Blätter frisch oder sparsam beim Kochen verwenden
PARTNER Spornblume, Steppensalbei, Duftnessel

LAVENDEL
Lavandula angustifolia (Lippenblütler)

PFLANZABSTAND 25–30 cm   **KULTURDAUER** ausdauernd

Immergrüner aromatischer Halbstrauch für mediterrane Gärten oder Kiesgärten. Die ährenförmigen Blütenstände bieten von Juni bis Juli Bienen eine wichtige Nahrungsquelle. Als Einfassungshecke, einzeln oder in Gruppen.
KULTUR Boden durchlässig, kalkhaltig, keine Staunässe; leichter Rückschnitt nach der Blüte, im Frühjahr stärker schneiden, aber nicht ins alte Holz
SORTEN 'Hidcote Blue': dunkelblau-violett, auch für Hecken; 'Miss Katherine': rosa, bis 70 cm, sehr wüchsig; 'Blue Cushion': kompakt, für Kübel
ERNTE/VERWENDUNG Blüten und Blätter mit ätherischen Duftölen, wirkt beruhigend, Duft-Potpourris, Aromapflanze für die Küche
PARTNER Ysop, Thymian, Rosmarin, Steppensalbei, Kopfkohl

ZITRONEN-MELISSE
Melissa officinalis (Lippenblütler)

PFLANZABSTAND 30 cm   **KULTURDAUER** ausdauernd

Die Blätter der robusten Staude duften intensiv herb nach Zitrone. Die zartrosa Lippenblüten sind im Sommer eine willkommene Bienenweide.
KULTUR Boden humus- und kalkreich, trocken bis frisch; vorziehen oder Aussaat April bis August ins Freiland; Rückschnitt nach der Blüte
SORTEN 'Binsuga': besonders intensives Aroma
ERNTE/VERWENDUNG junge Blätter oder Triebspitzen vor der Blüte; frisch für Süßspeisen, Tee; schmerzstillend, entzündungshemmend, beruhigend
PARTNER unter Obstgehölzen, Oregano, Minze, zwischen Kohl

APFEL-MINZE
☼ ◐ ⌣
Mentha suaveolens (Lippenblütler)

PFLANZABSTAND 40 cm   **KULTURDAUER** ausdauernd

Eine dekorative, ausbreitungsfreudige Minze mit weißsamtigen Blättern, mildem Minzaroma und geringem Mentholgehalt.
KULTUR Boden frisch, humos; Vermehrung durch Teilung, Wurzelausläufer oder Aussaat ab April ins Beet
SORTEN 'Variegata': weiß panaschiertes Laub
ERNTE/VERWENDUNG Blätter vor der Blüte frisch oder getrocknet für Tees, in Erfrischungsgetränken und Süßspeisen
PARTNER Erbsen, Tomaten, Ampfer, Melisse; als Bodendecker unter Obstgehölzen

BASILIKUM
☼ ⌣
Ocimum basilicum (Lippenblütler)

PFLANZABSTAND 25–30 cm   **KULTURDAUER** lang

Die meist einjährige Würz- und Heilpflanze gibt es in vielen verschiedenen Arten und Sorten. Recht intensiver Duft der Blätter und hübsche Blüten.
KULTUR Boden feucht, nährstoffreich; ab Mitte April vorziehen oder Ende Mai ins Beet säen
SORTEN 'Violetto Aromatico': sehr aromatisch, weinrotes Laub; 'Crimson King': für Kübel; 'Pesto Perpetuo': weißbuntes Strauchbasilikum; 'Fine Verde Nano Compatto A Palla': zierliche Kugelform
ERNTE/VERWENDUNG immer frisch verwenden
PARTNER Steppensalbei, Salate

PETERSILIE
☼ ◐ ⌣
Petroselinum crispum (Doldenblütler)

PFLANZABSTAND 5 cm/20–30 cm (Reihe)   **KULTURDAUER** lang

Glatte Petersilie schmeckt intensiver als fein gekrauste. Fruchtwechsel berücksichtigen, Standort wechseln.
KULTUR Boden humos, durchlässig; Aussaat März bis Juni ins Freiland in Reihen oder breitwürfig
SORTEN 'Mooskrause': schnellwüchsig; 'Gigante d'Italia': glatt
ERNTE/VERWENDUNG Triebe regelmäßig nicht zu tief abschneiden; roh und gehackt fertig gekochten Gerichten zugeben oder in Salaten, Smoothies; harntreibend, schleimlösend
PARTNER Basilikum, Lauch, Erdbeeren, Gladiolen

ROSMARIN
Rosmarinus officinalis (Lippenblütler)

PFLANZABSTAND 40–50 cm   KULTURDAUER ausdauernd

Mediterraner Halbstrauch mit intensiv aromatischem Blattduft. Im Frühling essbare hellblaue Lippenblüten, die bei Insekten beliebt sind.
KULTUR Boden durchlässig, trocken, kalkhaltig; vorgezogene Pflanzen kaufen; leichter Rückschnitt nach der Blüte; bei Dauerfrost frostfrei stellen
SORTEN 'Abraxas': sehr würzig; 'Arp': sehr robust, im Beet meist winterfest; 'Prostratus': überhängender Wuchs
ERNTE/VERWENDUNG ganzjährig; möglichst frisch zum Würzen, in Salaten, als Tee; belebend, entzündungshemmend, auch zum Trocknen
PARTNER Muskateller-Salbei, Scheinsonnenhut, Zier-Lauch

BLUTAMPFER
Rumex sanguineus (Knöterichgewächse)

PFLANZABSTAND 10 cm/25 cm (Reihe)   KULTURDAUER lang

Der Blutampfer ist eine heimische Wildstaude mit rot geaderten hellgrünen Blätter und roten Blattstielen. Das sehr dekorative Heil- und Würzkraut wandert mittels Selbstaussaat gern durch die Beete, wird aber nicht lästig.
KULTUR Boden durchlässig, frisch; Aussaat Frühling oder Spätsommer ins Freiland; für kontinuierlichen Blattaustrieb bis zum Herbst Blütenansatz abschneiden
SORTEN 'Bloody Dock': besonders mild, mit intensiver Blattzeichnung
ERNTE/VERWENDUNG wie Spinat; nur junge Blätter und Triebe als Salatbeigabe, für Smoothies; blutreinigend, adstringierend
PARTNER Schnittsellerie, Petersilie, zwischen Stauden und Sommerblumen

KÜCHEN-SALBEI
Salvia officinalis (Lippenblütler)

PFLANZABSTAND 40 cm   KULTURDAUER ausdauernd

Halbstrauch mit duftenden Blättern und blauvioletten Blüten. Bienenweide.
KULTUR Boden kalkhaltig, durchlässig, trocken, keine Staunässe; im späten Frühjahr um ein Drittel, nach der Blüte leicht zurückschneiden
SORTEN 'Crispa': samtig gekrauste Blätter; 'Icterina': gelbgrünes Laub; 'Purpurascens': grauviolette Blätter
ERNTE/VERWENDUNG frische, junge Blätter; in Maßen roh für Tee oder zum Kochen; antiseptisch, entzündungshemmend, adstringierend
PARTNER Currykraut, Rosmarin, Lavendel

BOHNENKRAUT

☼ ⌣

Satureja hortensis (Lippenblütler)

PFLANZABSTAND 20 cm **KULTURDAUER** lang

Das einjährige Sommerbohnenkraut blüht den ganzen Sommer
mit winzigen blassrosa Blüten, die Insekten magisch anziehen.
KULTUR Boden locker, kalkhaltig, trocken; vorziehen oder ab
April bis Juli ins Beet; vereinzeln
SORTEN 'Pikanta': buschig kompakt, pfeffrig; *S. douglasii* 'Indian
Mint': für Ampeln, als Bodendecker; *S. montana*: mehrjährig
ERNTE/VERWENDUNG bis vor der Blüte Triebspitzen oder ganze
Stiele; frisch oder getrocknet für Bohnengerichte, als Tee
PARTNER Salate, Bohnen, Zwiebeln

GEWÜRZTAGETES

☼ ◑ ⌣

Tagetes tenuifolia (Korbblütler)

PFLANZABSTAND 20–30 cm **KULTURDAUER** lang

Mit halbkugeligem Wuchs, gefiedertem aromatischem Laub und einfachen,
meist orangenen Blüten ist die Pflanze eine gute Alternative zur Studenten-
blume. Die duftenden Blütenteppiche bieten vielen Insekten Nahrung.
KULTUR Boden humusreich, frisch; März vorziehen, Mitte Mai auspflanzen
SORTEN 'Orange Gem': leuchtend orangene Blütenpolster; Lakritz-Tagetes
(T. filifolia): dillartiges Laub mit Lakritzaroma
ERNTE/VERWENDUNG Knospen, Blüten und Blätter roh für Süßspeisen und
Salate, als Tee
PARTNER Bohnenkraut, Koriander, Ysop, Tomaten, Gurken, Sonnenbraut

ECHTER THYMIAN

☼ ⌣

Thymus vulgaris (Lippenblütler)

PFLANZABSTAND 10–40 cm **KULTURDAUER** ausdauernd

Mediterraner Halbstrauch mit aromatischem Blattduft. Einsetz-
bar als duftende Beeteinfassung, in Kübeln oder als Solitär.
KULTUR Boden durchlässig, kalkhaltig, trocken; vorziehen oder
Jungpflanzen kaufen; jedes Frühjahr um ein Drittel einkürzen
SORTEN Sand-Thymian *(T. serpyllum)* 'Coccineus'; Zitronen-
Thymian *(T. citriodorus)* 'Silver Queen': weißbunt
ERNTE/VERWENDUNG Triebe abschneiden; ganz oder gerebelt
zum Würzen oder als Tee bei Atemwegserkrankungen
PARTNER Salbei, Blumendost, Vexiernelke, Blutstorchschnabel

VON AKELEI BIS WIESENKNOPF

Kein Garten ohne Stauden! Diese Pflanzengruppe ist so abwechslungsreich,
dass sich mit ihren Vertretern die unterschiedlichsten Genussbeete gestalten
lassen. Manche sind sogar essbar und eine hübsche Zugabe in der Küche.

Die Palette der Stauden ist sehr vielfältig und reicht von anspruchsvollen, üppig blühenden Prachtstauden über Schatten liebende Wald- oder Blattschmuckstauden, Präriestauden, Trocken- und Hungerkünstler bis hin zu filigranen Wildstauden mit natürlichem Charme. Manche wachsen brav an einer Stelle, andere breiten sich stark durch Ausläufer aus oder sind Vagabunden, die sich gern versamen und so durch die Beete oder sogar den ganzen Garten wandern. Damit eine Pflanzkombination verschiedener Stauden miteinander sowie mit Nutzpflanzen gelingt, müssen die Ansprüche der jeweiligen Pflanzen an den Standort und das Wuchsverhalten aufeinander abgestimmt sein.

Stauden sind über viele Jahre ausdauernde, krautige Pflanzen, die mit einem wandlungsvollen Lebenszyklus zwischen Werden, Sein und Vergehen vom Frühling bis in den Winter hinein mit immer neuen Erscheinungsbildern Dynamik in den Garten bringen. Im Gegensatz zu den meist einjährigen Gemüsepflanzen und Sommerblumen sorgen sie auch für eine gewisse innere Struktur und Statik im Garten. Zu den Stauden zählen auch frostfeste Zwiebel- und Knollenpflanzen, Gräser sowie Farne. Auch viele Heil- und Würzkräuter sind ausdauernd, sie werden meist jedoch als eigene Pflanzengruppe behandelt (→ Seite 159).

Bei den meisten Stauden ziehen die oberirdischen Triebe mit Beginn des Herbstes nach und nach ein und überwintern unter der Erde. Im nächsten Frühjahr treiben die Pflanzen aus ihren Überwinterungsknospen frisches Laub aus und entwickeln aufs Neue Schritt für Schritt ihren natürlichen Habitus bis hin zur Blüte. Einige Vertreter behalten ihr Laub auch im Winter und verleihen Genussbeeten das ganze Jahr über eine attraktive Struktur.

GUTE PARTNER FÜR GEMÜSE

Anspruchsvolle Pracht- oder Beetstauden, zu denen auch viele typische Bauerngartenpflanzen wie Pfingstrosen oder Rittersporn gehören, sind oft gute Partner für Nutzpflanzen, denn sie haben einen hohen Nährstoffbedarf und mögen wie die meisten Gemüsearten gut vorbereitete, frische humose Standorte mit viel Sonne. Blüten oder Blätter einiger Stauden wie Funkien, Schafgarbe, Storchschnabel, Taglilien und Astern sind essbar und eignen sich als Dekoration. Allerdings – und das sollte man unbedingt beachten – gibt es auch sehr viele zum Teil hochgiftige Stauden wie Eisenhut, Christrose oder Fingerhut. Verwendet man diese attraktiven Stauden-Vertreter im Garten, sollte man immer die gebotene Vorsicht walten lassen. Zwar kann man viele Stauden auch selber aus Samen ziehen, einfacher ist es jedoch – auch weil man meist nur wenige Exemplare benötigt –, sie vorgezogen im Topf zu kaufen.

Oben: Lecker und dekorativ für halbschattige bis schattige Standorte unter Gehölzen: Funkien und Trichterfarn.
Links: Farbenfrohe hochsommerliche Blütenpracht mit Stauden – ein Genuss für alle Sinne.

SCHAFGARBE

Achillea sp.

PFLANZABSTAND 40 cm   **BLÜTE** Juni–August
WUCHS 30–80 cm hoch; horstig, kurze Ausläufer

Durch Züchtung sind aus der weißen Wiesenschafgarbe
(A. millefolium) Sorten und Hybriden in vielen changieren-
den Farben entstanden, die jedes Genussbeet bereichern.
KULTUR Boden durchlässig, locker, trocken bis frisch; für
die Nachblüte nach der Blüte zurückschneiden, düngen
ARTEN/SORTEN 'Credo': gelb; 'Lilac Beauty': lilarosa
PARTNER Steppensalbei, Scheinsonnenhut, Spornblume,
Kohl, Brokkoli, Gladiolen, Dahlien, Schmuckkörbchen

MUSKAT-GARBE

Achillea decolorans

PFLANZABSTAND 40 cm   **BLÜTE** Juli–September
WUCHS 40–60 cm hoch; aufrecht, horstig

Die Muskat-Garbe ist ein besonderer Vertreter der Schafgarben mit cremeweißen, aus unzähligen winzigen Korbblüten zusammengesetzten Schein-
dolden, die von Juli bis September erscheinen und sich auch gut als Schnittblume bewähren. Ihr gefiedertes Laub mit leicht würzigem Geschmack
zwischen Muskat und Kardamom verzeiht regelmäßigen Rückschnitt und
ist sowohl ein wertvolles Küchenkraut als auch eine Zierde im Beet.
KULTUR Boden nährstoffreich, locker, durchlässig; wie Schafgarben
PARTNER weißrandige Funkien, Blutampfer und andere Ampferarten,
Japanische Purpur-Petersilie, Rhabarber; unter Obstgehölzen

DUFTNESSEL

Agastache sp.

PFLANZABSTAND 30–50 cm   **BLÜTE** Juli–September
WUCHS 60–100 cm hoch; horstig, aufrecht

Diese Dauerblüher mit Fenchel-Anis-Aroma ziehen mit ihren
aufrechten Blütenkerzen Schmetterlinge und Bienen an.
KULTUR Boden trocken, durchlässig, keine Staunässe
ARTEN/SORTEN Anisysop *(A. foeniculum)*: violett, Blätter als
Tee; Blaunessel 'Blue Fortune' *(A. rugosa-Hybride)*; 'Ajala':
rosa-violett; 'Linda': purpurner Blattaustrieb
PARTNER Dahlien, Malven, Scheinsonnenhut, Indianernessel

BASTARDMALVE

Alcalthaea (Alcea) suffrutescens

PFLANZABSTAND 40–60 cm   **BLÜTE** Juni–August
WUCHS 150–200 cm hoch; buschig, horstig

Durch Kreuzung der zweijährigen Stockrose *(Alcea rosea)* mit dem Echten Eibisch *(Althaea officinalis)* ist die langlebigere Bastardmalve entstanden, die der Stockrose sehr ähnlich sieht. Ideal für Cottage- und Bauerngärten.
KULTUR Boden durchlässig, trocken bis frisch, sonnig
ARTEN/SORTEN: 'Parkallee': hell zartgelb; 'Parkfrieden': zartrosa; 'Poetry': magentafarben
PARTNER Solitär oder in kleinen Gruppen; Melde, Amaranth, Rittersporn, Schmuckkörbchen, Dahlien

FRAUENMANTEL

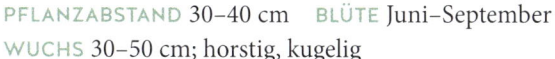

Alchemilla

PFLANZABSTAND 30–40 cm   **BLÜTE** Juni–September
WUCHS 30–50 cm; horstig, kugelig

Der bekannteste Vertreter ist der Schleier-Frauenmantel *(A. mollis)* mit dekorativen Blättern und gelben knospigen, später schleierartigen Blütenständen. Auch seine kleineren Schwestern sind schöne Blattschmuckstauden.
KULTUR Boden gut durchlässig, lehmig-humos; unbedingt nach der Blüte zurückschneiden, um Selbstaussaat zu vermeiden
ARTEN/SORTEN Kahler Frauenmantel *(A. epipsila)*: kompakt, bis 30 cm hoch, honiggelbe Blüten; Kleiner Frauenmantel *(A. erythropoda)*: bis 20 cm hoch, langsamwüchsig, zartgelbe Blüten
PARTNER Mangold, Kopfkohl, Rosenkohl

EIBISCH/SAMTPAPPEL

Althaea officinalis

PFLANZABSTAND 50–60 cm   **BLÜTE** Juli–August
WUCHS 160 cm hoch; straff aufrecht, horstig

Mit ihren zartrosa Schalenblüten, die den ganzen Sommer Bienen als Nahrungsquelle dienen, ist die heimische Samtpappel nicht nur ein reizlinderndes altes Küchen- und Heilkraut, sondern auch eine hübsche Staude für Bauern- und Cottage-Gärten. Passt wunderbar in naturnahe Genussgärten.
KULTUR Boden lehmig-humos, frisch; Rückschnitt im Spätherbst
ARTEN/SORTEN 'Romney Marsh': niedrig, kompakt
PARTNER Taglilien, Pfingstrosen, Kürbis

GEWÖHNLICHE AKELEI

Aquilegia vulgaris

PFLANZABSTAND 20–30 cm   **BLÜTE** Mai–Juni
WUCHS 60–70 cm hoch; aufrecht, horstig

Die heimische Akelei ist mit ihren blauen gespornten aparten Blüten im Frühsommer ein seit Jahrhunderten gern gesehener Gast in unseren Gärten. Sie liebt es, durch Versamung durch den Garten zu vagabundieren. Leider ist die Pflanze leicht giftig und kann Hautreizungen hervorrufen. Doch das sollte kein Grund sein, auf sie zu verzichten. Am schönsten wirkt sie, wenn sie wie zufällig einzeln zwischen anderen Zier- oder Genusspflanzen eingestreut wird.
KULTUR Boden humos, trocken bis frisch; verblühte Blütenstände abschneiden, um Versamung zu verhindern; unansehnliches Laub entfernen
ARTEN/SORTEN 'Black Barlow': gefüllt, schwarz-violett; 'Maxi': sehr große gelbe Blüten; 'Blue Star': große Blüte zweifarbig blau-weiß
PARTNER Storchschnabel, Tränendes Herz, Glockenblume, Wildkohl, Grünkohl, Spinat, Etagenzwiebel, Haferwurzel

HERBSTASTER

Aster sp.

PFLANZABSTAND 40–50 cm   **BLÜTE** September–November
WUCHS 80–120 cm hoch; aufrecht, horstig, überhängend

Herbstastern erfreuen mit malerischen, essbaren Blüten bis in den November hinein. Sie sind gute Begleiter für kurze Früh- oder Zwischenkulturen und füllen schnell freie Flächen nach der Gemüseernte. Bei genug Platz kann man sie mit Hauptkulturen wie Rosenkohl kombinieren. Arten wie die Blaue Wald-Aster (*A. cordifolius*) gedeihen auch am sonnigen oder halbschattigen Gehölzrand und sind als Rahmen für abgeerntete Himbeerquartiere oder zur Unterpflanzung von Obstgehölzen geeignet.
KULTUR Boden frisch, durchlässig, lehmig-humos; düngen, zurückschneiden
ARTEN/SORTEN Glatte Aster 'Calliope' (*A. laevis*); Myrten-Aster 'Lovely' (*A. ericoides*); Waagerechte Aster 'Prince' (*A. lateriflorus* var. *horizontalis*)
PARTNER Kohlrabi, Spinat, Salate, Mairübchen, Grünkohl, Kopfkohl, Stauden-Sonnenblumen, Duftnessel

PFIRSICHBLÄTTRIGE GLOCKENBLUME ☼ ◑ ⌣
Campanula persicifolia

PFLANZABSTAND 20–30 cm BLÜTE Juni–Juli
WUCHS 60–80 cm hoch; straff aufrecht, horstig, teils Ausläufer

Mit schlanken Blütenstielen, die über der pfirsichblättrigen Blatt-
rosette stehen, benötigt diese Cottage-Garten-Blume wenig Platz
und findet in Beeten oder zwischen Obstgehölzen immer einen
Platz. Sie versamt sich reichlich und ist eine schöne Schnittblume.
KULTUR Boden trocken bis frisch; durchlässig, sandig-humos
ARTEN/SORTEN 'Blue Bloomers': halb gefüllt, violettblau; 'Grandi-
flora Alba': weiß
PARTNER Akelei, Fingerhut, Melde, blühender Mangold

ZWEIFARBIGE FLOCKENBLUME ☼ ⌣
Centaurea dealbata

PFLANZABSTAND 60 cm BLÜTE Juni–Juli
WUCHS 50–70 cm hoch; horstig, aufrecht, teils niederliegend

Die Flockenblume mit karminrosa und in der Mitte weißen
Korbblüten ist ein wahrer Insektenmagnet.
KULTUR Boden trocken bis frisch, durchlässig, humos; Rück-
schnitt nach der Blüte führt zu zweiter Blüte
ARTEN/SORTEN Bergflockenblume 'Carnea' *(Centaurea
montana)*: rosa, Pfirsichduft; 'Purple Prose': purpurviolett
PARTNER Steppensalbei, Melde, Blutampfer, Gewürztagetes,
Purpurglöckchen, Pfirsichblättrige Glockenblume

SPORNBLUME ☼ ⌣
Centranthus ruber

PFLANZABSTAND 40 cm BLÜTE Juni–September
WUCHS 60 cm hoch; horstig, aufrecht

Die wüchsige, aber recht kurzlebige Staude mit graugrünem
Laub ist eine Verwandte des Baldrians und wird auch als Heil-
pflanze genutzt. Hübsche Blütenrispen mit winzigen Sternblüten.
KULTUR Boden trocken, kalkhaltig, mager; verblühte Blüten-
stände abschneiden, um die Versamung zu kontrollieren
ARTEN/SORTEN *C. ruber* var. *coccineus* 'Rosenrot': hellrot,
'Albus': weiß
PARTNER Blumendost, Hohe Fetthenne, Lavendel, Thymian

HERBST-CHRYSANTHEME
Chrysanthemum Indicum-Hybride

PFLANZABSTAND 40 cm   **BLÜTE** September–November
WUCHS 60–120 cm hoch; aufrecht, buschig, horstig

Oft bis in den November verzaubern die Herbst-Chrysanthemen mit Blüten in vielfältigen Farbvarianten den herbstlich gefärbten Garten. Sie trotzen ersten leichten Nachtfrösten.
KULTUR Boden durchlässig, humos, keine Staunässe im Winter; Frühjahrspflanzung; erst im Frühjahr zurückschneiden
ARTEN/SORTEN 'Anastasia': niedrig, rosaviolette Ponponblüte; 'Hebe': ungefüllt, lilarosa; 'Herbstbrokat': braunrot
PARTNER Bergenien, Palmkohl, Grünkohl

WEGWARTE/ZICHORIE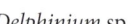
Cichorium intybus var. *intybus*

PFLANZABSTAND 30–40 cm   **BLÜTE** Juli–September
WUCHS 60–80 cm hoch; buschig, sparrig verzweigt

Die heimische Wegwarte gehört zu den Zichorien, ihre jungen Blätter ähneln im Geschmack Endiviensalat und können auch so verwendet werden. Mit ihrem Wildblumencharakter und den hübschen himmelblauen Blüten, die eine gute Bienenweide sind, ist sie als zierende Heilpflanze eine Bereicherung für jeden naturnahen Genussgarten.
KULTUR Boden durchlässig, lehmig, trocken bis frisch; Rückschnitt im Herbst
ARTEN/SORTEN 'Albus': weiße Blüten
PARTNER Oregano, Malve, Wilde Möhre, Ampfer, Flockenblume

RITTERSPORN
Delphinium sp.

PFLANZABSTAND 50–60 cm   **BLÜTE** Juni–Juli, September
WUCHS 80–160 cm hoch; straff aufrecht, buschig, horstig

Die Prachtstaude mit kerzenförmigen Blütenständen ist nicht nur in Bauern- oder Cottage-Gärten sehr beliebt. Giftig!
KULTUR Boden durchlässig, humus- und kompostreich; düngen; Rückschnitt nach Hauptblüte für Nachblüte im Herbst
ARTEN/SORTEN 'Gletscherwasser': hellblau; 'Purple Passion': violett; 'Moerheimii': weiß, Juni bis Oktober
PARTNER Frauenmantel, Rosen, Storchschnabel, Clematis

FEDERNELKE ☼ ⊔
Dianthus plumarius

PFLANZABSTAND 20–30 cm   BLÜTE April–Juli
WUCHS 20–30 cm hoch; immergrün, polsterartig, bodendeckend

Die Duftpflanze wird seit Jahrhunderten in Bauern- und Cottage-Gärten kultiviert. Die federartig gefransten Blüten stehen über immergrünen grasartigen Polstern. Mit essbaren Blüten ist sie als Einfassung oder in kleinen Gruppen ideal für den Genussgarten.
KULTUR Boden kalkhaltig, durchlässig, mager; verblühte Stiele abschneiden
ARTEN/SORTEN 'Maggie': rosa gefüllt; 'Munot': rot gefüllt
PARTNER Polster-Thymian

TRÄNENDES HERZ ☼ ◑ ⊔ !
Dicentra spectabilis

PFLANZABSTAND 40–60 cm   BLÜTE April–Mai
WUCHS 60–80 cm hoch; buschig überhängend, horstig

Romantische Bauerngartenstaude mit überhängenden Blütenständen. Vergilbt nach der Blüte und zieht ein. Giftig!
KULTUR Boden humos, frisch, durchlässig; vergilbtes Laub zurückschneiden
ARTEN/SORTEN 'Alba': weiß; 'Goldheart': gelbgrünes Laub; 'Valentine': kirschrot mit weiß
PARTNER Wald-Astern, Funkien, Süßdolde, Rhabarber, Stielmangold, Ampfer

ROTER FINGERHUT ☼ ◑ ⊔ !
Digitalis purpurea

PFLANZABSTAND 30–40 cm   BLÜTE Juni–Juli
WUCHS 90–120 cm hoch; horstig, straff aufrecht

Der Rote Fingerhut bildet wintergrüne Blattrosetten, aus denen im Frühsommer rosarote Blütenkerzen wachsen. Sehr giftig!
KULTUR Boden humusreich, sauer, lehmig, frisch; Rückschnitt nach der Blüte
ARTEN/SORTEN 'Apricot': gelblich-rosa; 'Gelbe Lanze': hellgelb; Großblütiger Fingerhut (*D. grandiflora*): langlebig, gelbe Blüte
PARTNER Storchschnabel, Hohe Flammenblume, Rhabarber, Ampfer, Taglilien, Astern

SCHEINSONNENHUT

☼ ⏚

Echinacea purpurea

PFLANZABSTAND 30–40 cm   BLÜTE Juli–September
WUCHS 50–100 cm hoch; horstig, straff aufrecht

Eine Präriestaude mit ausdrucksstarken Zungenblüten, die
um einen Kegel tanzen. Die Heilpflanze ist bei Schmetterlin-
gen und Bienen beliebt und eine dankbare Schnittblume.
KULTUR Boden lehmig, gut durchlässig, keine Staunässe;
frisch bis trocken; Schutz vor Schnecken, Wühlmäusen
ARTEN/SORTEN 'Fragrant Angel': weiß, intensiver Duft; 'Pica
Bella': rosa; 'Orange Luxury': orange bis lachsrosa
PARTNER Flammenblume, Duftnessel, Fenchel, Rosenkohl

KOKARDENBLUME

☼ ⏚

Gaillardia × grandiflora

PFLANZABSTAND 30–40 cm   BLÜTE Juli–September
WUCHS 30–70 cm hoch; aufrecht, Blattrosette, horstig

Dauerblüher und willkommene Bienenweide für Prachtstaudenbeete, Prä-
riepflanzungen und Bauerngärten. Kokardenblumen setzen in warmen
Rot-, Orange- und Gelbtönen Akzente und sind prima Schnittblumen.
KULTUR Boden gut durchlässig, sandig-lehmig, frisch; verblühte Blüten aus-
schneiden, starker Rückschnitt Ende September, regelmäßig teilen
ARTEN/SORTEN 'Arizona Red Shades': ziegelrot, gelb gespitzt, 30 cm hoch;
'Burgunder': weinrot, 70 cm hoch; 'Mesa Yellow': gelb, 40 cm hoch
PARTNER Sonnenblume, Steppensalbei, Chili, Tomaten

STAUDEN-SONNENBLUME

☼ ⏚

Helianthus decapetalus

PFLANZABSTAND 80 cm   BLÜTE August–September
WUCHS 120–180 cm hoch; horstig, aufrecht

Unermüdlich blühende Bauerngartenblume. Die Blüten sind
bei Bienen und Schmetterlingen sehr beliebt.
KULTUR Boden lehmig, durchlässig, frisch; Verblühtes aus-
schneiden, Schutz vor Schnecken, nach einigen Jahren teilen
ARTEN/SORTEN 'Triomphe de Gand': große gelbe Blüten;
H. Microcephalus-Hybride 'Lemon Queen': zartgelb
PARTNER Rittersporn, Stockrosen, Sonnenbraut, Astern

STORCHSCHNABEL

Geranium spp.

PFLANZABSTAND 30–50 cm   **BLÜTE** Mai–Juni/Juli
WUCHS 30–70 cm hoch; horstig, teils lagernd

Aus der riesigen Gruppe der Storchschnäbel sind für den Genussgarten horstig wachsende Dauerblüher mit hübschen essbaren Blüten und schöner Herbstfärbung ideal, die sich zudem kaum versamen.
KULTUR Boden durchlässig, trocken bis frisch, sandig-lehmig; bei Bedarf nach der ersten Blüte komplett zurückschneiden, treibt neu nach, manche mit zweiter Blüte
ARTEN/SORTEN 'Pink Penny': purpurrosa, 40 cm; Armenischer Storchschnabel 'Anne Thomson' (*G. Psilostemon*-Hybride): magenta, 60 cm hoch; Blut-Storchschnabel 'Apfelblüte' (*G. sanguineum*): hellrosa, 20 cm hoch; Kaukasus-Storchschnabel 'Philippe Vapelle' (*G. renardii*-Hybride): violett, 40 cm hoch
PARTNER Kopfsalate, Palmkohl, Sellerie, Gartenmelde, Obstgehölze, Wiesenkerbel, Purpur-Engelwurz, Lupinen, Einjähriger Knöterich

SONNENBRAUT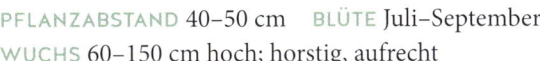

Helenium-Hybride

PFLANZABSTAND 40–50 cm   **BLÜTE** Juli–September
WUCHS 60–150 cm hoch; horstig, aufrecht

Die sehr pflegeleichte Staude blüht bei entsprechender Sortenwahl vom Hochsommer bis in den Herbst. Sie verleiht Genussbeeten einen sonnigen Präriecharakter. Sehr gute haltbare Schnittblume, alleine oder in Sträußen aus Sommerblumen, blühenden Gemüsepflanzen und Spätsommerblühern wie Indianernessel, Flammenblume und Storchschnabel. Die Korbblüten, mit Strahlenblüten in Gelb-, Rot- und Brauntönen, locken zahlreiche Bienen, Hummeln und andere Insekten in den Garten.
KULTUR Boden lehmig, frisch bis feucht; bei längerer Trockenheit wässern; verblühte Triebe abschneiden; totaler Rückschnitt nach der Blüte; nach einigen Jahren teilen
ARTEN/SORTEN 'Moerheim Beauty': kupferrot, 90 cm hoch; 'Double Trouble': gelb gefüllt, 70–90 cm hoch; 'Baudirektor Linne': kupferrot, 130–150 cm hoch
PARTNER Scheinsonnenhut, Astern, Baumspinat, Amaranth

TAGLILIEN

Hemerocallis

PFLANZABSTAND 50–70 cm   **BLÜTE** Mai–September
WUCHS 50–70 cm hoch

Staude mit essbaren Blüten, die teils intensiv duften.
KULTUR Boden lehmig, trocken bis frisch; verblühte Blüten-
stände abschneiden
ARTEN/SORTEN 'Burning Daylight': orangegelb, 60 cm hoch;
'Little Grapette': bordeauxrot, 60 cm hoch; Zitronen-Taglilie
(H. citrina): hellgelb, 100 cm hoch, Nachtdufter
PARTNER Storchschnabel, Pfingstrosen, Rittersporn, Mai-
rübchen, Rhabarber, Kopfkohl

PURPURGLÖCKCHEN

Heuchera

PFLANZABSTAND 30–40 cm   **BLÜTE** Mai–Juli bis August
WUCHS 15–80 cm; buschig, horstig

Sortenreiche wintergrüne Staude mit teils außergewöhnlichen Blattfarben
und -formen. Filigrane Blütenrispen tanzen über den dekorativen Blatt-
horste. Einzeln oder in kleinen Gruppen ein attraktiver Begleiter oder Beet-
rahmen für Gemüse. Sehr wirkungsvoll auch in Blumensträußen.
KULTUR Boden humos, gut durchlässig, trocken bis frisch; im Frühjahr bei
Bedarf Kompost anhäufeln oder »ausgewachsene« Triebe zurückschneiden
ARTEN/SORTEN 'Dark Secret': braunrot, Blüte weiß; 'Georgia Plum': violett,
Blüte lilarosa; *H. micrantha* 'Big Top Gold': caramel, Blüte weiß
PARTNER Salate, Kopfkohl, Palmkohl, Funkien

FUNKIEN

Hosta

 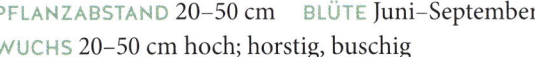

PFLANZABSTAND 20–50 cm   **BLÜTE** Juni–September
WUCHS 20–50 cm hoch; horstig, buschig

Blattschmuckstauden mit teils weiß oder gelb gezeichneten, essbaren Blät-
tern. Miniatur-Sorten gut geeignet als Beetrahmen.
KULTUR Boden lehmig humos, frisch bis trocken; abgestorbenes Laub im
Frühjahr entfernen; Schnecken kontrollieren
ARTEN/SORTEN 'Stained Glas': goldgelb, Blüten weiß; 'Kleiner Schelm':
Zwergform; 'Fall Bouquet': grau, Blüten lavendel
PARTNER Obstgehölze, Rhabarber, Blutampfer, Purpurglöckchen

STAUDEN-WICKE
Lathyrus latifolius

PFLANZABSTAND 60–80 cm   **BLÜTE** Juni–August
WUCHS 150–200 m hoch; buschig kletternd

Die Stauden-Wicke ähnelt sehr der einjährigen Duftwicke. Die zarten Blüten duften zwar nicht, sind aber ebenfalls ein Bienen- und Insektenmagnet. Sie ist eine ideale Kletterpflanze für romantische Bauern- und Cottage-Gärten.
KULTUR Boden locker, trocken bis frisch; Rückschnitt im Herbst
ARTEN/SORTEN 'Rote Perle': magenta; 'Weiße Perle': weiß
PARTNER Clematis, Rosen, Fingerhut, Stockrosen, Paeonien, Zuckererbsen, Gurken

LUPINE
Lupinus latifolius

PFLANZABSTAND 40 cm   **BLÜTE** Juni–August
WUCHS 50–100 cm hoch; straff aufrecht

Oft zweifarbige Schmetterlingsblüten bilden über handförmig geteiltem Laub Blütentrauben, die zart duften. Schnittstaude des Cottage-Gartens und Insektenweide. Giftig!
KULTUR Boden sandig, humos, möglichst sauer; trocken bis frisch; Verblühtes abschneiden; Rückschnitt im Herbst
ARTEN/SORTEN 'Masterpiece': zweifarbig dunkelviolett-orange; 'Salmon Star': lachsrosa
PARTNER Herbstastern, Frauenmantel, Glockenblume, Storchschnabel

TRICHTERFARN
Matteuccia struthiopteris

PFLANZABSTAND 90 cm   **BLÜTE** –
WUCHS 80–120 cm hoch; aufrecht, trichterförmig, Ausläufer

Der Farn bildet schnell große Bestände und ist nur bei ausreichend Platz oder begrenzten Beeten zu empfehlen. Die aufgerollten Spitzen des jungen Blattaustriebs können als Frühlingsgemüse gedünstet werden und schmecken ähnlich wie Brokkoli.
KULTUR Boden humos, frisch bis feucht; in Trockenperioden gießen
PARTNER Narzissen, Funkien, Rhabarber, Ampfer, Japanische Petersilie

INDIANERNESSEL

Monarda

PFLANZABSTAND 40 cm   BLÜTE Juli–September
WUCHS 50–140 cm; aufrecht, teils Ausläufer

Mit federartigen Blüten über intensiv gefärbten Hochblättern und aromatischem Laub eine ideale Genusspflanze! Die Blüten sind Dekoration, Nascherei und gute Schnittblumen.
KULTUR Boden humos, durchlässig, frisch; wässern
ARTEN/SORTEN *M. didyma* 'Squaw': scharlachrot, sehr aromatisch; Rosen-Monarde (*M. fistulosa × tetraploid*): purpurrosa, Blätter duften nach Rosen
PARTNER Einjähriger Knöterich, Schafgarbe

SÜSSDOLDE

Myrrhis odorata

PFLANZABSTAND 50 cm   BLÜTE Mai–Juli
WUCHS 150 cm hoch; buschig, horstig

Mit ihrem fein gefiederten, farnartigen Laub und den weißen Doldenblüten ist diese seit Langem in Bauern- und Küchengärten beliebte heimische Wildstaude mit köstlichem Anisaroma eine dekorative Würz- und Heilpflanze. Sie gedeiht auch an Gehölzrändern im Garten gut und ist bestens für eine Unterpflanzung mit Frühlingsblühern geeignet. Die unkomplizierte Staude versamt sich und ist in allen Teilen essbar. Besonders intensiv nach Lakritz schmecken die länglichen grünen Samenstände.
KULTUR Boden humos, nährstoffreich, frisch
PARTNER Japanische Petersilie, Flammenblume, Bergenien, Fingerhut

BLUMEN-DOST

Origanum laevigatum-Hybride

PFLANZABSTAND 30 cm   BLÜTE Juli–September
WUCHS 30–60 cm hoch; aufrecht, buschig, horstig

Die aromatischen Zierformen des Oregano bringen Farbe und Leichtigkeit in Kräuterbeete und Kiesgärten. Die essbaren Blütenstände sind bei Insekten sehr beliebt und ein schönes Element in Sträußen.
KULTUR Boden sandig-schottrig, kalkhaltig; Rückschnitt vor Samenreife
ARTEN/SORTEN 'Herrenhausen': purpurrosa, 60 cm hoch; 'Aromatico': Wuchs locker, duftig, 40 cm hoch
PARTNER Salbei, Currykraut, Gewürztagetes, Vexiernelke, Zier-Lauch

PFINGSTROSE
Paeonia

PFLANZABSTAND 50–90 cm   BLÜTE Mai–Juni
WUCHS 40–120 cm hoch; buschig, horstig

Die Bauern-Pfingstrose *(P. officinalis)* ist eine seit Jahrhunderten kultivierte Zier- und Heilpflanze, die vor der sortenreichen Edel-Pfingstrose *(P. lactiflora)* blüht. Die pflegeleichten Stauden haben einfache, halb gefüllte oder gefüllte, teils duftende Blüten.
KULTUR Boden mäßig trocken, frisch; nicht zu tief pflanzen
ARTEN/SORTEN 'Rosea Plena': rosa gefüllt, duftend; 'Dr h.c. Steffen': weinrot, sehr niedrig
PARTNER Rittersporn, Bartnelke, Glockenblume

HOHE FLAMMENBLUME/PHLOX
Phlox amplifolia

PFLANZABSTAND 30–40 cm   BLÜTE Juni–September
WUCHS 60–120 cm hoch; aufrecht, horstig

Seine Langlebigkeit und die leuchtenden, üppigen Blütenstände aus kleinen, essbaren Röhrenblüten mit lieblich zartem Duft machen diese prächtige Präriestaude zu einer unentbehrlichen Zutat für den Genussgarten.
KULTUR Boden durchlässig, sandig-lehmig, frisch; gut feucht halten; verblühte Blütenstände abschneiden
ARTEN/SORTEN 'David': weiß, 80 cm hoch; 'Great Smoky Mountains': blauviolett, 120 cm hoch; 'Winnetou': magenta, 100 cm hoch
PARTNER Indianernessel, Rittersporn, Gelenkblume, Melde, Fenchel

GELENKBLUME
Physostegia virginiana

PFLANZABSTAND 30–40 cm   BLÜTE August–Oktober
WUCHS 80 cm hoch; straff aufrecht, kurze Ausläufer

Die hübsche Bauerngartenpflanze erfreut mit beweglichen Lippenblüten an schlanken Blütenähren. Als ideale Schnittblume bereichert sie Sommersträuße und ist bei Bienen sehr beliebt.
KULTUR Boden durchlässig, sandig-lehmig, frisch bis feucht; gut feucht halten; bei Bedarf Ausläufer abstechen
ARTEN/SORTEN 'Bouquet Rose': rosaviolett, 90 cm hoch; 'Summer Snow': weiß, 80 cm hoch; 'Vivid': magenta, 60 cm hoch
PARTNER Hohe Flammenblume, Astern, Mangold, Baumspinat

PRIMEL

Primula

PFLANZABSTAND 20–30 cm   BLÜTE März–Mai
WUCHS 15–30 cm hoch; horstig, kissen- oder rosettenartig

Viele Primel-Arten sind farbenfrohe Frühlingsblüher mit oft wintergrünen Blattrosetten. Schön am Gehölzrand oder als Strukturbildner und Einfassung für Gemüse und Kräuter.
KULTUR Boden trocken bis feucht; lehmig-humos, locker
ARTEN/SORTEN Kugel-Primel *(P. denticulata)*; Schlüsselblume *(P. elatior)*; Kissenprimel *(P. vulgaris)*
PARTNER Tränendes Herz, Traubenhyazinthe, Narzissen, Lilien, Miniatur-Funkie, Pflücksalat, Mairübchen, Feldsalat

WIESENKNOPF

Sanguisorba

PFLANZABSTAND 30–50 cm   BLÜTE Juli–September
WUCHS 40–100 cm hoch; horstig, aufrecht

Der Große Wiesenknopf *(S. officinalis)* mit seinen auf hohen Stielen schwebenden, leicht überhängenden Blütenköpfchen wirkt am schönsten als Akzentstaude zwischen Gemüse, Kräutern und anderen Blütenstauden.
KULTUR Boden lehmig-sandig, trocken bis frisch
ARTEN/SORTEN Kleiner Wiesenknopf/Pimpinelle *(S. minor)*: wintergrüne Rosettenpflanze, mit würzigen Blättern, kann roh auch als Salat gegessen werden, magere Standorte; Rosa Wiesenknopf 'Pink Tanna': 90 cm hoch
PARTNER Fenchel, Melde, Grünkohl, Rosenkohl, Mangold, Indianernessel, Flammenblume, Schmuckkörbchen

HOHE FETTHENNE

Sedum Telephium-Hybride

PFLANZABSTAND 30–40 cm   BLÜTE August–Oktober
WUCHS 40–70 cm hoch; horstig, aufrecht

Eine fast das ganze Jahr über dekorative, pflegeleichte Rabatten- und Schnittstaude für heiße Standorte. Die saftigen Blätter sind eine schmackhafte Zugabe für Salate. Landeplatz und Nahrungsquelle für Insekten.
KULTUR Boden sandig-lehmig, trocken bis frisch
ARTEN/SORTEN 'Karfunkelstein': Laub dunkelviolett, Blüten braunrosa, 45 cm hoch; *S. spectabile* 'Iceberg': weiß, 30 cm hoch
PARTNER Vexiernelke, mediterrane Kräuter, Muskateller-Salbei

SAMTNELKE/VEXIERNELKE
Silene coronaria

PFLANZABSTAND 30–40 cm   BLÜTE Juni–Juli
WUCHS 60 cm hoch; aufrecht, horstig

Die Staude mit weißfilzigem Laub bildet dichte wintergrüne Blatt-
rosetten und macht sich besonders schön auf locker bepflanzten
mediterranen Kräuterbeeten, in Cottage-Gärten oder im Kiesbeet.
Die purpurroten Blüten sind bei Schmetterlingen sehr beliebt.
KULTUR Boden durchlässig, mager, trocken
ARTEN/SORTEN 'Alba': weiß, 70 cm hoch
PARTNER Zier-Lauch, Spornblume, Lavendel, Blut- oder Kauka-
sus-Storchschnabel, Meerkohl, Erbsen

PECHNELKE
Silene viscaria

PFLANZABSTAND 30 cm   BLÜTE Mai–Juli
WUCHS 30–60 cm hoch; horstig, polsterartig

Mit leuchtenden rosa Blüten an dunkelroten Stielen ist die
Pechnelke in Bauern- und Cottage-Gärten sehr willkommen.
Ihren Namen verdankt sie der schwarzen Substanz unterhalb
der Stielknoten, die wohl zur Abwehr von Schädlingen dient.
KULTUR Boden trocken, kalkarm, mager; verblühte Blüten-
stände abschneiden
ARTEN/SORTEN 'Plena': gefüllt karminrosa, 40 cm hoch
PARTNER Blumen-Dost, Federnelke, Stangenbohnen

VEILCHEN
Viola

PFLANZABSTAND 20–30 cm   BLÜTE April-Mai/August–Oktober
WUCHS 10–15 cm hoch; kriechend, Ausläufer

Horn-Veilchen *(V. cornuta)* sind Dauerblüher, Duft-Veilchen
(V. odorata) Frühlingsblüher. Für ländliche Gärten, als Beetum-
randung, vor Gehölzen, als Inseln in Gemüsebeeten.
KULTUR Boden lehmig, locker, frisch
ARTEN/SORTEN Duft-Veilchen 'Baronne Alice de Rothschild;
Horn-Veilchen 'Altona': cremeweiß; Gartenstiefmütterchen
(V. × wittrockiana)
PARTNER Akelei, Ranunkeln, Anemonen, Funkien, Salate

VON ANEMONE BIS TULPE

Wie von Zauberhand erscheinen die leuchtenden Blüten der Frühlings-Zwiebelblumen oft schon, wenn noch Schnee liegt. Ihre empfindlicheren Kollegen wie Lilien oder Dahlien tun ihren Dienst erst im Sommer.

Zwiebel- und Knollenpflanzen sind eine besondere Gruppe innerhalb der Stauden. Sie werden auch als Geophyten, also Erdpflanzen, bezeichnet, da ihre Überwinterungsorgane deutlich unterhalb der Erdoberfläche liegen.

Viele von ihnen sind Überlebenskünstler, die teils widrigen Standortbedingungen mit ihren Speicherorganen trotzen, indem sie während der Vegetationsperiode Nährstoffe wie in einer Vorratskammer speichern und für die kommende Vegetationsperiode bereithalten. Manchmal erscheint es wie ein Wunder, was die Natur aus einer winzigen Knolle oder Zwiebel in kürzester Zeit hervorzuzaubern vermag – man denke nur an Winterlinge, Schneeglöckchen oder Blausternchen, die sich durch frostigen Boden emporkämpfen und mit ihren strahlenden Blüten manchmal sogar unverdrossen aus einer geschlossenen Schneedecke herausschauen.

Die meisten Frühlings-Zwiebelblumen sind sehr pflegeleicht. Sie sind aber nicht essbar, sondern zum Teil sehr giftig. Sie ziehen nach der Blüte im Frühling ein, ihr Laub vergilbt und vertrocknet schließlich ganz. Daher setzt man von vornherein geeignete Pflanzen neben sie, die sich erst später zu voller Größe entwickeln, den frei werdenden Platz der Frühlingsblüher einnehmen und das vergilbende Laub überdecken.

Frühlingsgeophyten sind wunderbar geeignet, um Genussbeete bereits im Vorfrühling mit einem bunten Blütenkleid zu überziehen. Spät blühende Tulpen und Zier-Lauch sind im Früh-sommer spannungsvolle Blühpartner von Gemüsepflanzen, Kräutern, Sommerblumen, Blüten- und Blattschmuckstauden. Sie ziehen sich als geschwungene oder gerade Bänder durchs Beet, lassen sich aber auch naturnah einzeln oder in unterschiedlich großen Gruppen je nach Bepflanzungskonzept arrangieren.

FRÜH UND SPÄT

Man unterscheidet die meist im Frühling oder Frühsommer blühenden frostfesten Frühlingsgeophyten wie Schneeglöckchen, Krokusse, Narzissen, Zier-Lauch und Tulpen, die zwischen Ende August und Anfang November in den Boden gesetzt werden und jedes Jahr zwischen Februar und Juni blühen, sowie Hochsommerblüher wie Lilien und die in unseren Breiten meist nicht frostfesten Dahlien, Ranunkeln und Gladiolen, die erst nach den Eisheiligen ab Mitte Mai ins Beet kommen, im Herbst ausgegraben und frostfrei überwintert werden müssen.

Die Pflanztiefe wird durch die Größe der Zwiebeln bestimmt. Als Faustregel legt man den dreifachen Zwiebeldurchmesser zugrunde.

Während Narzissen teils sehr langlebig sind und viele durch Verwilderung größere Bestände bilden, sind Tulpen bis auf einige Wildarten leider nicht sehr ausdauernd und müssen, wenn sie nach einigen Jahren nicht mehr blühen, durch neue Zwiebeln ersetzt werden.

Oben: Wildtulpen wie Tulipa humilis fühlen sich in mediterranen Kräutergärten wohl.
Links: Ein spannungsvolles Paar in Farbe und Form: filigraner Dill und Dahlienblüten.

ZIER-LAUCH

Allium

PFLANZABSTAND 10–30 cm   BLÜTE Mai–Juli
WUCHS 20–150 cm hoch; straff aufrecht, horstig

Typisch sind kugelartige Blütenstände aus winzigen Sternblüten auf hohen Stielen. Akzentpflanze oder Ergänzung naturnaher Pflanzungen.
KULTUR Boden durchlässig, lehmig, trocken bis frisch
ARTEN/SORTEN Granat-Kugellauch (*A. atropurpureum*): dunkel weinrot, 80 cm hoch; Iran-Lauch 'Purple Sensation' *(A. aflatunense)*: purpurviolett, 90 cm hoch; Riesen-Lauch 'Ambassador': violett, 130 cm hoch
PARTNER Basilikum, Salate, Artischocke, Auberginen, Chili, Hohe Flammenblume, Scheinsonnenhut, Storchschnabel, Steppensalbei

SCHNITTKNOBLAUCH

Allium tuberosum

PFLANZABSTAND 20–30 cm   BLÜTE Juli–September
WUCHS 25–80 cm; aufrecht

Das aromatische Würzkraut mit dickfleischigen Blättern ist eine hübsch weiß, rosa oder violett blühende Zwiebelpflanze mit mildem Knoblauchgeschmack, der besonders schnell wieder verfliegt.
KULTUR Boden humus- und nährstoffreich, durchlässig; ab März bis August direkt ins Beet setzen oder März bis April vorziehen und ab Mai auspflanzen; ideal für die Kübelkultur; von April bis September nach Bedarf Laub schneiden; die Blüten schmecken köstlich
ARTEN/SORTEN 'Fat Leaf': sehr breite Blätter, dekorative violette Blüten
PARTNER Lavendel, Steppensalbei, Rosmarin

KRONEN-ANEMONE

Anemone coronaria

PFLANZABSTAND 10 cm   BLÜTE Mai–August
WUCHS 25 cm hoch; aufrecht, buschig

Mit ihren einfachen oder gefüllten Schalenblüten verbreiten sie Cottage-Garten-Charme. Allerdings benötigen sie etwas Pflege.
KULTUR Boden locker, durchlässig, trocken bis frisch, keine Staunässe; nach dem Einziehen aus dem Boden nehmen, im März wieder einpflanzen
ARTEN/SORTEN 'Sylphide': violett; 'Bicolor': weiß/rot; 'Lord Lieutnant': blau
PARTNER verschiedene Sorten bunt gemischt; Wiesenkerbel, Akelei, Jungfer im Grünen, Zierkohl

GARTEN-DAHLIE

Dahlia × hortensis

PFLANZABSTAND 40–60 cm   BLÜTE Juli–Oktober
WUCHS 30–160 cm hoch; buschig, aufrecht

Dahlien gibt es in vielen Farben und Blütenformen. Eine typische Schnittblume des ländlichen Bauern- und Cottage-Gartens.
KULTUR Boden durchlässig, frisch, keine Staunässe; im Spätherbst zurückschneiden, ausgraben, überwintern, ab Mai auspflanzen
ARTEN/SORTEN Schmuck-Dahlie 'David Howard': orange, rot-laubig; Ball-Dahlie 'Sylvia': orange; 'Lipoma': magenta; Hirsch-geweih-Dahlie 'Alauna Clair Obscur': purpur-weiß
PARTNER Pfingstrosen, Gladiolen, Stangenbohnen, Mangold, Dill

WINTERLING

Eranthis hyemalis

PFLANZABSTAND 5 cm   BLÜTE Februar–März
WUCHS 10 cm hoch; aufrecht

Mit gelben, zart duftenden Schalenblüten über einer hüb-schen Blattkrause ein willkommener Frühlingsbote. Perfekt für Beete am Rand von Gehölzen. Giftig!
KULTUR Boden humos, sandig-lehmig, frisch bis trocken
ARTEN/SORTEN *E. cilicica*: größere und spätere Blüte, klei-nere Blattkrause
PARTNER Schneeglöckchen, Blausternchen, Funkien, Trichterfarn, Tränendes Herz, Narzissen

GLADIOLE

Gladiolus

PFLANZABSTAND 10 cm   BLÜTE Juni–August
WUCHS 50–140 cm hoch; schlank, aufrecht

Dank langer Blütenstände mit trichterförmigen, farbintensiven Blüten ist sie eine beliebte Schnittblume in Küchen- und Bauerngärten.
KULTUR Boden durchlässig, tiefgründig, frisch bis feucht, keine Staunässe; ab April 10 cm tief pflanzen, Ende Oktober ausgraben und überwintern
ARTEN/SORTEN 'Espresso': dunkelpurpur; 'Grapevine': dunkelblau, heller Schlund; 'Buggy': weiß, gelber Schlund; *G. nanus, G. tubergenii*: Mini-Gladiolen
PARTNER Dahlien, Spinnenblume, Rote Melden, Grünkohl, Rosenkohl

SPANISCHES BLAUGLÖCKCHEN ☀ ● ⊔ !

Hyacinthoides hispanica

PFLANZABSTAND 5–10 cm   BLÜTE Mai–Juni
WUCHS 20–30 cm hoch; aufrecht, horstig

Der Frühlingsblüher mit blauen glockenförmigen Blüten bildet mit der Zeit große Gruppen und ähnelt dem heimischen Hasenglöckchen (*H. non-scripta*).
KULTUR Boden humos, durchlässig, frisch
ARTEN/SORTEN 'Excelsior': dunkelblau, sehr große Glocken; 'Rose Queen': rosa; *H. non-scripta* 'Alba': weiß
PARTNER Obst- und Ziergehölze, Purpurglöckchen, Funkien, Akelei, Frauenmantel

ZWERG-IRIS

Iris reticulata   ☀ ⊔ !

PFLANZABSTAND 5–10 cm   BLÜTE Februar–März
WUCHS 10–20 cm hoch; zierlich, aufrecht

Die Zwerg-Iris mit veilchenblauen duftenden Blüten gedeiht in Kies- oder mediterranen Kräutergärten und am sonnigen, trockenen Gehölzrand. Die Holland-Iris (*I. × hollandica*) wird erheblich höher und ist von Mai bis Juni eine schöne Schnittblume, die auch in etwas nährstoffreicheren Böden zwischen Gemüsepflanzen oder Kräutern gedeiht.
KULTUR Boden durchlässig, sandig-schottrig, trocken bis frisch
ARTEN/SORTEN 'Edward': spät, himmelblau; 'Pauline': purpurviolett, duftend; *I. hollandica* 'Frans Hals': gelb-braun-violett; 'White Excelsior': weiß
PARTNER Federnelken, Flockenblume, Spornblume, Thymian, Tulpen

LILIE   ☀ ☀ ⊔ !

Lilium

PFLANZABSTAND 30 cm   BLÜTE Mai–Juli
WUCHS 40–150 cm hoch; aufrecht

Lilien sind recht anspruchsvoll. Ausnahme: Tiger- und Scharlach-Lilie.
KULTUR Boden durchlässig, sandig-lehmig, frisch, keine Staunässe; regelmäßig nach Lilienhähnchen absuchen; Wurzelbereich beschatten, stützen
ARTEN/SORTEN Madonnen-Lilie (*L. candidum*): weiß; Königs-Lilie (*L. regale*): weiß-braun-rosa; Feuer-Lilie (*L. bulbiferum*): orange, rot; Tiger-Lilie (*L. lancifolium*): orange-rot; Türkenbund (*L. martagon* var. *album*): weiß
PARTNER Fenchel, Funkien, Glockenblume, Rittersporn, Storchschnabel

NARZISSE
Narcissus

PFLANZABSTAND 10–20 cm   BLÜTE April–Mai
WUCHS 20–60 cm hoch; aufrecht

Die Frühlingsblüher wandern in Gruppen oder Bändern durch Genussbeete oder verwildern in größeren Kolonien im Rasen.
KULTUR Boden sandig-lehmig, humos, trocken bis frisch; Laub einziehen lassen
ARTEN/SORTEN 'White Lion': weiß mit gelb, gefüllt; 'Accent': weiß, lachsrosa; 'Goblet': weiß-gelb; 'February Silver': klein, hellgelb
PARTNER zwischen Stauden und Sommerblumen, im Schnittblumenbeet, im Rasen, unter Rhabarber, Kohl

RANUNKEL
Ranunculus asiaticus

PFLANZABSTAND 20–30 cm   BLÜTE Mai–Juli
WUCHS 20–40 cm hoch; buschig, horstig

Mit Schalenblüten in leuchtenden Farben über gelapptem dunkelgrünem Laub werden die als Schnittblumen bekannten Ranunkeln auch gern in Beeten und Kübeln kultiviert. Giftig!
KULTUR Boden durchlässig, sandig, frisch, keine Staunässe; vor den ersten Frösten ausgraben, frostfrei überwintern oder einjährig kultivieren
ARTEN/SORTEN Paeonienblütige Ranunkel: sehr lange Blüte; Persische Ranunkel: einfach oder halbgefüllt; Türkische Ranunkel: groß, dicht gefüllt
PARTNER Miniatur-Funkien, Kronen-Anemonen, Muskat-Garbe, Taglilien

TULPE
Tulipa

PFLANZABSTAND 5–10 cm   BLÜTE Mai
WUCHS 10–60 cm hoch; aufrecht

Die beliebtesten Frühlingsblüher für Beet und Vase. Ideal in Kombination mit austreibenden Stauden, Kräutern und Gemüsearten, die das nach der Blüte vergilbende Laub überdecken.
KULTUR Boden sandig-lehmig, durchlässig, keine Staunässe
ARTEN/SORTEN *T. eichleri*: scharlachrot, 40 cm; *T. clusiana* 'Cynthia': gelb, 25 cm; *T. tarda* weiß-gelb, 15 cm; 'Apeldoorn': rot, 50 cm; 'Parade': gelb, 60 cm
PARTNER Prachtstauden, Sommerblumen

VON BUSCH-MALVE BIS ZINNIE

Kurzlebige und Sommerblumen füllen blitzschnell Lücken, überraschen mit großer Vielfalt und sind zudem oft auch sehr nützlich – gleich, ob sie Schädlinge fernhalten oder mit essbaren Blüten Speisen verschönern.

Wenn sich durch die Gemüsereihen malerische Bänder aus bunten Sommerblumen als gleichberechtigte Partner des Gemüses ziehen, spricht man in Frankreich treffend vom »potager fleuri«, was so viel wie »dekorativer blumiger Küchen- bzw. Gemüse- oder Obstgarten« bedeutet. Da die meisten Gemüsearten einjährig kultiviert werden, bietet es sich geradezu an, sie nach Herzenslust mit einjährigen Sommerblumen zu kombinieren, denn im folgenden Jahr steht aufgrund des Fruchtwechsels sowieso meist der Umzug auf ein anderes Beet an. So kann man jedes Jahr neue Kombinationen ausprobieren und seiner Fantasie freien Lauf lassen. Unter dem Begriff Sommerblumen fasst man schnellwüchsige Blütenpflanzen mit teils recht unterschiedlichen Lebenszyklen zusammen, die uns vom Frühsommer bis in den Spätherbst mit immer neuen Blüten erfreuen.

Zu ihnen gehören die echten Einjährigen – auch Annuelle genannt – wie Duftwicken, Löwenmäulchen oder Schmuckkörbchen. Sie entwickeln sich innerhalb eines Jahres aus einem Samenkorn zu einer blühenden Pflanze, bilden Samen aus und sterben zum Winter hin ab. Im folgenden Jahr beginnt ein neuer Wachstumszyklus. Auch einige Gräser sind einjährig und lassen sich sehr schön mit Sommerblumen kombinieren, wie das große Herz-Zittergras. Man kann den Samen der Annuellen zum Vorziehen neuer Pflanzen gezielt absammeln oder der Natur ihren freien Lauf lassen.

Zweijährige oder winterannuelle Blumen wie Stockrosen oder Wiesenkerbel werden im Frühsommer ausgesät und bilden zunächst nur eine Blattrosette. Erst im folgenden Frühling oder Frühsommer erheben sich aus der Rosette die Blütenstände. Lässt man einige reifen Samenstände stehen, bilden sich neue Rosetten, die die Blüte im Folgejahr sichern.

Rasch wachsende, bei uns jedoch nicht winterharte Stauden und Sträucher wie Busch-Malven werden wie einjährige kultiviert oder in Kübeln frostfrei überwintert. Viele kann man vorgezogen kaufen, sie lassen sich aber auch leicht durch Aussaat kultivieren.

SCHÖN UND NÜTZLICH

Viele typische kurzlebige Bauerngartenblumen wie Calendula, Kapuzinerkresse oder Tagetes werden traditionell und oft auch nicht ohne Grund als Partner fürs Gemüse gewählt, denn schon lange kennt man ihre Wirkung auf Schädlinge sowie auf die Bodenqualität. Ein Streifen aus einer bunten Blütenmischung um das Gemüsebeet kann Wunder bewirken.

Sommerblumen eigenen sich auch hervorragend als Schnittblumen für die Vase und lassen sich zu hinreißend schönen sommerlichen Blumenarrangement kombinieren. Viele schenken uns zudem hübsche essbare Blüten als Dekoration für Salate, Süßspeisen oder Fruchtbowlen.

Oben: Zinnien – in bunter Mischung oder in einem Farbton – blühen ausdauernd und eignen sich zum Schnitt.
Links: Sommerblumenvielfalt in Gelb- und Orangetönen mit spannungsvollen Tupfern in Lila, Magenta und Rosa.

STOCKROSE

Alcea rosea

PFLANZABSTAND 30–50 cm   BLÜTE Juli–September
WUCHS 150–200 cm hoch; straff aufrecht, zweijährig

Bauerngartenpflanze mit farbenfrohen Blüten. Schöne Fernwirkung.
KULTUR Sandiger Lehmboden, durchlässig, trocken bis frisch; Aussaat
April bis Juni, im Spätsommer pflanzen für Blüte im folgenden Jahr
ARTEN/SORTEN 'Chaters Chamois': gefüllt, apricot; 'Cassis Swirl':
halbgefüllt, violett; 'Mars Magic': einfach, rot; 'Parkallee': gelb,
 ausdauernd
PARTNER Spinnenblume, Schmuckkörbchen, Rittersporn, Ampfer,
Zuckererbsen, Duftwicken, Kürbis

WALD-ENGELWURZ

Angelica sylvestris

PFLANZABSTAND 1 m   BLÜTE Juni–September
WUCHS 90–150 cm hoch; aufrecht, zweijährig

Die Schwester der Echten Engelwurz *(A. archangelica)* ist ein schmackhaftes Würzkraut mit zartrosa Blütendolden auf purpurn überhauchten Stielen. Hübsche ornamentale Solitärpflanze, die zahlreiche Insekten anzieht
und auch für den Gehölzrand geeignet ist.
KULTUR Boden humos, locker, frisch bis feucht.
ARTEN/SORTEN Purpur-Engelwurz 'Vicar's Mead': Blätter dunkelpurpurn,
Blüte rosa; Chinesische Engelwurz *(A. dahurica)*; Rote Engelwurz *(A. gigas)*
PARTNER Japanische Petersilie, Funkien, Rhabarber, Dill, Lupinen *(Lupinus
hartwegii)*

WIESENKERBEL

Anthriscus sylvestris

PFLANZABSTAND 50 cm   BLÜTE April–Juli
WUCHS 60–140 cm hoch; aufrecht, horstig, zweijährig

Mit filigranen weißen doldigen Blütenständen über gefieder-
ten Blättern ist der nach Karotte und Petersilie schmeckende
Wiesenkerbel eine anmutige Füllpflanze zwischen Kräutern.
KULTUR Boden durchlässig, lehmig-sandig, frisch. Vorsicht:
leicht mit dem sehr giftigen Schierling zu verwechseln!
ARTEN/SORTEN 'Ravenswing': rotlaubig, 100 cm
PARTNER Flockenblume, Klatschmohn, Scheinsonnenhut

LÖWENMÄULCHEN

☀ ⛶

Antirrhinum majus

PFLANZABSTAND 20 cm   BLÜTE Juni–September
WUCHS 50–100 cm hoch; aufrecht, einjährig

Die auffallenden Lippenblüten bilden dicht an dicht kerzenartige
Blütenstände. Wundervolle Schnittblumen, idealer Lückenfüller
zwischen Stauden und Gemüse oder im Kübel.
KULTUR Boden locker, frisch; Februar Vorkultur im Haus, ab April
ins Beet auspflanzen; Verblühtes abschneiden
ARTEN/SORTEN 'Rosella': rosa, 100 cm; 'Twinny Peach': apricot,
30 cm; Hänge-Löwenmäulchen *(A. pendula)*
PARTNER Schmuckkörbchen, Wiesenkerbel, Zinnien

GARTENMELDE

☀ ⛶

Atriplex hortensis

PFLANZABSTAND 20–40 cm   BLÜTE Juli–September
WUCHS 105–200 cm hoch; straff aufrecht; einjährig

Das junge Laub ist frisch als Salatbeigabe oder geschmort ein
Genuss, die hübschen ährigen Blütenstände machen sie zur
idealen Pflanze für den Genussgarten.
KULTUR Boden frisch bis feucht; Aussaat März bis September
ARTEN/SORTEN 'Gelbe Lacherez': gelbes Laub; *A. hortensis*
var. *rubra* 'Opera': grün-violettes Laub
PARTNER Amaranth, Erdbeerspinat, Einjähriger Knöterich,
Levkoje

ZIERKOHL

☀ ⛶

Brassica oleracea var. *acephala*

PFLANZABSTAND 30–40 cm   BLÜTE April–Mai
WUCHS 30–50 cm hoch; halbrund, teils auf Stielen, zweijährig

Der essbare Zierkohl fällt durch kontrastreiche Farbgebung auf
und ist auch im Winter eine Zierde im Beet. Im folgenden Jahr
schießt der typische Blütenstand mit essbaren Blüten empor.
KULTUR Boden locker, sandig-lehmig, frisch; vorziehen oder
Aussaat April bis Mai ins Beet, vereinzeln
ARTEN/SORTEN 'Sunset': langstielig, rot-grün; 'White Lady':
gekraust, weiß; 'Coral Queen': geschlitzt, rote Mitte
PARTNER Grünkohl, Rotkohl, Purpurglöckchen, Bartnelke

RINGELBLUME

Calendula officinalis

PFLANZABSTAND 30 cm   BLÜTE Juni–Oktober
WUCHS 30–60 cm hoch; aufrecht, horstartig, einjährig

Heilpflanze und Bauerngartenblume mit langer Tradition, die in der Mischkultur gegen Wurzelnematoden genutzt wird. Die orangenen oder gelben Korbblüten sind essbar.
KULTUR Boden sandig-lehmig, frisch; ab März direkt ins Beet säen, später vereinzeln
ARTEN/SORTEN 'Snow Princess': weiß mit dunkler Mitte, 60 cm; 'Orangestrahlen': gedrehte Blütenblätter, 50 cm
PARTNER Kapuzinerkresse, Kürbis, Erbsen, Sellerie

KORNBLUME

Centaurea cyanus

PFLANZABSTAND 30 cm   BLÜTE Juni–Oktober
WUCHS 20–80 cm hoch; aufrecht, einjährig

Ihre blauen Korbblüten sieht man zusammen mit rotem Klatschmohn heute wieder öfter an Feldrändern. Auch im romantischen Genussgarten ist die Kornblume in Gruppen oder kombiniert mit anderen Sommerblumen beliebt und ein wichtiger Nektarlieferant für Insekten. Inzwischen gibt es sie in variierenden Blütenfarben. Bestens für naturnahe Sträuße.
KULTUR Boden sandig-lehmig, durchlässig; Aussaat März bis Juni
ARTEN/SORTEN 'Dwarf Blue Midget': blau, 20 cm; 'Black Beauty': braunschwarz, 80 cm; 'Rote Lola': rot, 80 cm
PARTNER Klatschmohn, Kerbel, Schmuckkörbchen

SPINNENBLUME
 !

Cleome spinosa

PFLANZABSTAND 40 cm   BLÜTE Juli–Oktober
WUCHS 80–140 cm hoch; aufrecht, sparrig

Aus den filigranen Blütentrauben ragen die langen Staubgefäße wie Spinnenbeine. In Gruppen oder Bändern ist die Farbwirkung umwerfend.
KULTUR Boden durchlässig, sandig-lehmig, trocken bis frisch, keine Staunässe; vorziehen, ab Ende Mai auspflanzen, vor der Pflanzung stutzen
ARTEN/SORTEN 'Kirschkönigin': karminrosa; 'Helen Campbell': weiß; 'Violett Queen': violett; 'Señorita Blanca': weiß, niedrig kompakt für Kübel
PARTNER Zinnien, Dahlien, Schmuckkörbchen, Steppensalbei, Sonnenbraut

SCHMUCKKÖRBCHEN
Cosmos bipinnatus

PFLANZABSTAND 30 cm   **BLÜTE** Juli–Oktober
WUCHS 50–100 cm hoch; aufrecht, buschig, einjährig

Mit duftig-transparenten Schalenblüten und feingefiedertem Laub passt die Blume gut zu Präriestauden, Sommerblumen, Gemüse.
KULTUR vorziehen oder ab Mai direkt ins Beet säen; verwelkte Blüten ausschneiden
ARTEN/SORTEN 'Double Click Rose Bonbon': rosa gefüllt, 80 cm; 'Lemonade': hellgelb, 60 cm; 'Velouette': rot-weiß, 90 cm
PARTNER Indianernessel, Flammenblume, Scheinsonnenhut, Garten-Melde, Spinnenblume

BARTNELKE
Dianthus barbatus

PFLANZABSTAND 30 cm   **BLÜTE** Mai–August
WUCHS 30–60 cm hoch; aufrecht, zweijährig

Bauerngartenpflanze mit nostalgischem Charme. Mit den duftenden Blütenständen in vielfältigen Farben passt sie sehr gut ins Schnittblumenbeet oder zwischen Sommerblumen.
KULTUR Boden durchlässig, sandig-lehmig; Mai bis Juli vorziehen, im September ausplanzen, Verblühtes abschneiden
ARTEN/SORTEN 'Pink Beauty': rosa, 50 cm; 'Sooty': schwarzrot, 30 cm, rötliches Laub
PARTNER Kapuzinerkresse, Storchschnabel

SONNENBLUME
Helianthus annuus

PFLANZABSTAND 30–40 cm   **BLÜTE** Juli–Oktober
WUCHS 50–250 cm hoch; aufrecht, feste Stiele, einjährig

Mit den teils bis zu 30 cm großen Korbblüten wirkt sie gut als Zaungucker oder vor Mauern. Beliebte Schnittblume.
KULTUR Boden gut durchlässig, sandig-lehmig, frisch; Aussaat ab April direkt ins Beet
ARTEN/SORTEN 'Green Heart': limonengrüne Mitte; 'Samtkönigin': rot, 150 cm; 'Sunrich Gold': goldgelbe Mitte, 170 cm
PARTNER Dahlien, Sonnenbraut, Einjähriger Knöterich, Amaranth, Zuckermais

DUFTWICKE
Lathyrus odoratus

PFLANZABSTAND 20 cm   BLÜTE Juni–September
WUCHS 100–200 cm hoch, selbstklimmend, einjährig

In Kürze überziehen Duftwicken Spaliere und Zäune mit einem
duftenden Blütenkleid. Als Schnittblume sind sie ganz bezaubernd.
Vorsicht: Blüten und Schoten giftig!
KULTUR Boden durchlässig, locker, frisch; Aussaat ab März ins Beet;
Blüten und Verblühtes regelmäßig ausschneiden
ARTEN/SORTEN 'Ramia': zweifarbig blau-violett; 'Royal Red': rot;
'Lord Nelson': blau
PARTNER Schmuckkörbchen, Busch-Malven, Dill, Gartenmelde

BUSCH-MALVE
Lavatera trimestris

PFLANZABSTAND 50 cm   BLÜTE Juli–Oktober
WUCHS 50–120 cm; aufrecht, buschig, einjährig

Die aus dem Mittelmeerraum stammende Blütenschönheit und Bienenweide ist mit großen zarten Trichterblüten ein dankbarer Lückenfüller zwischen Stauden in ländlichen oder naturnahen Beeten.
KULTUR Boden sandig locker, frisch; keine Staunässe; im März vorziehen
oder im April direkt ins Beet säen
ARTEN/SORTEN 'Ruby Regis': dunkelrosa, 60 cm; 'Pink Beauty': hellrosa fein
geadert, 70 cm
PARTNER Rittersporn, Löwenmäulchen, Rosen, Johannisbeeren, Quinoa,
Amaranth, Aronie

LUPINE
Lupinus hartwegii

PFLANZABSTAND 30 cm   BLÜTE Juni–August
WUCHS 30–40 cm hoch; kompakt, buschig

Anders als die Stauden-Lupine blüht diese Art bereits wenige Wochen nach
der Aussaat. Wundervoll in Bauerngärten und auf Cottage-Beeten, ideal für
Kübel oder als Nachkultur für Frühgemüse. Nicht zum Verzehr geeignet!
KULTUR Aussaat April bis Mai ins Beet oder in Töpfe, später ins Beet setzen
ARTEN/SORTEN 'Avalune Mischung': 40 cm, violett-rosa; 'Pixie Delight'-
Mischung: rosa-lila-blau
PARTNER Storchschnabel, Frauenmantel, Kapuzinerkresse

LEVKOJE

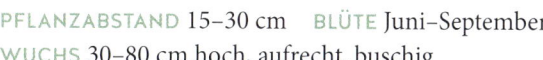

Matthiola incana

PFLANZABSTAND 15–30 cm   **BLÜTE** Juni–September
WUCHS 30–80 cm hoch, aufrecht, buschig

Betörend duftende, oft gefüllte Schnittblume und Insektenweide
mit langer Tradition in Bauern- und Cottage-Gärten. Blüht in
vielen Farbnuancen, auch schön in Kübeln.
KULTUR Boden humos sandig-lehmig-frisch; keine Staunässe; vor-
ziehen ab Februar, ab Mai auspflanzen; Verblühtes abschneiden
ARTEN/SORTEN 'Tudor Tapestry': rotviolett, 30 cm; Abendlevkoje
(M. longipetala): Nachtdufter mit natürlichem Charme
PARTNER Zinnien, Dill

JUNGFER IM GRÜNEN

Nigella damascena

PFLANZABSTAND 10–20 cm   **BLÜTE** Juni–August
WUCHS 40–60 cm; aufrecht, einjährig

Eine ausdauernd blühende Bauerngarten- und Schnittblume
mit weißen Blüten zwischen feinfiederigem Laub.
KULTUR Boden locker, trocken bis frisch, auch mager; Aus-
saat März bis April direkt ins Beet
ARTEN/SORTEN 'Pretty Rose': zweifarbig rosa; 'Moody Blues':
variierende Blautöne; 'Persian Rose': magenta; *N. papillosa*
'African Bride': weiß, schwarze Mitte
PARTNER Ringelblume, Wicken, Zinnien

KLATSCHMOHN

Papaver rhoeas

PFLANZABSTAND 10–20 cm   **BLÜTE** Mai–Juli
WUCHS 50–60 cm; aufrecht, einjährig

Der Klatschmohn ist als Insektenmagnet ein Lückenfüller für romantische
Cottage- und Naturgärten. Er wandert durch Selbstaussaat zwischen Stau-
den und Gemüsepflanzen und setzt leuchtende Farbtupfer ins Beet.
KULTUR Boden trocken bis frisch, locker, humusreich; Aussaat Ende
März bis Mai direkt ins Beet, Samen mit feinem Sand mischen
ARTEN/SORTEN 'Cabrita': weiß, 50 cm; 'Chorus': gefüllt, variierende Rosa-
töne; Island-Mohn *(P. nudicaule)*
PARTNER Zier-Lauch, Kornblume, Dill

EINJÄHRIGER KNÖTERICH

Polygonum orientalis

PFLANZABSTAND 50 cm   **BLÜTE** Juli–Oktober
WUCHS 140–180 cm hoch; aufrecht, buschig, einjährig

Die stattliche Bauerngartenpflanze mit elegant überhängenden Blütenkerzen in kräftigem Pink kommt als Leit- und Solitärpflanze am besten zur Wirkung.
KULTUR Boden durchlässig, humos, feucht; Herbstaussaat oder im Frühjahr vorziehen; junge Pflanzen kürzen für bessere Verzweigung
ARTEN/SORTEN 'Cerise Pearls': kompakt, standfest, 120 cm
PARTNER Engelwurz, Kohl, Mangold, Fenchel, Basilikum

MUSKATELLER-SALBEI

Salvia sclarea

PFLANZABSTAND 60 cm   **BLÜTE** Juni–Juli
WUCHS 80–120 cm hoch; buschig, horstig

Der Verwandte des Garten-Salbeis überzeugt mit herb-aromatischem Blattduft und kandelaberartigen Blütenständen. Er wandert durch Selbstaussaat durch Kiesgärten und mediterrane Beete. Ein guter Begleiter für mediterrane Kräuter. Schön in Blüten-Potpourris und Wildblumensträußchen oder als aromatische Zugabe in der Küche.
KULTUR Boden durchlässig, mager, trocken bis frisch; vor Schnecken schützen
ARTEN/SORTEN 'Santorini': rosaweiß
PARTNER Lavendel, Zier-Lauch, Vexiernelke

STUDENTENBLUME

Tagetes

PFLANZABSTAND 15–30 cm   **BLÜTE** Juli–Oktober
WUCHS 20–120 cm hoch; buschig, horstig, einjährig

Der Dauerblüher in satten warmen Farbtönen verliert sein angestaubtes Image, wenn man ihn in Farben wie Cremeweiß verwendet – als Beetrahmen oder in weißen Gemüsebeeten.
KULTUR März bis Mai, Vorkultur im Haus, vereinzeln, ab Mai auspflanzen; vor Schnecken schützen
ARTEN/SORTEN *T. erecta* 'Vanilla': cremeweiß, 60 cm
PARTNER Ringelblume, Kapuzinerkresse, Zinnien

KAPUZINERKRESSE

Tropaeolum majus

PFLANZABSTAND 30–40 cm   **BLÜTE** Juli–Oktober
WUCHS 30–250 cm hoch; horstig, kriechend, kletternd; einjährig

Dekorativer, in allen Teilen essbarer Bodendecker zur Unterpflanzung von Obstgehölzen, zwischen Gemüse, als Beetrahmen oder zur Begrünung von Zäunen oder Mauern.
KULTUR Boden durchlässig, humos, frisch; keine Staunässe; Direktaussaat ab Mai oder vorziehen
ARTEN/SORTEN 'Black Velvet': violettschwarz, 30 cm; *T. minor* 'Milkmaid': cremeweiß, 40 cm, rankt nicht
PARTNER Tagetes, Ringelblume, Knöterich

PATAGONISCHES EISENKRAUT

Verbena bonariensis

PFLANZABSTAND 30 cm   **BLÜTE** Juni–Oktober
WUCHS 100–140 cm hoch; aufrecht, sparrig, meist einjährig

Beliebte Strukturpflanze mit kleinen violetten, schirmartigen Dolden auf blattlosen, sparrigen Stängeln. Durch Versamung ein sehr schöner Vagabund und von Insekten umschwärmter Dauerblüher zwischen Stauden oder Gemüse.
KULTUR Boden durchlässig, trocken bis frisch; Aussaat ab Februar im Haus, im Mai auspflanzen
ARTEN/SORTEN 'Lollipop': violett, 60 cm, keine Versamung
PARTNER Duftnessel, Sonnenbraut, Stauden-Sonnenblume

ZINNIE

Zinnia elegans

PFLANZABSTAND 20–30 cm   **BLÜTE** Juli–Oktober
WUCHS 30–100 cm hoch, aufrecht, horstig, einjährig

Für Schmetterlinge sind die einfachen oder gefüllten Korbblüten der beliebten Schnittblume in vielen Farben eine beliebte Nektarquelle. Ideal für Bauerngärten und Cottage-Beete.
KULTUR Boden lehmig-sandig, humos, frisch; im April vorziehen, Ende Mai auspflanzen; düngen, wässern
ARTEN/SORTEN 'Red Lime': altrosa mit Grün; 'Profusion White': einfach, 20 cm; 'Peppermint': gesprenkelt, 50 cm
PARTNER Schmuckkörbchen, Spinnenblume, Flammenblume

VON APFEL BIS STACHELBEERE

Ein Muss im Genussgarten sind Obstgehölze und Beerensträucher. Selbst wer kaum Platz hat, findet noch ein Exemplar, das sich auch im Kübel gut ziehen lässt und mit hübschen Blüten und aromatischen Früchten punkten kann.

Einfach in den Garten gehen zu können, um eigenes Obst zu pflücken und zu wissen, dass es umweltverträglich mit viel Liebe und Bedacht kultiviert wurde, ist ein sehr befriedigendes und beruhigendes Gefühl. Dabei ist es egal, ob Sie auf kleinstem Raum vom Frühsommer bis in den Spätherbst eine möglichst große und vielfältige Obsternte einfahren möchten oder ob Sie nur zum Naschen ein Hochstämmchen mit Stachelbeeren im Genussbeet haben.

Ein naturnaher Obstgarten mit alten Obstsorten, Holunder, Kornelkirsche und wilden Brombeerhecken ist zauberhaft. Doch auch Spalierobst, das platzsparend an Mauern oder Metallkonstruktionen kunstvoll gezogen seine Früchte präsentiert, hat seinen Reiz.

Das Dekorative kann bei Obstgehölzen und Beerensträuchern durchaus gleichberechtigt neben dem Nutzaspekt stehen, wenn man Farben von Blüten, Blättern und Früchten geschickt wählt und sie mit anderen Genusspflanzen kombiniert – und zum Beispiel einen rotlaubigen Wildpfirsich 'Rubira' mit kleinen rotfleischigen Früchten mit einer bunten Mischung aus essbaren Blütenpflanzen unterpflanzt.

Mit einer wohlüberlegten Arten- und Sortenwahl lassen sich die Reifephasen zeitlich fein aufeinander abstimmen, sodass vom Frühling bis in den späten Herbst hinein immer frische Früchte zur Ernte bereit sind.

Neben den bekannten, traditionellen Obstarten gibt es auch viele bei uns noch kaum etablierte exotische »Neulinge«, die sich gerade einen festen Platz im Genussgarten erobern wie die Japanische Weinbeere oder Sibirische Blaubeere. Auch manches Zier- oder Wildgehölz entpuppt sich als willkommener Obstlieferant, etwa die Felsenbirne 'Ballerina', die uns im Juli mit saftig-aromatischen schwarzroten Beeren erfreut.

BEEREN-VIELFALT

Und was wäre ein Genussgarten ohne Beerensträucher, die sich im Frühling mit hübschen rosa oder weißen Blüten schmücken und ab Juni saftige Beeren bieten, die man im Vorbeigehen pflücken kann.

Für alle, die Freude am Einmachen, Entsaften und Marmeladekochen haben, kann der Beerengarten sowieso nicht groß genug sein. Es ist erstaunlich, wie viele ausgefallene und überraschend unterschiedliche Beerenarten und -sorten es gibt, die unser Geschmacksempfinden überraschen. Blauschwarze Stachelbeeren, Weiße Johannisbeeren oder Himbeeren, die sich im Mai mit großen rosa gefüllten Blüten schmücken und uns im Juli köstliche Früchte schenken, sind verlockend. Darin liegt ja gerade der besondere Reiz, denn was gibt es Schöneres, als sich beispielsweise aus unzähligen Brombeersorten mit ausgefallenen gefüllten Blüten und ungewöhnlichen Fruchtfarben seinen persönlichen Favoriten auszusuchen.

Oben: Vom Strauch genascht, als Gelee, Grütze oder zum Backen – Rote Johannisbeeren sind ein Traum.
Links: Äpfel sind ein Muss in jedem Genussgarten, ob als essbare Zieräpfel in Säulenform, am Spalier gezogen oder als Hausbaum.

KIWI
Actinidia

PFLANZABSTAND 2–3 m   ERNTE August–November
WUCHS 3–7 m hoch; kletternd

Die hübsche Pflanze mit den exotischen Früchten braucht eine Kletterhilfe. Sie gedeiht am besten an sonnigen, windgeschützten Standorten.
KULTUR Boden locker, durchlässig, frisch; Selbstbestäuber oder passende Befruchtersorte, nach Ernte um ein Drittel zurückschneiden, gut wässern
ARTEN/SORTEN Chinesische Kiwi *(A. sinensis)* 'Hayward': große Früchte; Trauben-Kiwi *(A. arguta)* 'Purpurna': Mini-Früchte; Sommer-Kiwi *(A. kolomicta)* 'Adam': weiß-rosa Laub; 'Solissimo': selbstfruchtend
PARTNER Clematis, Wicken

AMERIKANISCHE APFELBEERE/ARONIE
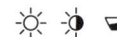

Aronia melanocarpa

PFLANZABSTAND 50–80 cm   ERNTE ab Mitte September
WUCHS 80–130 cm hoch, 100 breit; buschig, kompakt

Der robuste, sehr anpassungsfähige Kleinstrauch aus Nordamerika ist Zier- und Obstgehölz in einem. Er blüht im Mai mit einfachen weißen Doldenblüten, aus denen sich kleine schwarze Steinfrüchte mit süß-säuerlichem Geschmack entwickeln. Die Früchte sind vitaminreiche Powerbeeren, die auch roh genießbar sind. Das Laub verfärbt sich im Herbst leuchtend rot.
KULTUR Boden durchlässig, humos; für Säfte, Gelees und Liköre; alle paar Jahre im Winter von innen auslichten
ARTEN/SORTEN 'Hugin': 130 cm; 'Viking': mild im Geschmack, 200 cm
PARTNER Sanddorn, Sibirische Blaubeere

QUITTE
Cydonia oblonga

PFLANZABSTAND 3 m   ERNTE Spätherbst
WUCHS 4–6 m hoch und breit; Busch oder Kleinbaum

Die Quitte erfreut im Mai mit hübschen rosa bis weißen rosenartigen Blüten. Die gelben Früchte in Birnen- oder Apfelform sind groß, schwer, graufilzig und roh ungenießbar.
KULTUR Boden durchlässig, lehmig-humos; Frühjahrspflanzung, sonnig, windgeschützt; gekocht als Gelee oder Saft
ARTEN/SORTEN 'Konstantinopeler'; 'Bereczki'
PARTNER schön als Solitär

ERDBEERE

Fragaria

PFLANZABSTAND 20–30 cm   ERNTE Mai–September
WUCHS 30–40 cm hoch und breit, teppichartig, Ausläufer

Die köstlichen Erdbeeren sind als erstes Naschobst des Jahres aus dem Genussgarten nicht wegzudenken, sei es als köstliche Beeteinfassung, Hänge-Erdbeeren, die sich in Kaskaden aus Hochbeeten oder Ampeln lehnen, im Kübel oder zwischen Gemüsereihen. Wie viele andere Obstgehölze – beispielsweise Äpfel und Pflaumen – ist sie ein Mitglied der Rosenfamilie, gehört aber aufgrund ihres Wuchsverhaltens zu den Stauden.
KULTUR Boden locker, sandig-lehmig, kompostreich; Ernte je nach Sortenwahl, beste Ernte vom zweiten bis zum vierten Standjahr, dann an anderer Stelle neue Jungpflanzen oder eigene Ableger setzen; Ranken mit Ablegern entfernen; gegen Feuchtigkeit Boden mit Stroh abdecken
ARTEN/SORTEN 'Königin Louise': alte, sehr aromatische Sorte; 'Amadine': immertragend bis in den Herbst; weiße Ananas-Erdbeere 'Snow White': klein, weißlich, mit roten Nüsschen und leichtem Ananas-Aroma; Erdbeerwiese 'Florika' (*F. × vescana*); Monatserdbeere (*F. vesca* var. *semperflorens*)
PARTNER Basilikum, Süßdolde, Knoblauch, Salate

SANDDORN

Hippophae rhamnoides

PFLANZABSTAND 1,5 cm   ERNTE August–September
WUCHS 3–4 m hoch und breit; ausladend, Ausläufer

Der Sanddorn ist ein heimisches Gehölz mit stacheligen Trieben und länglichen graugrünen Blättern für vollsonnige Standorte, auch auf sandigen Böden. Er wächst strauchartig, kann aber auch aufgeastet als mehrstämmiger kleiner Baum gezogen werden. Die extrem Vitamin-C-haltigen, leuchtend orangenen Beeren mit säuerlichem Geschmack sind eine Zierde im Kiesgarten und eine schöne Ergänzung zu mediterranen Aromapflanzen.
KULTUR Boden tiefgründig, durchlässig, sandig-lehmig, trocken; weibliche und männliche Pflanzen nötig; Wurzelsperre gegen Ausläufer; regelmäßig auslichten, Rückschnitt der abgeernteten Triebe; Naschfrucht, Saft, Kompott
ARTEN/SORTEN 'Askola': starkwüchsig; 'Orange Energy'; 'Dorana': wenig Ausläufer; 'Pollmix': männlicher Befruchter
PARTNER Lavendel, Muskateller-Salbei, Klatschmohn

SIBIRISCHE BLAUBEERE
Lonicera kamtschatica

PFLANZABSTAND 1–2 m   ERNTE ab Mitte Mai
WUCHS 1,5 m hoch; breitbuschig

Die Sibirische Blaubeere oder Honigbeere blüht im März
hellgelb und schenkt uns später dunkelblaue, sehr vitamin-
reiche Früchte mit leicht bitterem, süßlichem Geschmack.
KULTUR Boden durchlässig, humos, lehmig-sandig; auch für
Kübel; die ältesten 2–3 Triebe jedes Jahr bodennah aus-
schneiden; selbstbefruchtend; Naschfrucht, Marmelade
ARTEN/SORTEN 'Eisbär': frühe Blüte, 150 cm hoch
PARTNER Immergrüne Heidelbeere

GOJIBEERE
Lycium barbarum

PFLANZABSTAND 1,5 m   ERNTE Juli–September
WUCHS bis 180 cm; aufrecht, sparriger Strauch

Robuster Strauch, der auch Chinesischer Bocksdorn genannt wird. Aus
winzigen zwischen Juni und Juli erscheinenden violetten Blüten entwickeln
sich sehr rasch rotorangene bitter-süße Früchte, die aufgrund ihres hohen
Gehalts an Vitaminen, Mineralstoffen und Spurenelementen als kostbares
Superfood gelten und inzwischen sehr beliebt sind.
KULTUR Boden sandig-lehmig; auch an Spalierwänden; starker Rückschnitt
im Frühjahr; Naschfrucht, getrocknet, Marmeladen
ARTEN/SORTEN 'Turgidus'; 'Sweet Lifeberry'
PARTNER Holunder, Sibirische Blaubeere, Apfelbeere, Mispel

APFEL
Malus domestica

PFLANZABSTAND 1–4 m   ERNTE ab September
WUCHS bis 8 m hoch; vielfältige Kultur- und Wuchsformen

Den Klassiker gibt es dank intensiver Züchtung auch in kom-
pakten Größen und Wuchsformen als Säulen oder Zwergform, die teils nur 2 m hoch werden und nach wenigen Jahren tragen. Am schönsten aber als Hochstamm in der Wiese.
KULTUR Boden lehmig-sandig, trocken bis frisch
ARTEN/SORTEN Weihnachtsapfel 'Paradis Myra': 2–3 m
PARTNER andere Obstgehölze

MISPEL

Mespilus germanica

PFLANZABSTAND 4 m   ERNTE ab Anfang November
WUCHS bis 6 m hoch; Strauch oder kleiner Baum, sparrig

Alte Kulturpflanze, die früher in Bauerngärten oft zu finden war.
Mit großen ledrigen Blättern und im Frühsommer mit hübschen
weißen Blüten, aus denen später flachkugelige Früchte entstehen.
Gilt als Vogelnährgehölz.
KULTUR Boden lehmig-sandig, trocken bis frisch; Früchte erst
nach Frosteinwirkung genießbar; Gelees, Marmeladen
ARTEN/SORTEN 'Nottingham': besonders große Früchte
PARTNER Solitär, Quitte

SCHWARZE MAULBEERE

Morus nigra

PFLANZABSTAND 5 m   ERNTE August–September
WUCHS 5–6 m hoch; rundlicher Strauch oder kleiner Baum

Sehr alte Kulturpflanze, die oft in alten Bauerngärten zu finden ist. Selbst-
fruchtende Blüten erscheinen im Mai und ähneln Weidenkätzchen, die
brombeerähnlichen Früchte sind schwarzviolett.
KULTUR Boden durchlässig, frisch bis feucht; junge Pflanzen vor Frost
schützen; wässern, Kompostgaben; als Naschfrucht frisch verzehren, Gelee
ARTEN/SORTEN 'Wellington': sehr große Früchte, Weiße Maulbeere
(M. alba): weiße Früchte; 'Pendula': Hänge-Maulbeere
PARTNER als Solitär oder mit Felsenbirne, Mispel, Quitte

APRIKOSE

Prunus armeniaca

PFLANZABSTAND mind. 3 m   ERNTE Juli
WUCHS 2–4 m hoch; kleiner Baum

Die wärmebedürftige Aprikose ist mit ihren zartrosa bis pinkfar-
benen Blüten von März bis April ein wundervoller Frühlings-
bote. Vor allem in milden Lagen reifen köstliche Früchte.
KULTUR Boden sandig, lehmig, humos; keine Staunässe; ideal als
Spalierobst in Fächerform an geschützten Ost- oder Westmau-
ern; Schutz vor Regen, Kompostgaben
ARTEN/SORTEN 'Bergeron': robust; 'Tardicot': selbstfruchtend
PARTNER andere Obstgehölze

MIRABELLE

Prunus domestica subsp. *syriaca*

PFLANZABSTAND 4 m   **ERNTE** August–September
WUCHS 4–5 m hoch; breitbuschiger Strauch oder Kleinbaum

Das eng mit der Zwetschge verwandte Steinobst schmückt
sich im März mit weißen Blüten. Die kleinen runden Früchte
mit gelbem, saftigem Fruchtfleisch schmecken zuckersüß.
KULTUR Boden locker, durchlässig, frisch; wässern, Kompostgaben; frisch als Naschfrucht, Kompott, Marmeladen
ARTEN/SORTEN 'Mirabelle von Nancy': historische, sehr bewährte Sorte; 'Berudge': schwächerer Wuchs, Früchte rosa
PARTNER auf Obstwiesen mit anderen Obstgehölzen

PFIRSICH

Prunus persica

PFLANZABSTAND 4–5 m   **ERNTE** Juli–August
WUCHS 3–6 m hoch; buschig, sparrige Krone

Der Pfirsich ist vielgestaltig – mit gelbem oder weißem Fruchtfleisch und
samtig weicher Haut. Die herrliche rosa Blüte im zeitigen Frühling ist eine
Zierde. Das wärmeliebende, selbstfruchtende Steinobst gedeiht bei uns am
besten an einem warmen, windgeschützten Platz.
KULTUR Boden durchlässig, humusreich, lehmig-sandig; als Fächerspalier
vor Mauern; bei Trockenheit wässern; abgeerntete Triebe zurückschneiden
ARTEN/SORTEN 'Benedicte': weißfleischig; 'Bonanza': Zwergform für Kübel;
'Poysdorfer Weinbergpfirsich': sehr aromatisch
PARTNER Aprikose; in Stauden- und Sommerblumenbeeten

BIRNE

Pyrus communis

PFLANZABSTAND mind. 3 m   **ERNTE** Juli–Spätherbst
WUCHS bis 10 m hoch: schmal aufrechte mittelgroße Bäume

Bevor der Apfel seinen Siegeszug antrat, waren Birnen eine überaus beliebte
Frucht. Riesige Sortenvielfalt.
KULTUR Boden lehmig-sandig, humusreich, frisch; geeignete Befruchter-
sorte als Nachbar nötig; Spalier, Säulenformen
ARTEN/SORTEN 'Schweizer Hose': gelb-grün; 'Bunte Julibirne': früh; 'Pasto-
renbirne': spät; 'Gute Luise': mittel; 'Gellerts Butterbirne': guter Befruchter
PARTNER Apfel

JOSTABEERE

Ribes × nidigrolaria

PFLANZABSTAND 2 m   **ERNTE** Juni–Juli, mehrmals durchpflücken
WUCHS 2 m hoch; ausladender Kleinstrauch

Die selbstbefruchtende Jostabeere ist eine Kreuzung aus Stachel-
und Johannisbeere mit saftigen Vitamin-C-reichen Beeren, die
farblich den Schwarzen Johannisbeeren ähneln, aber größer sind.
KULTUR Boden tiefgründig, humusreich; wässern; gelegentlich alte
Haupttriebe ausschneiden; frisch roh, Marmelade
ARTEN/SORTEN 'Jogrande': große Früchte, mittelfrüh; 'Jonova': röt-
liche Früchte
PARTNER Stachelbeere, Johannisbeere

SCHWARZE JOHANNISBEERE

Ribes nigrum

PFLANZABSTAND 1 m   **ERNTE** Juli–August
WUCHS 1–1,5 m hoch; Strauch, aufrecht-buschig

Der süß-säuerlich aromatische Geschmack der gehaltvollen schwarzen Bee-
ren und die unkomplizierte Kultur machen die Schwarze Johannisbeere zu
einem idealen Zwerg-Gehölz für den Selbstversorgergarten.
KULTUR Boden durchlässig, humos, frisch; als Hochstämmchen, Spalier
oder Hecke; regelmäßig düngen; roh, Gelee, Saft, Likör
ARTEN/SORTEN 'Ben Alder': spät; 'Silvergieters Schwarze': früh
PARTNER andere Beerensträucher, als Strauch oder Hochstämmchen mit
Stauden, Gemüse und Sommerblumen

ROTE JOHANNISBEERE

Ribes rubrum

PFLANZABSTAND 1 m   **ERNTE** Juni–Juli
WUCHS 1–1,5 m hoch; Strauch aufrecht-buschig

Typisch sind die kleinen glänzenden Beeren, die erfrischend
süß-säuerlich schmecken und dicht an dicht in Trauben sitzen.
Selbstfruchtend.
KULTUR Boden durchlässig, humos, frisch; als Hochstämmchen,
Spalier oder Hecke; regelmäßig düngen; Gelee, Saft, zum Backen
ARTEN/SORTEN 'Weiße Versailler': weiße Beeren; 'Johnkheer van
Tets': früh; 'Rovada': spät
PARTNER Schwarze Johannisbeere, Stachelbeere

STACHELBEERE
Ribes uva-crispa

PFLANZABSTAND 1,5 m **ERNTE** Juli–September
WUCHS 0,6–1,2 m hoch; Strauch, aufrecht, breitwüchsig

Inzwischen machen mehltauresistente Sorten wieder Lust auf die süß-säuerlichen aromatischen Stachelbeeren, die früher einen festen Platz in vielen Gärten hatten. Viele Sorten – auch ohne Dornen mit gelben, grünen oder roten Beeren lassen sich nach Reife zeitlich gestaffelt als Stämmchen in Genussbeete integrieren.
KULTUR Boden durchlässig, humos, frisch; als Hochstämmchen, im Kübel oder als Hecke; regelmäßig düngen; Kompott, Saft, zum Backen, zum Naschen
ARTEN/SORTEN 'Captivator': rot, mittelfrüh; 'Crispa Goldling': gelb, mittelspät
PARTNER Zierapfel, Rosen, Flieder

BROMBEERE
Rubus fruticosus

PFLANZABSTAND 1–3 m **ERNTE** August–Oktober
WUCHS 2–3 m hoch; Spreizklimmer, aufrecht/niederliegend, Ausläufer

Die bei uns häufig an sonnigen Waldrändern wild vorkommende Brombeere bereitet im Genussgarten als sortenreiches köstliches »kultiviertes« Beerenobst viel Freude.
KULTUR Boden durchlässig, sandig-lehmig, humos; frei wachsend, Wurzelsperre verhindert zu starke Ausläuferbildung; bei wenig Platz Ruten an Pergolen, Spalieren, Mauern führen; frisch, Marmeladen
ARTEN/SORTEN 'Navaho': aufrecht, dornenlos, sehr lange Ernte; 'Oregon Thornless': dornenlos, geschlitztes Blatt
PARTNER Himbeere, Rosen, Stachelbeere

HIMBEERE
Rubus idaeus

PFLANZABSTAND 40 cm/150 cm (Reihe) **ERNTE** Juni–Oktober
WUCHS 1,5–2 m hoch; Halbstrauch, Ausläufer

Sommerhimbeeren fruchten an den überwinterten Ruten, Herbsthimbeeren an den neuen Ruten. Reiche Sortenwahl, Zwergformen auch für Kübel.
KULTUR Boden gut durchlässig, humos, frisch; an Spalieren oder in Gruppen; nach Ernte tragende Triebe bodennah schneiden; frisch, Marmeladen
ARTEN/SORTEN 'Ruby Beauty': Topfhimbeere; 'Autumn Treasure': Herbst; 'Golden Queen': Sommer; *R. spectabilis*: große gefüllte rosa Blüten
PARTNER Kapuzinerkresse, Storchschnabel, Stockrosen

JAPANISCHE WEINBEERE

Rubus phoeniculasius

PFLANZABSTAND 1,5 m   ERNTE Juli–August
WUCHS 1,5–3 m hoch; Strauch, Ausläufer

Die rosa blühende Japanische Weinbeere ist mit ihren kleinen rot-orangenen Früchten, die bis zur Reife von Kelchblättern umhüllt sind und köstlich schmecken, sehr attraktiv. Die roten, dicht behaarten Triebe hängen über und lassen sich an Gerüsten ziehen.
KULTUR Boden lehmig-sandig, humos, frisch bis feucht; Spalier, Zäune, Hecke, Kübel; abgeerntete zweijährige Ruten bodennah abschneiden; frisch, Marmeladen, Gelees
PARTNER Stockrosen, Clematis, Kiwi, Himbeeren

CRANBERRY/MOOSBEERE

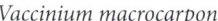

Vaccinium macrocarpon

PFLANZABSTAND 30–40 cm   ERNTE August–Oktober
WUCHS 20–40 cm hoch; immergrün, kriechend

Die aus Nordamerika stammende, vitaminreiche Cranberry ist eine Verwandte der Blaubeeren und Preiselbeeren. Sie hat kirschgroße, rote, säuerlich schmeckende Beeren und wächst teppichartig.
KULTUR Boden humusreich, sauer, frisch bis feucht; Bodendecker; getrocknet, als Kompott, zum Kochen und Backen
ARTEN/SORTEN 'Red Star': hohe Erträge; Immergrüne Blaubeere *V. corymbosum* 'Sunshine Blue': 100 cm
PARTNER Stachelbeere, Johannisbeere, Blaubeere, Magnolie

WEIN

Vitis vinifera

PFLANZABSTAND 1–1,5 m   ERNTE August–Oktober
WUCHS 2–4 m hoch; Selbstklimmer

Im Genussgarten ist der Wein nicht nur wegen seiner süßen Trauben begehrt. Mit großen hübsch gelappten Blättern ist er auch eine sehr dekorative kletternde Zierpflanze.
KULTUR Boden durchlässig, tiefgründig, lehmig-sandig; am Spalier oder vor Hauswänden; frisch, als Saft
ARTEN/SORTEN 'Bellarosso': dreifarbig; 'Lakemont': weiß, kernlos, pilzfest; 'Dirju Campbell Early': Beeren sehr groß, blau, früh
PARTNER Clematis, Kiwi

VON EIBISCH BIS ZIERQUITTE

Sie geben dem Garten eine dauerhafte Kulisse und verleihen ihm auch im Winter Struktur. Oft sorgen sie mit ihren Blüten, Blättern, Früchten und einer schönen Herbstfärbung das ganze Jahr über für Genuss.

Ziergehölze sind Bäume oder Sträucher, die meist durch züchterische Bemühungen über üppige Blüten, ausdrucksstarke Blattformen und -farben, intensiven Duft, auffallende Früchte oder spektakuläre Herbstfärbung einen besonderen Genuss für Auge und Nase bereithalten. Viele Gehölze bieten zu jeder Jahreszeit wechselnde attraktive Anblicke und werden daher auch Vier-Jahreszeiten-Gehölze genannt. Manche kommen wegen ihres ausgeprägten Habitus und ihrer Wuchsform als Solitär besonders gut zur Wirkung, andere besser in Grüppchen oder in Kombination mit anderen Arten.

Alle Gehölze unterliegen einem stetigen Wandel durch ihr Wachstum und den Lauf der Jahreszeiten. Sie bilden aber dennoch im Gegensatz zu Sommerblumen oder Gemüse und Stauden ein statisches Element im Garten, das auch im Winter wirksam ist. Als Bäume oder Sträucher mit variierenden Wuchsformen und unterschiedlichen Größen fungieren sie als Raumbildner oder bilden Bezugspunkte und beeinflussen auch die Lichtsituation eines Gartens.

NICHT NUR ZUR ZIERDE

Im Genussgarten sollen alle Sinne angesprochen werden. Ziergehölze, die nicht nur optisch ein Genuss sind oder die Nase betören, sondern in bestimmten Teilen essbar sind und manchmal sogar sehr ausgefallene Geschmackserlebnisse

bieten, sind daher ein besonderer Glücksfall. Bei der Suche nach solchen Arten gibt es Erstaunliches, aber auch Altbewährtes zu entdecken. Beispiele sind üppig blühende Magnolien mit essbaren Sternblüten, die in der Pfanne geschmort als ungewöhnliche köstliche Gemüsebeilage beeindrucken, oder der herbsüße Duft von Holunderblüten, der im Mai durch den Genussgarten zieht und sich mit den ersten Rosendüften zu einem herrlich sinnlichen Duft-Potpourri verbindet. Wenig später liegen die in Teig ausgebackenen Holunder-Doldenblüten vielleicht schon auf dem Teller, dekoriert mit Zierapfelblüten, betörend duftenden Knospen der Damaszenerrose und den ersten Johannisbeeren, oder sie werden zu Sirup verarbeitet. Über den Sommer entwickeln sich violettschwarze vitaminreiche Holunderbeeren, die nicht nur dekorativ aussehen und Vögeln als Nahrung dienen, sondern seit jeher zu Saft oder Suppe verkocht werden. Wer die Kornelkirsche 'Schönbrunner Gourmet Dirndl' in seinem Garten hat, kann sich im Vorfrühling über die ersten zartgelben Blütenschleier des Jahres freuen, im Spätsommer rote Früchte ernten und zu Marmelade oder Kompott kochen. Obendrein tut er der Natur mit diesem dekorativen zierenden Bienen- und Vogelnährgehölz etwas Gutes.

Die folgenden Porträts der schönsten Ziergehölze bieten eine abwechslungsreiche Pflanzenpalette für den Genussgarten – vom Bauerngarten bis hin zum essbaren Gourmet-Garten.

Oben: Die roten Früchte der Kornelkirsche sind ein wertvolles Wildobst. Links: Die Blüten der Baum-Magnolie sehen wunderschön aus und sind ein Geschmackserlebnis.

FINGERBLÄTTRIGE AKEBIE
Akebia quinata

PFLANZABSTAND 1 m BLÜTE Mai ERNTE September
WUCHS 5 m hoch; Schlingpflanze

Der tropische Winder mit immergrünen handförmigen Blättern und duftenden Blüten in Violettbraun und Rosa stammt aus Asien und ist bei uns winterfest. Die ovalen, violetten bis zu 10 cm großen essbaren Früchte schmecken süßlich.
KULTUR Boden lehmig-sandig, humos, frisch; an Pergolen, Spalieren, Lauben, Bäumen; schnittverträglich; Naschfrucht
ARTEN/SORTEN 'Chocolate Vine'
PARTNER Kiwi, Clematis

FELSENBIRNE
Amelanchier

PFLANZABSTAND 1–1,5 m BLÜTE April ERNTE Juli
WUCHS bis 5 m; aufrecht, Strauch oder mehrstämmiger Kleinbaum

Die anspruchslose Felsenbirne punktet mit wunderschöner Frühlingsblüte, bronzefarbenem Blattaustrieb und spektakulärer Herbstfärbung. Die schwarzen saftig-süßen Früchte sind auch unreif bei Vögeln sehr beliebt.
KULTUR Boden durchlässig, sandig-lehmig, trocken bis frisch; keine Staunässe; Naschfrucht, Kompott, Marmeladen
ARTEN/SORTEN *A. laevis* 'Ballerina': sehr große Früchte; Kupfer-Felsenbirne *A. lamarkiie*; *A. canadensis* 'Prince William': sehr hohe Erträge; *A. alnifolia* 'Saska Blue', 'Obelisk': Säulenform
PARTNER in Gruppen, in Hecken, als Solitär; Narzissen, Zierapfel, Funkien

ECHTER GEWÜRZSTRAUCH
Calycanthus floridus

PFLANZABSTAND 1–2 m BLÜTE Juni–Juli
WUCHS 2–3 m; Strauch, aufrecht, sparrig

Strauch mit braunroten Blüten, die Magnolien ähneln und am Abend einen würzigen Duft, ähnlich Nelken und Erdbeeren, verströmen. Die lorbeerähnlichen Blätter verfärben sich im Herbst gelb bis bronzefarben. Die Samen sind giftig.
KULTUR Boden sandig-lehmig, humos, feucht bis frisch; auch für große Kübel geeignet
PARTNER als Solitär; Rosen, Flieder, Baum-Magnolie

KAMELIE

Camellia japonica

PFLANZABSTAND 1 m   **BLÜTE** ab März
WUCHS 1,5–2 m; Strauch, aufrecht, kompakt

Aus Asien stammende Zierform der Teepflanze mit immergrünen, glänzenden Blättern und auffallend großen essbaren Blüten.
KULTUR Boden durchlässig, humusreich, sauer, frisch bis feucht; in Kübeln bis -5 °C, geschützter Standort im Freien bis -15 °C, Mulchschicht als Winterschutz, Schutz vor Wintersonne; Blütenblätter zur Dekoration von Süßspeisen und Salaten
ARTEN/SORTEN 'Mrs. Tingley': rosa; 'Hiodoshi': rot
PARTNER Cranberry, Magnolie, Hortensien

ESSKASTANIE/EDELKASTANIE

Castanea sativa

PFLANZABSTAND mind. 3 m   **BLÜTE** Juni–Juli
WUCHS 8–20 m hoch; mittelgroßer bis großer Baum

Die dekorativen Bäume mit festen Blättern und duftenden grünweißen Blütenkätzchen bieten schmackhafte Nüsse in bestachelten Fruchthüllen, die man Maronen nennt.
KULTUR Boden durchlässig, sandig-lehmig, leicht sauer; Ernte September bis Dezember; geröstet, gekocht
ARTEN/SORTEN 'Bouche de Betizac': mittelgroß; 'Marigoule': früh; 'Bouche Rouge': spät
PARTNER als Solitär, unterschiedliche Sorten

ZIERQUITTE

Chaenomeles japonica

PFLANZABSTAND 0,5–1 m   **BLÜTE** April–Juni
WUCHS 0,8–2 m hoch; buschig, sparrig

Dank der Schalenblüten und dekorativen Früchte im Herbst ist der Strauch – trotz dorniger Triebe – beliebt. Er bietet Bienen Nahrung und Vögeln Schutz. Die Miniquitten sind essbar.
KULTUR Boden lehmig-sandig, frisch; Selbstbestäuber; Bodendecker, Hecken, Solitär; Formschnitt; Gelee, Saft
ARTEN/SORTEN 'Rubra': rot; 'Jet Trail': weiß, kaum Dornen; Nordische Zitrone 'Cido': kaum Dornen, Vitamin-C-reich
PARTNER Narzissen, Tulpen, Felsenbirne

CLEMATIS/WALDREBE

Clematis

PFLANZABSTAND 0,5–1 m **BLÜTE** Frühling oder Sommer
WUCHS 1–8 m hoch; Kletterpflanze

Die Kletterpflanze mit romantischem Flair passt wunderschön in Bauern- und Cottage-Gärten – ob Duft-Clematis, zarte Wild-Arten, früh blühende Alpen-Waldreben oder großblütige Hybriden.
KULTUR Boden durchlässig, humos, frisch; über Zäune oder Lauben, an Spalieren vor Mauern; je nach Art unterschiedlicher Schnitt
ARTEN/SORTEN *C. montana* 'Wilsonii': weiß, Schokoladenduft, bis 10 m; *C. viticella* 'Scented Clem': blau, intensiver Duft, bis 3,5 m
PARTNER Rosen, Wein, Storchschnabel, Funkien, Fingerhut

KORNELKIRSCHE

Cornus mas

PFLANZABSTAND 1–3 m **BLÜTE** März–April
WUCHS bis 6 m hoch; Großstrauch, kleiner mehrstämmiger Baum

Als einer der ersten Frühlingsblüher zeigt das heimische Wildgehölz oft schon Anfang März vor dem Blattaustrieb kleine goldgelbe Blütendolden und bietet Bienen und Hummeln eine wichtige Nahrungsquelle. Im Herbst attraktives rotes Laub. Die essbaren roten Steinfrüchte schmecken säuerlich.
KULTUR Boden sandig-lehmig, humusreich, trocken bis frisch; Solitär, Hausbaum, Blüten- und Vogelschutzhecke; schnittverträglich; Ernte vollreif September bis Oktober; Früchte getrocknet, als Saft, Kompott, Likör
ARTEN/SORTEN 'Jolico': große Früchte; 'Schönbrunner Gourmet Dirndl'
PARTNER Johannisbeere, Apfelbeere, Zierapfel

HASELNUSS

Corylus avellana

PFLANZABSTAND 1–2 m **BLÜTE** Februar–April
WUCHS 3–5 m hoch; aufrecht, Großstrauch

Die anspruchslose Haselnuss trägt schmackhafte Nüsse, benötigt viel Platz zur vollen Entwicklung und kommt einzeln als Solitär im Beet oder Rasen, unterpflanzt mit Frühlingsblumen, besonders schön zur Geltung.
KULTUR Boden lehmig-sandig, trocken/frisch; Ernte September bis Oktober
ARTEN/SORTEN 'Rotblättrige Zellernuss': rötliches Laub, dunkelrote Kätzchen, ertragreich; 'Wunder aus Bollweiler': sehr große Nüsse
PARTNER Trichterfarn, Funkien, Wald-Astern, Narzissen

REICHBLÜTIGE ÖLWEIDE
Elaeagnus multiflora

PFLANZABSTAND 1 m **BLÜTE** Mai
WUCHS 2–4 m hoch; aufrecht wachsender Großstrauch

Gelbliche, intensiv nach Honig duftende Blüten locken Bienen an. Die orangeroten Steinfrüchte schmecken süß-säuerlich.
KULTUR Boden sandig-lehmig, trocken bis frisch; Selbstbefruchter, in Gruppen oder einzeln, in Blüten- und Vogelschutzhecken; Ernte September; für Marmeladen, Säfte
ARTEN/SORTEN 'Sweet Scarlet': große Früchte; Schirm-Ölweide *(E. umbellatus):* kleinere Früchte
PARTNER Sanddorn

GARTEN-EIBISCH
Hibiscus syriacus

PFLANZABSTAND 0,5–1 m **BLÜTE** August–September
WUCHS 1,5–3 m hoch; Strauch, aufrecht trichterförmig

Die großen hibiskusähnlichen gefüllten oder ungefüllten Blüten in vielen Farbtönen sind eine wahre Bienenweide.
KULTUR Boden gut durchlässig, sandig-lehmig, frisch, keine Staunässe; einzeln, in Gruppen, als Hochstämmchen; im Frühjahr sehr schnittverträglich; Blüten essbar, als Deko
ARTEN/SORTEN 'Blue Bird': blau, einfach; 'Lavender Chiffon': violettrosa, halbgefüllt
PARTNER Stockrosen, Rosen, Busch-Malve

WALNUSS
Juglans regia

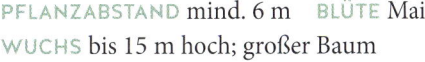

PFLANZABSTAND mind. 6 m **BLÜTE** Mai
WUCHS bis 15 m hoch; großer Baum

Walnussbäume, die uns im Herbst mit wohlschmeckenden gesunden Nüssen versorgen, sind in Gärten nur als Hausbaum in schwachwüchsigen, selbstbestäubenden Sorten empfehlenswert.
KULTUR Boden durchlässig, tiefgründig, lehmig-sandig, frisch, keine Staunässe; Ernte September bis Oktober, Nüsse trocknen
ARTEN/SORTEN 'Geisenheimer Walnuss': kompakte Krone; 'Seifersdorfer Runde': mittelgroße Nüsse, sehr guter Geschmack
PARTNER Solitär

BAUM-MAGNOLIE

Magnolia kobus

PFLANZABSTAND 5 m   BLÜTE April
WUCHS bis 10 m hoch; locker kegelförmig, Kleinbaum

Die großen weißen, rosa überhauchten Blütensterne öffnen sich vor dem Laubaustrieb und duften zart. Vögel lieben die walzenförmigen Früchte als Nahrung.
ARTEN/SORTEN Stern-Magnolie 'Jane Platt' (*M. kobus* var. *stellata*, Abb.)
KULTUR Boden locker, durchlässig, humos, frisch bis feucht; essbare Blüten und Blütenknospen, frisch oder geschmort
PARTNER Solitär

ZIERAPFEL

Malus-Hybriden

PFLANZABSTAND 1,5–3 m   BLÜTE Mai
WUCHS 1–6 m; aufrecht, Großstrauch

Die üppige Blüte, die essbaren Äpfelchen in Gelb, Rot oder Orange und eine schöne Herbstfärbung machen den Zierapfel zu einem wertvollen Vier-Jahreszeiten-Gehölz – auch für kleine Gärten. Die Bienen freuen sich über die zahlreichen Blüten, Vögel lieben die Äpfelchen als Nahrung im Winter.
KULTUR Boden lehmig-sandig, humusreich, frisch; als Strauch oder Hochstamm; Ernte Oktober bis November; Gelees, Marmeladen, Vasenschmuck
ARTEN/SORTEN 'Rudolph': dunkelrosa Blüte, rotes Laub, orangene Früchte; 'John Downie': orangegelbe große Früchte; 'Butterball': gelb
PARTNER Flieder, Storchschnabel, Süßdolde, Rhabarber, Waldastern

HAFERSCHLEHE

Prunus domestica insititia

PFLANZABSTAND 1–3 m   BLÜTE Mai
WUCHS 4–6 m hoch; Großstrauch, Ausläufer

Mit den einfachen weißen Blüten ist der Wildstrauch ideal für den naturnahen Genussgarten. Er ähnelt der Schlehe, die Früchte sind jedoch größer und schmecken angenehm süß.
KULTUR Boden lehmig-sandig, trocken bis frisch; Solitärstrauch, Wildhecken im Naturgarten; schnittverträglich; Ernte Mitte September, roh, Marmeladen, Gelees
PARTNER Zieräpfel, Sanddorn, Kornelkirsche

DAMASZENERROSE

Rosa damascena

PFLANZABSTAND 0,5–1 m **BLÜTE** Juni–Juli
WUCHS bis 1,5 m hoch; aufrechter Strauch, überhängend

Die Strauchrose betört alle Sinne mit intensivem schwerem Duft
und dicht gefüllten, essbaren, aromatisch schmeckenden Blüten.
KULTUR Boden tiefgründig, lehmig-sandig, humos, frisch; Blüten-
hecke, Gruppen, Solitär; für Rosenessig/-sirup, Potpourris
ARTEN/SORTEN 'Rose de Resht': purpurrot, aufrecht, Nachblüte;
'Jacques Cartier': rosa, Nachblüte; 'Trigintipetala': rosa, halbge-
füllt, sehr starker Duft, keine Nachblüte
PARTNER Flammenblume, Rittersporn, Stockrosen

GALLICA-ROSE/ESSIG-ROSE

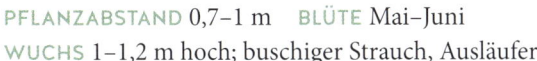

Rosa gallica

PFLANZABSTAND 0,7–1 m **BLÜTE** Mai–Juni
WUCHS 1–1,2 m hoch; buschiger Strauch, Ausläufer

Die fast dornenlose historische Rose blüht überreich mit einfachen oder
gefüllten, teils stark duftenden Blüten, leider nur einmal im Sommer.
KULTUR Boden tiefgründig, lehmig-sandig; locker, trocken bis frisch; Unterpflanzung von Obstgehölzen, Blütenhecken; im Vorfrühling um ein Drittel
zurückschneiden; Verwendung wie Damaszenerrose
ARTEN/SORTEN 'Officinalis': guter Duft; 'Kardinal de Richelieu': dunkelviolett, gefüllt; 'Georges Vibert': gefüllt, rosa-weiß gestreift, guter Duft
PARTNER Storchschnabel, Fingerhut, Frauenmantel

HOLUNDER/FLIEDERBEERE

 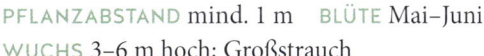

Sambucus nigra

PFLANZABSTAND mind. 1 m **BLÜTE** Mai–Juni
WUCHS 3–6 m hoch; Großstrauch

Schnell wachsender Zierstrauch mit großen cremeweißen Doldenblüten,
die herb-süßen Duft verströmen und zahlreiche Insekten anlocken.
KULTUR Boden lehmig-sandig, humos; frisch; für Blütenhecken oder als So-
litär; ältere Triebe an der Basis ausschneiden; Blüten für Sirup; Ernte Beeren
September bis Oktober; nur gekocht verwenden als Saft, Gelee oder Suppe
ARTEN/SORTEN 'Haschberg': sehr ertragreich, große Früchte; 'Thunder-
cloud': rotes Laub, weißrosa Blüten; 'Black Tower': rotes Laub
PARTNER Zierapfel, Apfelbeere

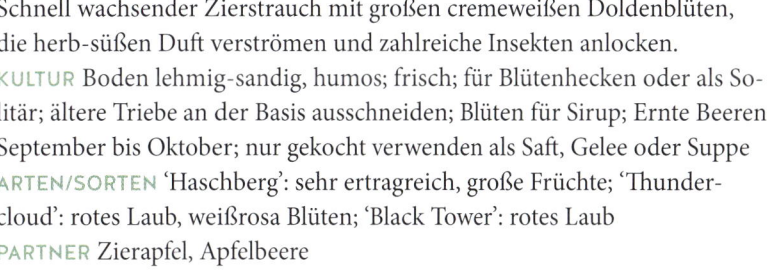

EBERESCHE/VOGELBEERE

Sorbus aucuparia

PFLANZABSTAND 3 m   BLÜTE Mai–Juni
WUCHS bis 10 m hoch; Großstrauch, Kleinbaum

Heimisches Vogelnährgehölz mit gefiedertem Laub, weißen Blütenrispen, weithin leuchtenden roten Beeren und prächtiger Herbstfärbung. Die Beeren bestimmter Sorten sind süß und auch roh als Naschobst genießbar.
KULTUR Boden locker, sandig-lehmig, humos, frisch; Hochstamm, Strauch, Solitär, Gruppe; Ernte nur reife Früchte ab August; Gelees, Marmeladen
ARTEN/SORTEN 'Rosina': Früchte groß, orange, roh essbar; 'Konzentra': Früchte klein, orangerot, sehr Vitamin-C-reich
PARTNER Solitär

ELSBEERE

Sorbus torminalis

PFLANZABSTAND 6 m   BLÜTE Mai–Juni
WUCHS bis 10 m; Strauch oder mittelgroßer Baum

Ein bei uns sehr seltener Baum mit ahornähnlichen Blättern, breit ausladender Krone, prächtiger weißer Blüte und ovalen, zunächst grünen, später rötlich braunen Beeren mit süß-säuerlichem marzipanartigem Geschmack und hohem Vitamin-C-Gehalt. Bietet auch im Herbst als frei stehender Solitär mit spektakulärer Herbstfärbung einen beeindruckenden Anblick.
KULTUR Boden durchlässig, locker, trocken bis frisch; als Hausbaum; Ernte ab Oktober, wenn die Früchte weich sind; roh, getrocknet für Tee, Müsli, zum Kochen
PARTNER Solitär

PIMPERNUSS/KLAPPERNUSS

Staphylea pinnata

PFLANZABSTAND 1,5 m   BLÜTE Mai
WUCHS 3–4 m hoch; Strauch oder Kleinbaum

Die grünen, blasenartigen Kapselfrüchte, in denen die Nüsschen beim leisesten Windhauch klappern, sind essbar und schmecken pistazienähnlich. Mit rötlichem Blattaustrieb, weißen Blütentrauben mit dezentem Kokosduft und schöner Herbstfärbung ein attraktives Vier-Jahreszeiten-Gehölz.
KULTUR Boden lehmig, humos, locker, frisch/feucht; unreife Nüsse im Juni als Naschfrucht, reife im September; Früchte rösten; Blüten kandieren
PARTNER Apotheker-Rose, Rhabarber, Japanische Petersilie, Taglilien

BAUERN-FLIEDER ☼ ⌣ !
Syringa vulgaris

PFLANZABSTAND mind. 1 m   **BLÜTE** April–Juni
WUCHS bis 6 m hoch; Großstrauch oder kleiner Baum

Sortenreicher Zierstrauch mit ländlichem Charme und prächtigen duftenden Blütenrispen, Blüten teils gefüllt, auch zweifarbig.
KULTUR Boden lehmig-sandig, humusreich, trocken bis frisch; auch als Hochstämmchen; Schnittblume
ARTEN/SORTEN 'Pimrose': gelb; 'Sensation': violett mit weißem Rand; Chinesischer Flieder (*S. × chinensis*); Koreanischer Flieder 'Miss Kim' (*S. patula*); Zwergflieder (*S. meyeri*)
PARTNER Zierapfel, Fingerhut, Apotheker-Rose, Storchschnabel

EIBE ☼ ◑ ● ⌣ !
Taxus

PFLANZABSTAND 30–50 cm   **BLÜTE** unscheinbar
WUCHS bis 10 m; aufrecht-buschig

Ist eine Einfassung gewünscht, die im Winter grüne Strukturen bildet und so zum Hintergrund fürs Wintergemüse wird, kommt die Eibe ins Spiel – allerdings ist sie sehr giftig.
KULTUR Boden sandig-lehmig, humos, frisch bis feucht; Formschnitt
ARTEN/SORTEN *T. baccata* 'Renkes kleiner Grüner'; *T. cuspidata* 'Lescow'
PARTNER Stauden, Gemüse, Kräuter, Rosen

WINTER-LINDE ☼ ◑ ⌣
Tilia cordata

PFLANZABSTAND mind. 4 m   **BLÜTE** Juni–Juli
WUCHS bis 25 m hoch, Großbaum

Winter-Linden sind beeindruckende Bäume für große Gärten, freie Landschaft und Park, doch gibt es mittelgroße oder kleinwüchsige Sorten für Stadt- und Reihenhausgärten.
KULTUR Boden sandig-lehmig, frisch; Lindenblüten frisch vom Baum genascht oder als heilender Tee
ARTEN/SORTEN Kugel-Winter-Linde 'Green Globe': 8 m hoch; Kleinkronige Winter-Linde 'Rancho': bis 10 m hoch
PARTNER Solitär

REGISTER

Die **halbfett** gesetzten Seitenzahlen
verweisen auf Abbildungen.

BILDNACHWEIS

Alamy Stock Foto: 004, 011, 012, 019, 020, 021, 022, 023-1, 029-2, 045-1, 057, 068-3, 070, 075-1, 079, 129, 137-1, 140-2, 141-1, 142-1, 144-2, 145-3, 148-1, 153-3, 154-1, 155-1, 155-2, 155-3, 160-2, 161-3, 162-2, 163-3, 165-1, 167-1, 169, 170-2, 172-1, 173-1, 173-2, 173-3, 176-2, 176-3, 179-1, 180-3, 181-1, 182-3, 183-2, 186-1, 186-2, 188-2, 189-2, 191, 192-3, 194-3, 195-1, 195-2, 196-1, 196-2, 196-3, 197-2, 197-3, 198-1, 198-2, 202-2, 202-3, 205-1, 205-3, 2061, 206-3, 207-1, 207-2, 209-1, 209-3, 212-1, 215-1, 216-1, 217-1, 217-2, 217-3, 218-2, 218-3; **Bildarchiv botanikfoto:** 147-1; **Christa Brand:** 044, 114, 130; **Christine Breier:** 010, 016, 017, 025, 026, 027, 028, 034, 036, 038, 042, 045-2, 046, 049, 052, 065-2, 080, 081-1, 081-2, 085, 163-2, 171-1, 171-2, 174-3, 176-1, 177-1, 177-2, 179-2, 182-3, 187-1, 190, 219-2; **Elke Borkowski:** 024, 059, 065-1, 073, 082, 109, 110, 199-1; **Evi Pelzer:** 039; **FloraPress/Andrew Lawson:** 002-003; /**Arnaud Descat:** 138-1; /**Bildagentur Beck:** 181-2; /**BIOSPHOTO/NouN:** 078; /**BIOS-PHOTO/Virginie Klecka:** 148-2; /**Botanical Images:** 202-1; /**Christine Ann Föll:** 007-1,

145-1, 184; /**Daniela Kunze:** 074, 145-2; /**Derek Harris:** 053; /**Edition Phönix:** 141-2; /John Glover:** 203-1; /**FocusOnGarden/Jürgen Becker:** 126; /**gartenfoto.at:** 033-1; /**GWI:** 068-1, 091-1, 143-2, 148-3; /**Helga Noack:** 068-2, 069; /**Liz Eddison:** 005-1, 015, 031-2, 051, 054, 121; /**MAP:** 170-3; /**Martin Hughes-Jones:** 105-1; /**MeyerRebentisch:** 013, 055-2, 099-2, 144-1, 144-3; /**Nathalie Pasquel:** 068-4; /**Nova Photo Graphik:** 105-2, 146-1, 150-2, 175-1; /**Otmar Diez:** 136-1, 136-2, 137-2, 152-1, 152-2, 161-2; /**Perry Mastrovito:** 136-3, 156-1, 174-1; /**Visions:** 063, 200; **Friedrich Strauss:** 060, 088, 118, 124-1; **GAP Photos/Dave Bevan:** 124-2; /**FhF Greenmedia:** 058; /**Graham Strong:** 076; /**Howard Rice:** 066, 067; /**J S Sira:** 095-2, 134; /**John Glover:** 103-2; /**Lee Avison:** 089; /**Martin Hughes-Jones:** 091-2, 103-1, 107-1, 107-2; /**Nicola Stocken:** 154-3; /**Pernilla Bergdahl:** 093-1, 093-2; /**Richard Bloom:** 095-1; /**Rob Witworth:** 101-2; /**Robert Mabic:** 083, 108, 168; /**Tommy Tonsberg:** 097-1; /**Torie Chugg:** 209-2; /**Victoria Firmston:** 077; **iStock:** 101-1, 124-3, 218-1; **Jochen Arndt:** Cover-U1, U4, 008, 040, 086, 132; **Jutta Langheineken:** 084; **Marianne Majerus:** 006,

031-1, 043, 048, 113, 122, 125; **mauritius images:** 037-1, 050, 061-1, 062, 124-4, 139-2, 154-2, 164-2, 167-2, 172-2, 178-2, 180-1, 188-1, 194-2, 195-3, 197-1, 199-2, 204-1, 208-2, 208-3, 214-1, 214-2, 214-3, 215-3, 216-2, 216-3, 219-3; Modeste Herwig: 117; **Okapia:** 141-3; privat: 228; **Rühlemann's Kräuter und Duftpflanzen:** 075-2, 151-3; **StockFood/seasons.agency:** 032, 033-2, 142-2, 147-2, 153-1, 157-1, 158, 159, 161-1, 164-3, 165-2, 167-3, 175-3, 201, 207-3; **Shutterstock:** 014, 018, 023-2, 029-1, 030, 033-3, 035, 037-2, 071, 072, 135, 138-2, 139-1, 139-3, 140-1, 142-3, 143-3, 146-2, 146-3, 147-3, 149-1, 149-2, 149-3, 150-1, 150-3, 151-1, 151-2, 152-3, 153-2, 156-1, 157-2, 157-3, 160-1, 160-3, 162-1, 162-3, 163-1, 164-1, 165-3, 166-1, 166-2, 166-3, 170-1, 171-3, 174-2, 175-2, 178-1, 178-3, 179-3, 180-2, 181-2, 182-1, 183-1, 183-3, 185, 186-3, 187-2, 187-3, 188-3, 189-1, 189-3, 192-1, 192-2, 193-1, 193-2, 193-3, 194-1, 198-3, 199-3, 204-2, 204-3, 205-2, 206-2, 208-1, 210, 211, 212-2, 212-3, 213-1, 213-2, 213-3, 215-2, 219-1; **Annette Timmermann:** 061-2
Alle Illustrationen von **Lars Baus.**
Syndication: www.seasons.agency

SERVICE

BEZUGSQUELLEN

SAATGUT

Dreschflegel
Biosaatgut www.dreschflegel-shop.de

Keimzeit Samen-Kreationen
www.keimzeit-saatgut.de

Kiepenkerl
www.nebelung-shop.de

Samenhaus
www.Samenhaus.de

Sativa Biosaatgut
www.sativa-biosaatgut.de

PFLANZEN

Rühlemann's Kräuter- und Duftpflanzen
www.kraeuter-und-duftpflanzen.de

Staudengärtnerei Gaissmayer
www.gaissmayer.de

PFLANZKARTOFFELN

Ellenbergs Kartoffelvielfalt
www.kartoffelvielfalt.de

KartoffelMüller
www.kartoffel-mueller.de

OBSTGEHÖLZE

Lubera GmbH
www.lubera.com

HOCHBEETE

www.hortico.de
www.hochbeet-hans.at
www.stima-hochbeet.eu
www.ums-metall.de
www.biohort.com

GEWÄCHSHÄUSER

Alitex
Englische Gewächshäuser
www.alitex.de

Juliana Gewächshaus-Zentrum
www.gewaechshauszentrum.de

Hoklartherm
www.hoklartherm.de

INFORMATIONEN

VERBÄNDE UND VEREINE

Arche Noah
Gesellschaft für die Erhaltung der Kulturpflanzenvielfalt & ihre Entwicklung
www.arche-noah.at

SoLaWi
www.solidarische-landwirtschaft.org

VGiD
Verband der Gartenbauvereine Deutschland e.V.
www.gartenbauvereine.de

VEN
Verein zur Erhaltung der Nutzpflanzenvielfalt
www.nutzpflanzenvielfalt.de

PATENSCHAFTEN UND MIETBEETE

Ackerhelden
www.ackerhelden.de

GartenPaten
Vermittlung von Gartenpatenschaften
www.Gartenpaten.org

Meine Ernte
www.meine-ernte.de

LITERATUR

Silvia Appel: **Naschbalkon für Faule**. Gräfe und Unzer Verlag, München

Richard Bisgrove: **Die Gärten der Gertrude Jekyl**. Ulmer Verlag, Stuttgart

Burkhard Bohne: **Wintergemüse anbauen**. Gräfe und Unzer Verlag, München

Christine Breier: **Blühende Beete für jede Jahreszeit**. Kosmos Verlag, Stuttgart

Christine Breier: **Einfach schöne Beete**. Gräfe und Unzer Verlag, München

Viktoria von dem Bussche: **Ich träume von einem Küchengarten: Die schönsten Inspirationen für das eigene Paradies**. Callwey Verlag, München

Pierre David, Gilles Mermet, Martine Willemin: **Der Küchengarten des Königs**. DuMont Buchverlag, Köln

Heike und Frederik Deemter: **Das Essgarten-Kochbuch**. Ulmer Verlag, Stuttgart

Marie Luise Gothein: **Geschichte der Gartenkunst Band 1 und 2**. Diederichs Verlag, München

Christa Hasselhorst: **Geliebte Küchengärten: Eine Reise durchs Schlaraffenland**. Ulmer Verlag, Stuttgart

Kathrin Hofmeister: **Küchengärten: Die Lust am schönen Nutzen**. DVA Verlag, München

Penelope Hobhouse: **Illustrierte Geschichte der Gartenpflanzen**. Fischer Scherz Verlag, Frankfurt am Main

Renate Hudak: **Obst & Gemüse selbst anbauen: Schritt für Schritt zum eigenen Küchengarten**. Gräfe und Unzer Verlag, München

Silke Kluth: **Selbstversorgt. Das Startprogramm für Einsteiger**. Gräfe und Unzer Verlag, München

Folko Kullmann: **Gärtnern mit dem Hochbeet: So einfach geht's**. Gräfe und Unzer Verlag, München

Folko Kullmann: **Hoch das Beet!** Gräfe und Unzer Verlag, München

Tony Lord: **Sissinghurst. Der schönste Garten Englands**. DuMont Buchverlag, Köln

Joachim Mayer: **Alte Gemüse neu entdeckt: Die besten Sorten anbauen und genießen**. Gräfe und Unzer Verlag, München

Anne-Marie Nageleisen: **Gärtnern im Quadrat: Reiche Ernte auf kleinstem Raum**. Ulmer Verlag, Stuttgart

IMPRESSUM

DIE AUTORIN

Christine Breier ist Gartenplanerin aus Bückeburg und betreibt ihr eigenes Landschaftsarchitekturbüro »Monarda-Gartendesign«, mit dem sie sich auf die Gestaltung privater Gärten und eine individuelle Pflanzenverwendung spezialisiert hat. Christine Breier hat an der Universität Hannover Landschafts- und Freiraumplanung studiert. Enthusiasmus, Sensibilität sowie die Bereitschaft, stets nach ausgefallenen Lösungen zu suchen, sind ihr Potenzial beim Entwurf schöner Gärten. Durch ihre Arbeit als Gartenberaterin ist sie mit den Problemen und Wünschen von Gartenbesitzern bestens vertraut. Inspirationen und neue Ideen sammelt sie auch als Gartenfotografin und auf Reisen. Sie ist Autorin der GU-Titel »Einfach schöne Beete« und »Flinke Bodendecker«.

© 2018 GRÄFE UND UNZER VERLAG GmbH, München
Alle Rechte vorbehalten. Nachdruck, auch auszugsweise, sowie Verbreitung durch Film, Funk, Fernsehen und Internet, durch fotomechanische Wiedergabe, Tonträger und Datenverarbeitungssysteme jeder Art nur mit schriftlicher Genehmigung des Verlages.

Projektleitung: Cornelia Nunn
Lektorat: Barbara Kiesewetter
Bildredaktion: Ute Rather, Esther Herr, Natascha Klebl (Cover)
Layout, Typografie und Umschlaggestaltung: independent Medien-Design, Horst Moser, München
Layout-Adaption: kral&kral design, München
Herstellung: Susanne Fuhrmann
Satz: Ludger Vorfeld
Repro: Longo AG, Bozen
Druck: aprinta, Wemding
Bindung: Conzella, Pfarrkirchen

Printed in Germany

Umwelthinweis: Dieses Buch ist auf PEFC-zertifiziertem Papier aus nachhaltiger Waldwirtschaft gedruckt.

ISBN 978-3-8338-6641-8

1. Auflage 2018

 www.facebook.com/gu.verlag

GRÄFE UND UNZER
Ein Unternehmen der
GANSKE VERLAGSGRUPPE

LIEBE LESERINNEN UND LESER,

wir wollen Ihnen mit diesem Buch Informationen und Anregungen geben, um Ihnen das Leben zu erleichtern oder Sie zu inspirieren, Neues auszuprobieren. Wir achten bei der Erstellung unserer Bücher auf Aktualität und stellen höchste Ansprüche an Inhalt und Gestaltung. Alle Anleitungen und Rezepte werden von unseren Autoren, jeweils Experten auf ihren Gebieten, gewissenhaft erstellt und von unseren Redakteuren/innen mit größter Sorgfalt ausgewählt und geprüft.

Haben wir Ihre Erwartungen erfüllt? Sind Sie mit diesem Buch und seinen Inhalten zufrieden? Haben Sie weitere Fragen zu diesem Thema? Wir freuen uns auf Ihre Rückmeldung, auf Lob, Kritik und Anregungen, damit wir für Sie immer besser werden können. Und wir freuen uns, wenn Sie diesen Titel weiterempfehlen, in ihrem Freundeskreis oder bei Ihrem online-Kauf.

Sollten wir Ihre Erwartungen so gar nicht erfüllt haben, tauschen wir Ihnen Ihr Buch jederzeit gegen ein gleichwertiges zum gleichen oder ähnlichen Thema um.

KONTAKT
GRÄFE UND UNZER VERLAG
Leserservice
Postfach 86 03 13
81630 München
E-Mail: leserservice@graefe-und-unzer.de

Telefon: 00800 / 72 37 33 33*
Telefax: 00800 / 50 12 05 44*
Mo–Do: 9.00 – 17.00 Uhr
Fr: 9.00 bis 16.00 Uhr
(*gebührenfrei in D,A,CH)